中等职业教育财经商贸类系列教

会计专业校企合作创新成

财务软件的应用（T3版）

CAIWU RUANJIAN DE YINGYONG

主　编◎王新惠　田　华

副主编◎王　娇　姜奕如　刘　欣

参　编◎张永芳　王雷波

北京师范大学出版集团
BEIJING NORMAL UNIVERSITY PUBLISHING GROUP
北京师范大学出版社

图书在版编目（CIP）数据

财务软件的应用：T3版 / 王新惠，田华主编．—北京：北京师范大学出版社，2021.6
ISBN 978-7-303-10616-5

Ⅰ．①财… Ⅱ．①王… ②田… Ⅲ．①财务软件－教材
Ⅳ．①F232

中国版本图书馆CIP数据核字（2021）第061677号

营销中心电话　010-58802755　58800035
北师大出版社职业教育分社网　http：//zjfs.bnup.com
电子信箱　zhijiao@bnupg.com

出版发行：北京师范大学出版社 www.bnup.com
北京市西城区新街口外大街12-3号
邮政编码：100088
印　　刷：天津市宝文印务有限公司
经　　销：全国新华书店
开　　本：787 mm × 1092 mm　1/16
印　　张：15
字　　数：338千字
版　　次：2021年6月第1版
印　　次：2021年6月第1次印刷
定　　价：39.80元

策划编辑：鲁晓双　　责任编辑：王玲玲
装帧设计：焦　丽　　版式设计：焦　丽
责任校对：康　悦　　责任印制：陈　涛

前 言

在工业 4.0 变革的时代背景下，在“大、智、云、物、移”技术驱动下，中国经济已进入大数据时代，各个产业都需要进行转型升级，各行各业对技术技能人才的需求越来越紧迫。随着《国家职业教育改革实施方案》等政策措施陆续落地，职业教育迈入“黄金时代”，职业教育的重要地位和作用越来越凸显。财税会计也要顺应这一时代要求，向智能财税业态升级转型。

财税会计专业覆盖面广，毕业生数量大，对企业和经济发展影响面广，影响力度深。由于智能化新型人才紧缺急需，从 2019 年开始，职业院校、应用型本科高校等启动了“1+X”证书制度试点工作，财税会计专业也包括在内。

财务软件的应用课程是智能财税体系的基础性课程，本课程的教学目标是，强化会计信息化基础能力、核心专业技术应用能力和一般关键能力，使学生不仅能掌握财务管理软件的基础操作技能，同时还能了解会计工作岗位之间的任务衔接关系和内部控制要求，以及会计人员的职业道德规范，从而完成从理论向实践、从单项技能向综合技能的过渡。

在本教材中，我们将着重介绍财务软件中会计业务处理的基本知识和操作方法，让学生在了解基本知识的基础上，系统学习财务软件的基本操作方法，掌握总账系统、报表系统、工资及固定资产系统的核算过程，并从管理和监督的角度了解企业会计业务数据处理的流程，掌握利用财务软件查找账务和报表资料的方法。

本教材分为上篇和下篇两大部分，共十个项目。上篇从案例出发，从企业初建、系统初始化、日常账务处理、其他账务处理、期末业务处理、财务报表应用六个方面介绍了财务软件的操作方法；下篇从电子表格软件概述、数据的输入与编辑、公式与函数的应用、数据清单及其管理分析四个方面，结合具体任务，介绍了 Excel 表格在财税会计业务中的应用方法。本教材为融合媒体教材，配套有微课、教案、课件等资源，教材融教、学、做为一体，注重培养学生的动手操作能力，以适应用人单位需要。

本教材可作为中等职业院校会计类专业用书，也可以作为成人教育及岗位培训用书。

本教材是编者老师集体智慧的结晶，如有疏漏之处，恳请读者批评指正。

编者

目　　录

上　篇

下　篇

上　篇

项目一　企业初建

建议学时

6 学时：

账套的建立和启用（2 学时）；

财务岗位管理（2 学时）；

企业账套管理与维护（2 学时）。

工作情境描述

山东景池有限责任公司是一家生产制造企业，为实现高效的企业管理，应对激烈的市场竞争，该公司决定引入会计电算化软件，建立会计信息系统，实现企业的信息化管理。首先要做的就是在系统中建立本企业的账簿体系，并设置岗位分工，具体要如何做呢？

任务一　账套的建立和启用

任务目标

【知识目标】认识企业账套，学会识别系统管理员和账套主管的不同权限。

【技能目标】能够根据企业的实际情况熟练地建立账套并启用账套，能够采用两种方式启用系统。

【素养目标】培养学习会计电算化的兴趣和信心。

任务描述

山东景池有限责任公司成立于 2019 年 1 月，是增值税一般纳税人（增值税税率为 13%），所得税率为 25%，企业主要生产经营 A，B 两种产品，需要甲、乙两种材料。

假设你是本企业的财务主管，应该如何应用财务软件建立企业的账套？

企业有关资料如下。

1. 账套信息

账套号：003

账套名称：山东景池有限责任公司

采用默认账套路径。

会计期间：2019 年 1 月 1 日至 12 月 31 日

2. 单位信息

单位名称：山东景池有限责任公司　　单位简称：山东景池

联系电话：0533-3186667

开户银行：中国银行淄博西城支行　　账号：414187532008367

单位地址：山东省淄博市张店区联通路37号

税务登记号：3703031654321

3. 核算类型

本币代码：RMB　　本币名称：人民币

企业类型：工业　　行业性质：小企业会计准则（2013年）

按行业性质预置会计科目。

4. 基础信息

企业无外币核算业务。

经济业务处理需进行存货、客户、供应商分类。

5. 分类编码方案

会计科目编码：4-2-2-3-4

客户分类编码：2-3-2

其他：默认

6. 数据精度

均保留2位小数。

新建账套后，立即启用总账系统、工资系统、固定资产系统、购销存系统。

知识储备

一、什么是账套?

每一个独立核算的企业都有一套完整的账簿体系，如各类总账、明细账、日记账、辅助账等，而把这一整套账簿体系建立在计算机系统中就称为一个账套。一个企业可以建立一个账套，也可以为其每一个独立核算的下级单位分别建立账套。在畅捷通T3系列管理软件中一共可以建立999个账套。

二、在哪里建立账套?

畅捷通T3系列管理软件中包含很多子系统，如总账系统、工资系统、固定资产系统等，为了对这些子系统进行统一的操作管理和数据维护，畅捷通T3系列管理软件提供了一个公共平台——系统管理。

系统管理的主要功能包括账套管理（账套的建立、修改、删除、引入和输出），年度账管理（年度账的建立、引入、输出、年度数据结转和清空），系统操作员和操作权限管理，系统运行过程监控及异常任务清除和系统启用。

三、由谁进行建立账套的操作?

鉴于系统管理模块在整个会计信息系统中的地位和重要性，系统只允许两种身份注册进入系统管理：一是系统管理员（admin）；二是账套主管。

系统管理员负责整个系统的安全运行和数据维护，可以进行账套的建立、引入和输出，设置操作员和操作权限，监控系统运行过程及清除异常任务等。

账套主管属于操作员，负责所辖账套的修改、账套内系统的启用、为该账套内的操作员分配权限及年度账的管理等，在所辖账套内级别最高，拥有所辖账套的所有模块的操作权限。

思考

系统管理员与账套主管的关系是怎样的？

四、如何启用系统？

畅捷通 T3 系列管理软件包含若干子系统（模块），企业可以根据自身需要选购或启用某些模块，只有启用的模块才可以登录进行操作。

系统启用有两种方法：一种是在企业建账完成后立即启用；另一种是在建账结束后由账套主管在系统管理中进行系统启用。

五、企业建账时需要向系统提供哪些信息？

1. 账套信息

包括账套号、账套名称、账套路径及启用会计期。

【已存账套】已经在系统中存在的账套，不能再重新输入或修改。

【账套号】用来输入新建账套的编号，账套号为 3 位（001 至 999），账套号必须唯一，且必须输入。

【账套名称】用来输入新建账套的名称，一般用企业名称命名，用户必须输入。账套号与账套名称是一一对应的关系，共同来代表特定的核算账套。

【账套路径】这是账套在计算机中的存储位置，系统一般预设一个存储位置作为默认路径，可以修改。

【启用会计期】新设置的账套被启用的时间。规定启用会计期就是为了便于确定计算机方式下总账系统的起点，保证证、账、表数据的连续性。启用会计期应在第一次初始设置时确定，一般软件默认为计算机系统显示的时间，注意调整正确，设定后将不能更改。

2. 单位信息

用来记录企业的基本信息。单位名称和单位简称是必填项，其中单位名称用于发票打印，其余全部使用单位简称。

3. 核算类型

不同类型的企业，其核算方法、会计科目的设置等都会不同，因此要在系统中确定企业的核算类型，包括记账本位币、账套主管、行业性质、企业类型、是否按行业性质预置会计科目等。

4. 基础信息

设置基础信息，主要内容是选择企业是否对存货、客户、供应商进行分类管理，并确定是否有外币核算业务。

如果用户的存货、客户、供应商相对较少，可不对它们进行分类核算。如果用户的存货、客户、供应商相对较多，通常对它们进行分类核算。若选择各项分类核算，则必须先设置各项分类方案，然后才能设置相应的基础档案。

5. 分类编码方案

确定分类编码方案是对企业关键核算对象进行分类级次及各级编码长度的指定，以便企业进行分级核算、统计和管理。

以会计科目的编码方案 4-2-2-3-4 为例，这是指一级会计科目的编码长度是 4 位，二级会计科目的编码长度是 2 位，依此类推。

以银行存款为例，银行存款属一级会计科目，其编码长度为 4 位，即 1002，如果该企业在中国银行和中国工商银行都有存款，那就需要在银行存款科目下设二级科目进行分类核算，根据编码规则，中国银行的编码为 100201，中国工商银行的编码为 100202。

思考

1. 三、四、五级会计科目的编码长度各是几位?

2. 如果企业在中国银行有两类存款，分别是美元存款和人民币存款，则美元存款和人民币存款作为三级会计科目，它们的编码是多少?

操作指导

项目一 任务一 账套的建立和启用

1. 运行软件的系统管理

（1）依次单击“开始→程序→畅捷通 T3 系列管理软件→畅捷通 T3→系统管理”，如图 1-1-1 所示。

（2）打开后的界面，如图 1-1-2 所示。

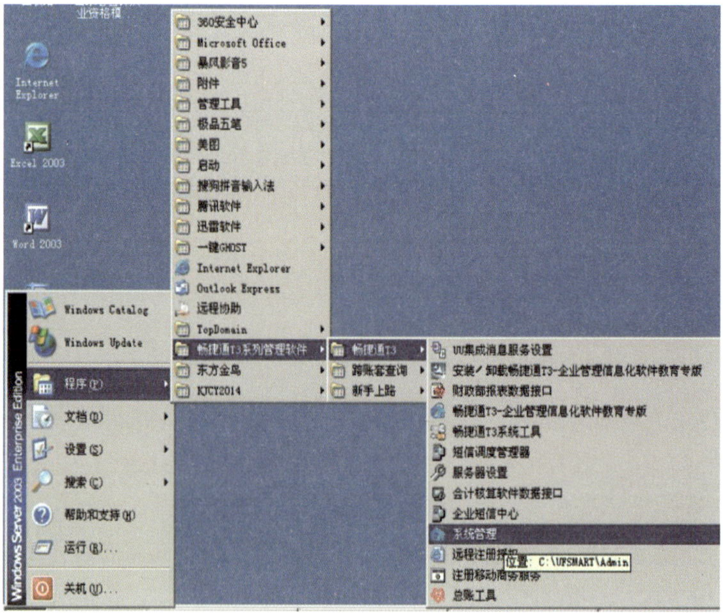

图 1-1-1

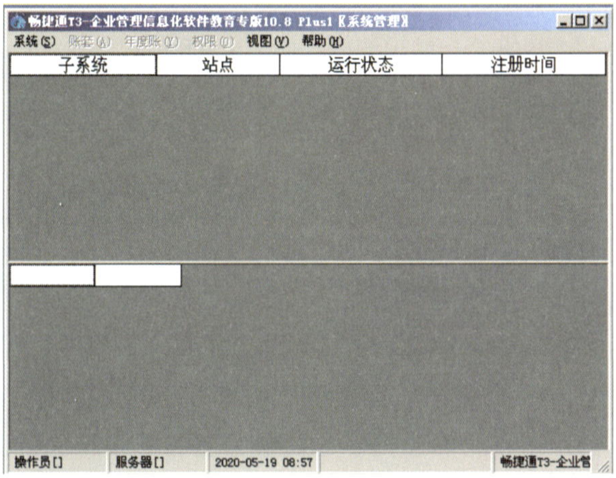

图 1-1-2

2. 以系统管理员的身份注册系统管理

（1）执行“系统→注册”命令，如图 1-1-3 所示。

（2）打开注册管理的对话框，如图 1-1-4 所示。

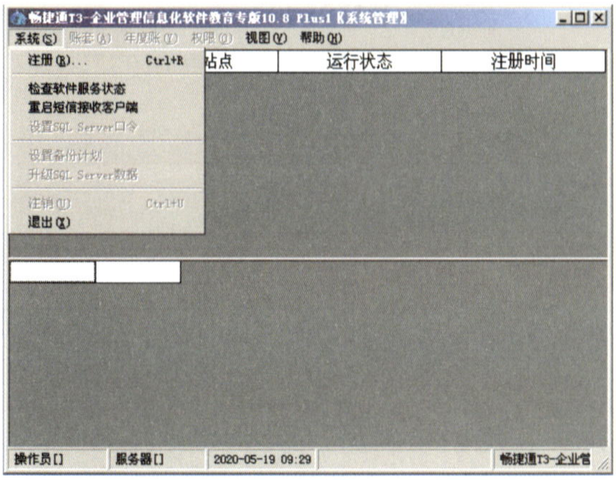

图 1-1-3

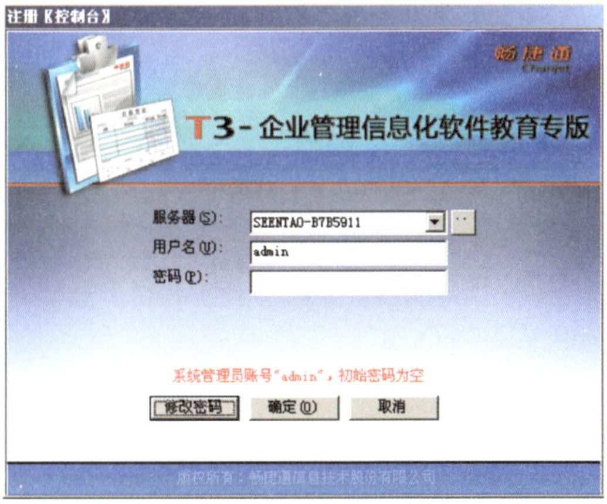

图 1-1-4

3. 建立新的账套

（1）执行“账套→建立”命令，如图 1-1-5 所示。

（2）打开“创建账套”对话框，输入账套信息，具体操作如下。

①已存账套：系统将已存在的账套以下拉列表框的形式显示，只能查看，不能输入或修改，因为“[999] 工业企业演示账套”是系统内置的。

②账套号：必须输入。本任务的账套号为 003。

③账套名称：必须输入。本任务的账套

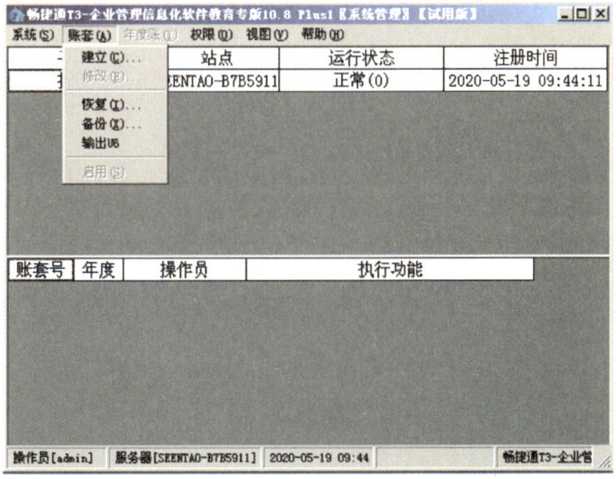

图 1-1-5

名称为山东景池有限责任公司。

④账套路径：用来确定新建账套将要被放置的位置，系统默认路径为“C:\UFSMART\Admin\”，可以人工更改。

⑤启用会计期：必须输入。系统默认为计算机的系统日期，本任务设置为“2019 年 1 月”，输入完成后，单击“下一步”按钮，进行单位信息设置，如图 1-1-6 所示。

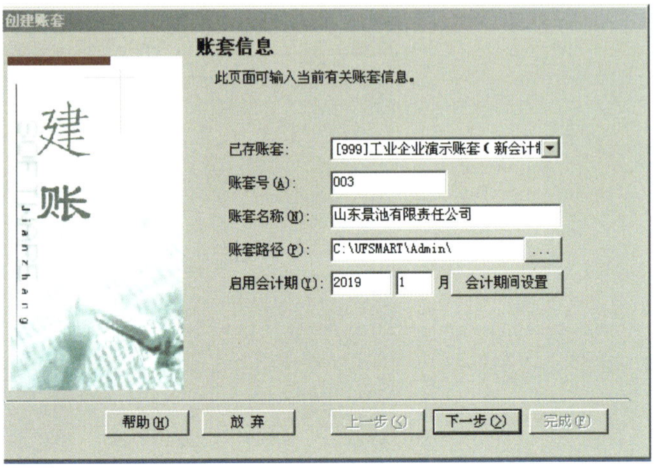

图 1-1-6

4. 输入单位信息

（1）单位名称：山东景池有限责任公司。

（2）单位简称：山东景池。

（3）联系电话：0533-3186667。

（4）税号：37030301654321。

输入完成后，单击“下一步”按钮，进行核算设置，如图 1-1-7 所示。

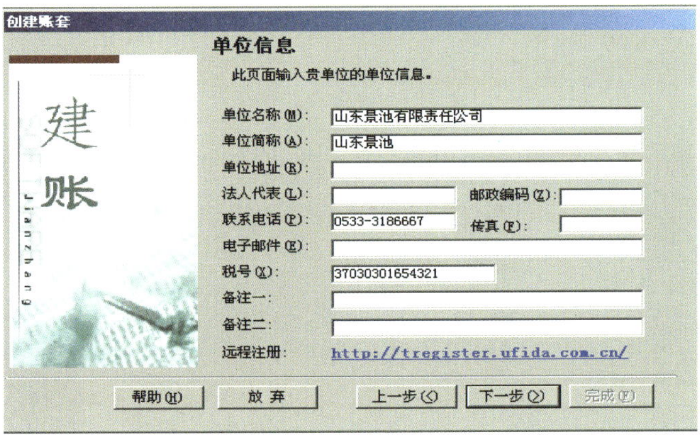

图 1-1-7

5. 输入核算类型

（1）本币代码：必须输入。系统默认为“RMB”，本任务采用系统默认。

（2）本币名称：必须输入。系统默认为“人民币”，本任务采用系统默认。

（3）企业类型：必须从下拉列表框中选择输入。系统提供了工业、商业两种类型。如果选择“工业”，则系统不能处理受托代销业务；如果选择“商业”，则委托代销和受托代销业务都能处理。本任务选择“工业”。

（4）行业性质：必须从下拉列表框中选择输入。本任务选择的行业性质为“小企业会计准则（2013 年）”。

（5）账套主管：必须从下拉列表框中选择输入，本任务采用系统默认。

（6）按行业性质预置科目：本任务选择“是”。

输入完成后，单击“下一步”按钮，进行基础信息设置，如图 1-1-8 所示。

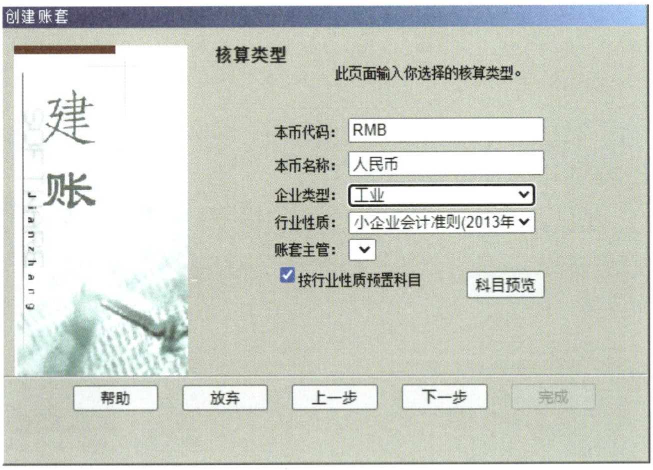

图 1-1-8

6. 确定基础信息

选中“存货是否分类”“客户是否分类”“供应商是否分类”复选框，单击“下一步”按钮。

如果单位存货、客户、供应商相对较多，可以对它们进行分类核算。如果此时不能确定是否进行分类核算，也可以等到分销软件启动时再设置分类核算，如图 1-1-9 所示。

7. 确定业务流程

采购流程：选择“标准流程”。

销售流程：选择“标准流程”。

如图 1-1-10 所示。

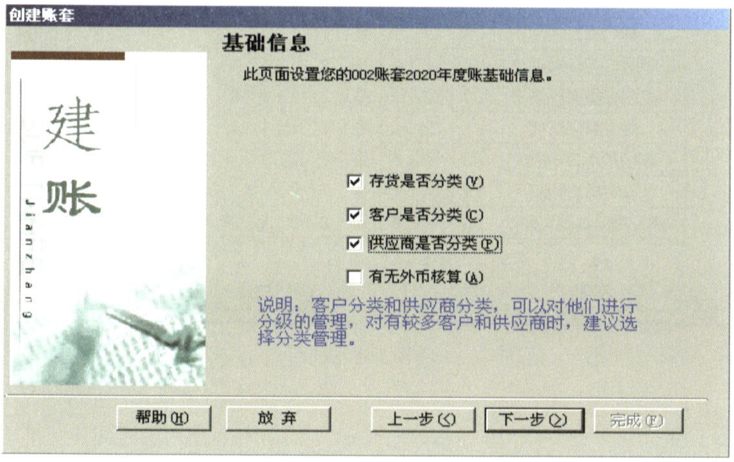

图 1-1-9

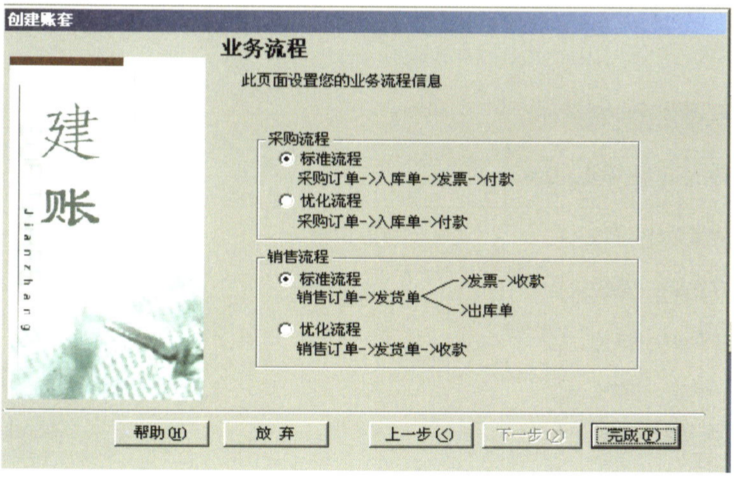

图 1-1-10

8. 创建账套

单击“完成”按钮，弹出系统提示“可以创建账套了么？”，单击“是”按钮，如图 1-1-11 所示，稍后打开分类编码对话框。

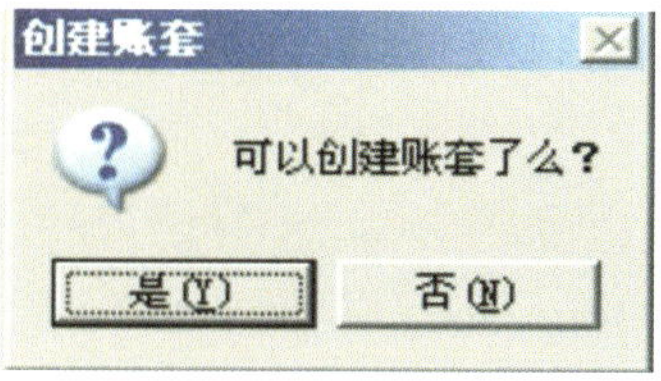

图 1-1-11

9. 确定分类编码方案

为了便于对经济业务数据进行分级核算、统计和管理，系统要求预先设置某些基础档案的编码规则，即规定各种编码级次及各级的长度。

在本任务中，打开“分类编码方案”对话框，将“科目编码级次”设置为“4–2–2–3–4”，“客户分类编码级次”为“2–3–2”，其余为系统默认值，单击“确认”按钮，如图 1–1–12 所示。

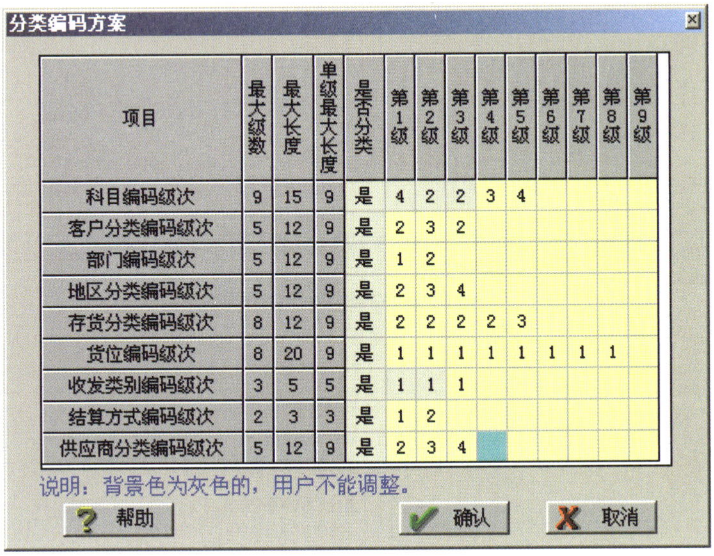

项目	最大级数	最大长度	单级最大长度	是否分类	第1级	第2级	第3级	第4级	第5级	第6级	第7级	第8级	第9级
科目编码级次	9	15	9	是	4	2	2	3	4				
客户分类编码级次	5	12	9	是	2	3	2						
部门编码级次	5	12	9	是	1	2							
地区分类编码级次	5	12	9	是	2	3	4						
存货分类编码级次	8	12	9	是	2	2	2	2	3				
货位编码级次	8	20	9	是	1	1	1	1	1	1	1	1	
收发类别编码级次	3	5	5	是	1	1	1						
结算方式编码级次	2	3	3	是	1	2							
供应商分类编码级次	5	12	9	是	2	3	4						

图 1–1–12

10. 数据精度定义

设置数据精度定义是指确认数据的小数位数，如果需要进行数量核算，需认真填写。本任务采用系统默认值，单击“确认”按钮，如图 1–1–13 所示。

至此，将弹出系统提示“是否立即启用账套”，如图 1–1–14 所示，单击“是”按钮，弹出“系统启用”对话框。

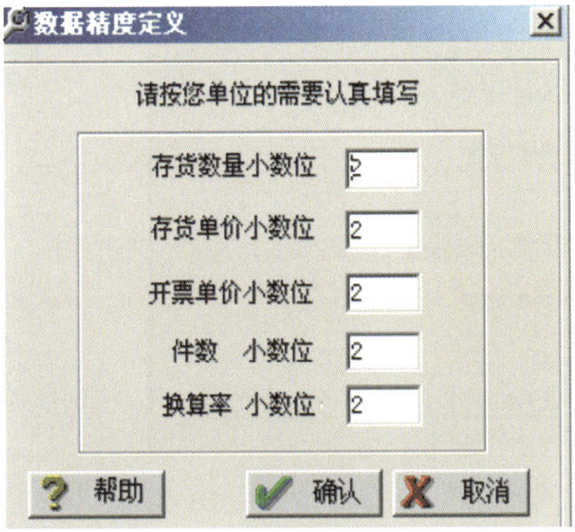

图 1–1–13

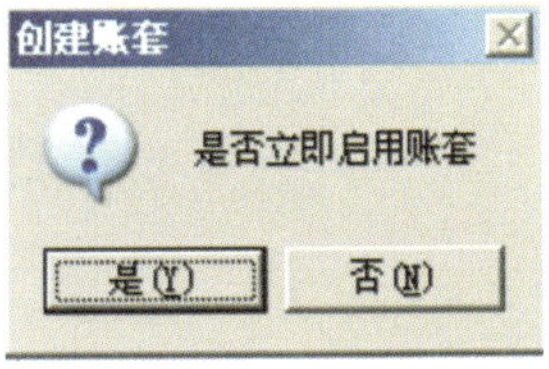

图 1–1–14

11. 系统启用

选中“GL →总账”复选框，弹出日历对话框，选择日期“2019 年 1 月 1 日”，单击“确定”按钮，如此启用固定资产、总账、工资管理、购销存管理。

单击“退出”，完成账套的建立，如图 1–1–15 所示。

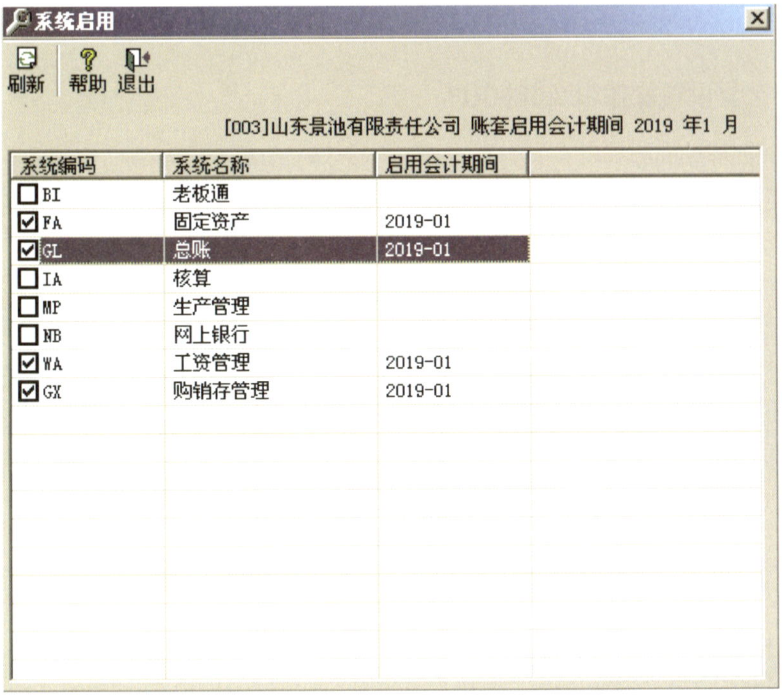

图 1-1-15

任务二 财务岗位管理

任务目标

【知识目标】了解企业财务岗位。

【技能目标】能够熟练进行增设企业账套的操作，能够进行用户的权限划分，能够选择正确的身份进行操作员的设置和权限分配。

【素养目标】培养分工协作的精神，初步养成会计人员的职业道德。

任务描述

山东景池有限责任公司财务部人员及其分工职责如下（表 1-2-1），怎样在系统中增加以下人员并设置他们的权限呢？

表 1-2-1 财务部人员及其分工职责

编号	职员	职务	权限	口令
01	张宏	会计主管	全部权限	111
02	李丽	出纳	总账——出纳签字、现金管理	222
03	付强	会计	总账——审核凭证；账簿管理、报表管理	333
04	王伟	会计	工资管理、固定资产、购销存管理	444

修改操作员权限，取消操作员“付强”在账套中的“审核凭证”的权限。

知识储备

一、为什么要设置操作员及其权限？

根据企业内部控制的要求，企业财务人员要有严格的岗位分工，不能越权操作。

思考

根据所学，请举例说明企业财务人员的岗位分工要求。

会计电算化是对手工记账的代替，也需要有严格的岗位分工，确保操作人员能够按照预先设定的权限登录系统进行操作，避免与业务无关的人员对系统的操作，保证系统数据的安全与保密。另外，这也保证了系统中各子系统操作的协调配合，使得操作流程更为顺畅。

二、操作员管理主要包括哪些内容？

1. 增加操作员

【编号】操作员编号是系统区分不同操作员的唯一标识，因此编号必须唯一，即使是不同的账套，操作员编号也不能重复且不能修改。

【姓名】在会计票据、凭证上，需要显示业务处理人员的真实姓名，因此姓名要输入正确。

【口令】指操作员登录系统的密码。在增加操作员时，应为每一个操作员设置一个密码，当操作员登录系统时，为确保操作的安全性，建议重新设置新密码，并严格保密。密码应每隔一段时间更换一次。

【所属部门】该操作员所属部门，属可选填项。

2. 修改或删除操作员

操作员设置完成后，可对其进行删除或对其姓名、口令等进行修改。需要注意的是，一旦该操作员登录过系统，就不能再被修改或删除了。

3. 注销操作员

如果因为某种原因，如离职，某操作员不得再登录系统进行操作，要执行注销操作。

4. 设置操作员权限

根据操作员的岗位分工，操作员可以被赋予各种操作权限，或者是所有系统的所有操作权限，如账套主管的权限设置；或者是某几个系统的操作权限，如赋予某操作员工资和固定资产系统的所有操作权限；或者一个系统中的部分操作权限，如出纳所具有的出纳签字权限就属于总账系统中的一个功能细项。

思考

操作员及其权限的设置在哪里进行？由谁设置？

操作指导

项目一 任务二 财务岗位管理

1. 增加操作员

（1）执行“权限→操作员”命令，如图 1-2-1 所示。

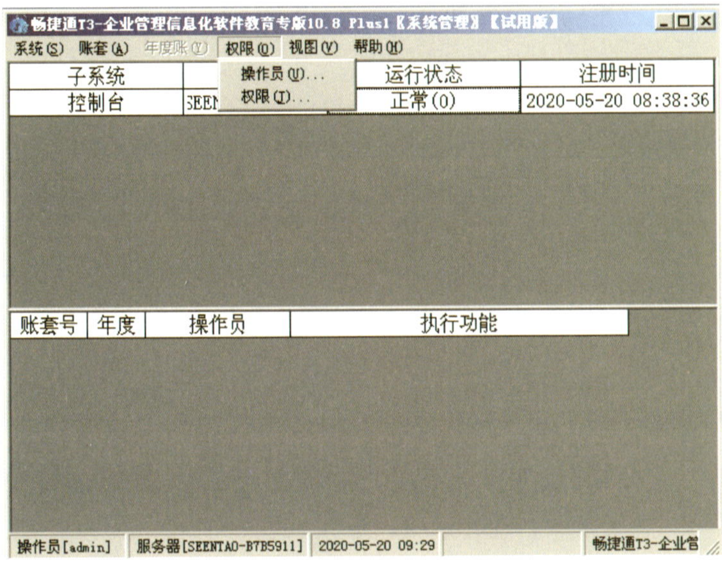

图 1-2-1

（2）进入“操作员管理”窗口，窗口中显示了系统预先设置的几位操作员：demo，SYSTEM，UFSOFT，如图 1-2-2 所示。

（3）在“编号”一栏输入“01”，“姓名”一栏输入“张宏”，“口令”（密码）和“确认口令”为“111”，“所属部门”一栏输入“财务部”，单击“增加”按钮，如图 1-2-3 所示。然后，用同样的方法，依次增加“02”“李丽”，“口令”为“222”；“03”“付强”，“口令”为“333”；“04”“王伟”，“口令”为“444”。

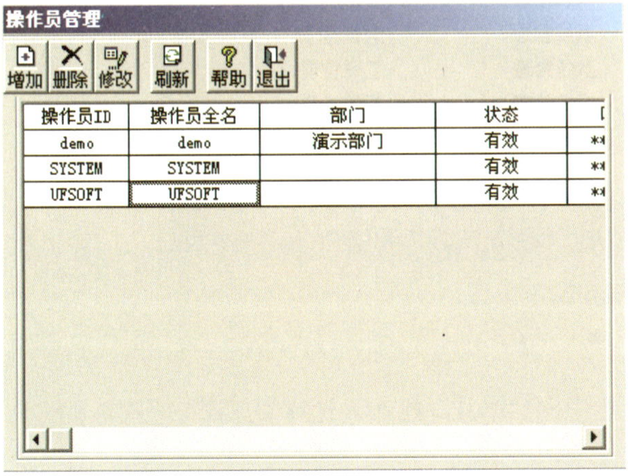

图 1-2-2

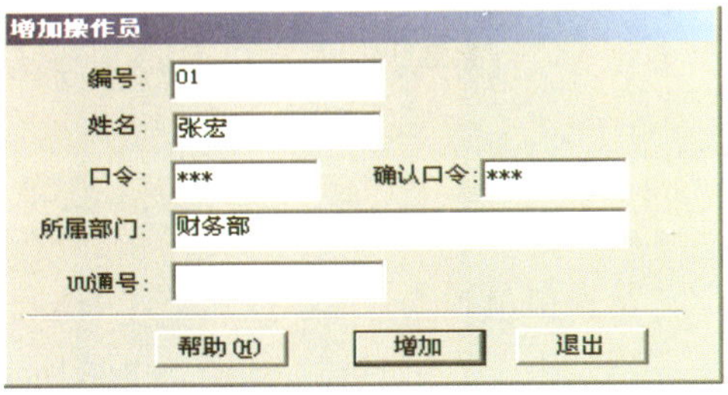

图 1-2-3

2. 操作员权限设置

（1）执行“权限→权限”命令，如图 1-2-4 所示。

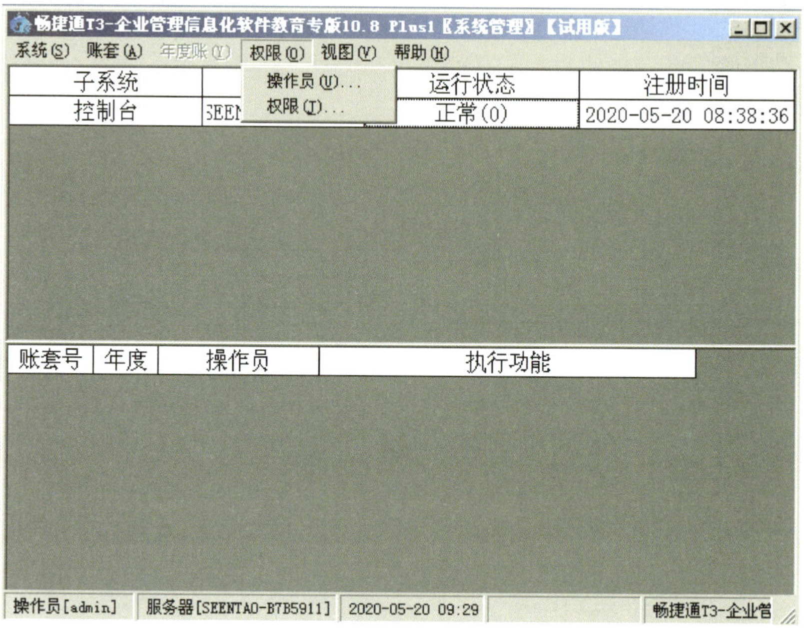

图 1-2-4

（2）打开“操作员权限”窗口，选择“账套主管”“[003] 山东景池有限责任公司”“2019”，如图 1-2-5 所示。

（3）从操作员列表中选择“张宏”，确定张宏具有账套主管的权限，如图 1-2-5 所示。

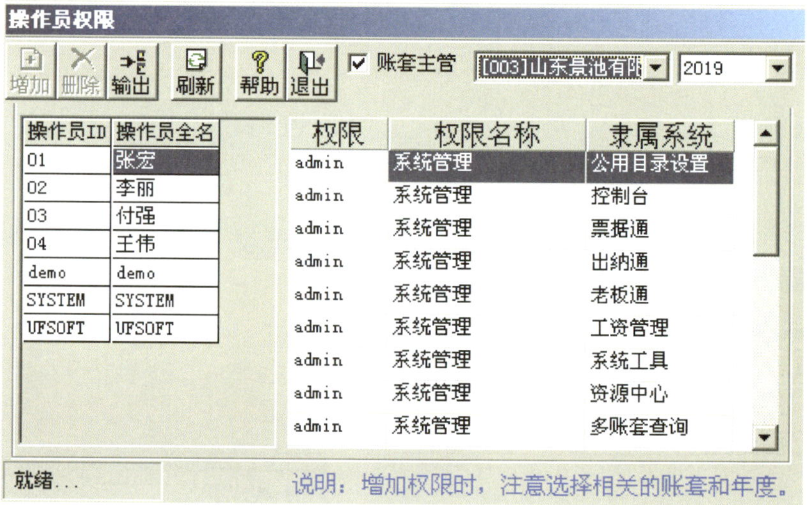

图 1-2-5

3. 其他操作员权限设置

从操作员列表中选择“李丽”，单击工具栏中的“增加”按钮，选择“总账”下对应的“出纳签字”和“现金管理”，如图 1-2-6 所示。

采用同样的步骤，设置操作员付强、王伟的权限。单击工具栏中的“退出”按钮，返回“系统管理”。

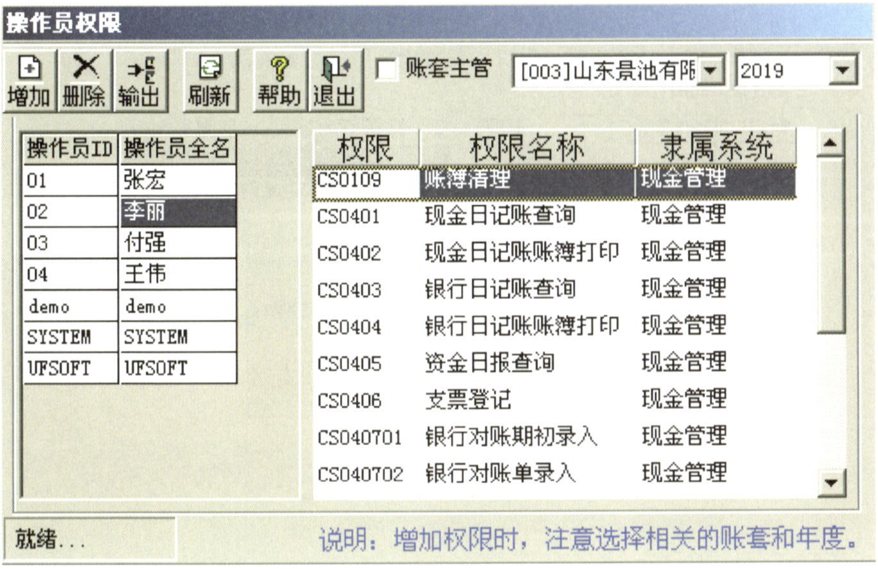

图 1-2-6

4. 修改操作员权限

（1）在“系统管理”窗口中，单击“权限”按钮，之后再选择“权限”，打开“操作员权限”对话框。

（2）单击对话框右上角下拉按钮，选择“003 山东景池有限责任公司”和“2019”选项。

（3）单击选中操作员列表中“付强”所在的行，在权限显示区中单击选中要被删除的“审核凭证”权限，如图 1-2-7 所示。

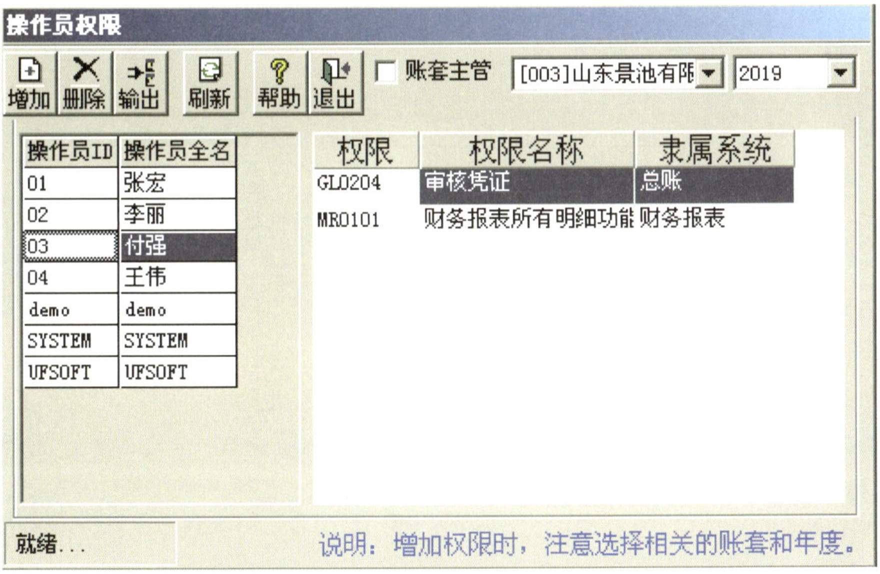

图 1-2-7

（4）单击“删除”按钮，系统弹出“删除权限：[审核凭证] 吗？”的提示对话框，如图 1-2-8 所示。

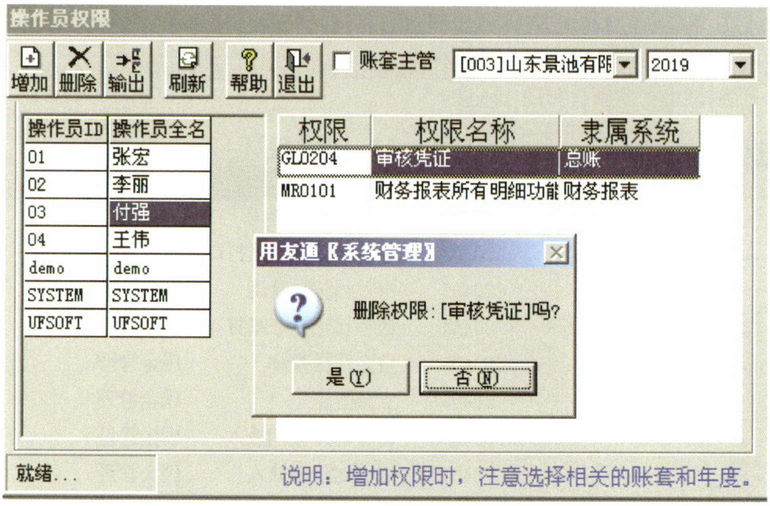

图 1-2-8

（5）单击“是”按钮，确认删除操作员付强对账套的“审核凭证”权限。

任务三　企业账套管理与维护

任务目标

【知识目标】理解并掌握账套的管理和维护方法。

【技能目标】能够选择正确的身份进行企业账套维护，能够熟练地进行账套的修改、删除，能够熟练地进行账套的备份和引入。

【素养目标】加强对会计资料的管理意识。

任务描述

1. 山东景池有限责任公司的账套建立后，会计主管张宏经过审核发现以下信息有误，需要修改

（1）单位联系电话应为：0533-3186666。

（2）会计科目编码应为：4-2-2-2-2。

（3）企业有外币核算业务，建账时忘记设置，现在要重新设置。

2. 建立企业账套文件夹（如在 D：\ 下），以实际操作人员命名（学生姓名），将企业 001 账套备份于新设文件夹下

3. 删除企业 001 账套

4. 引入恢复企业 001 账套

知识储备

账套的维护主要包括哪些内容？

1. 修改账套

账套建立完成后，在未使用相关信息时，可以对某些已经设定的内容进行修改，但账套号、启用会计期等信息无法修改。

2. 输出账套

账套的输出就是将系统中的数据保存到硬盘或其他存储介质中，以保证数据的安全，又称为账套的备份。

3. 引入账套

账套的引入是指将系统外某账套数据恢复进本系统中，又称为账套的恢复。

在因计算机故障或病毒侵犯等致使系统数据受损时，利用账套的引入、输出功能，可以将损失降到最低。此外，这些功能也为集团公司中子公司与母公司的数据合并与分析提供了便利。

4. 删除账套

如果企业初始建账时数据有很多错误或因某些情况无须再保留企业账套时，可以使用账套删除功能，为安全起见，系统在删除账套前会对数据进行强制备份。

思考

账套维护中哪些内容由系统管理员操作，哪些内容由账套主管操作？

操作指导 项目一 任务三 企业账套管理与维护

1. 修改账套

（1）在“系统管理”窗口，账套主管应执行“系统→注册”命令，打开注册对话框，如图1-3-1所示。

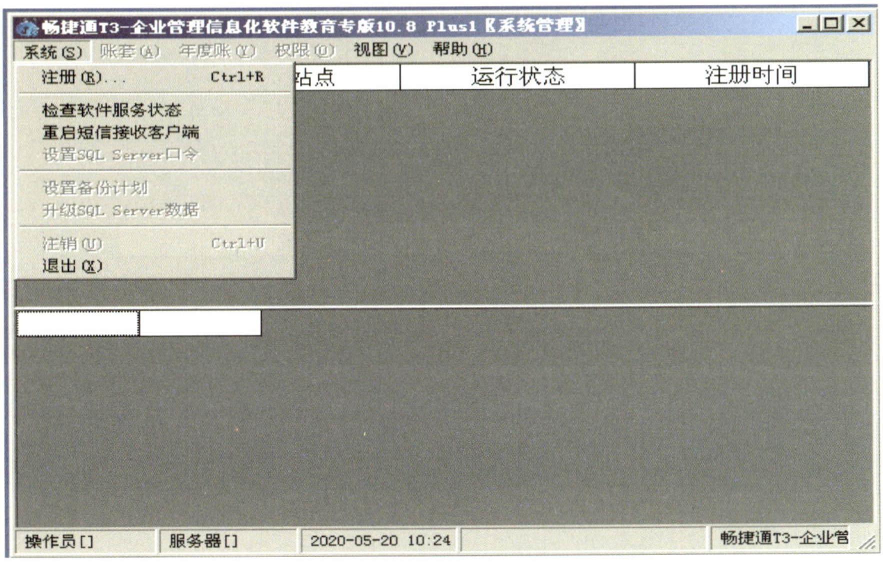

图 1-3-1

（2）以操作员“01”的身份输入密码“111”，选择账套“【003】山东景池有限责任公司”，会计年度为“2019”，如图1–3–2所示。

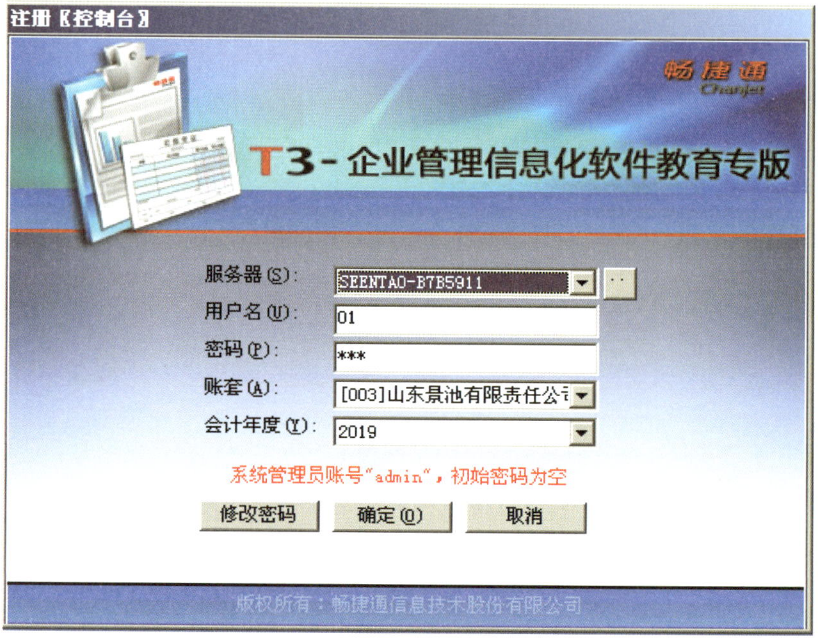

图1–3–2

（3）单击“确定”按钮，进入“系统管理”的窗口，菜单中以黑色字体显示的部分为账套主管可操作的内容。执行“账套→修改”命令，打开“修改账套”对话框，如图1–3–3所示。

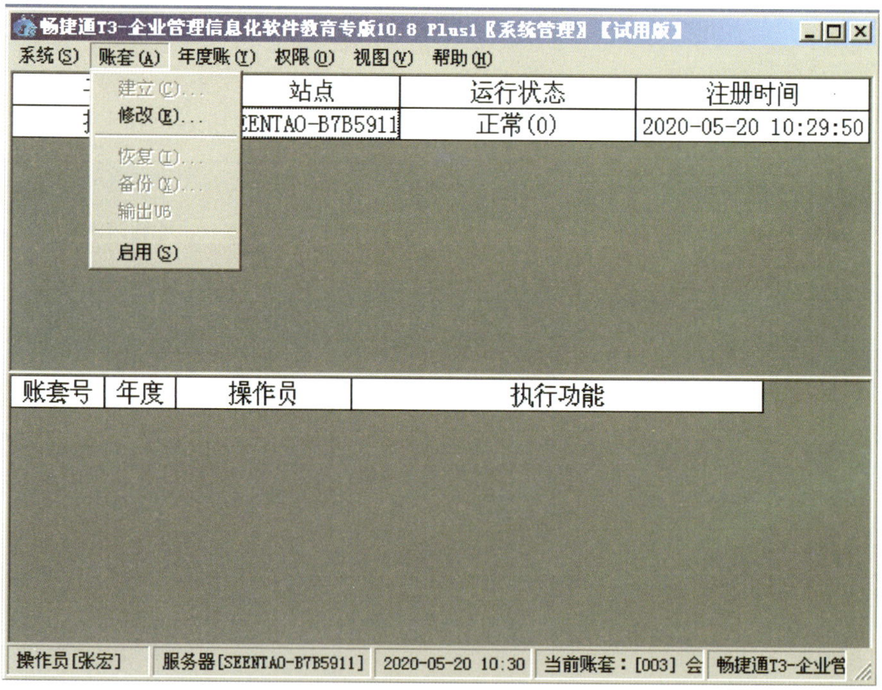

图1–3–3

（4）将联系电话“0533–3186667”修改为“0533–3186666”，如图1–3–4所示，单击“下一步”按钮。

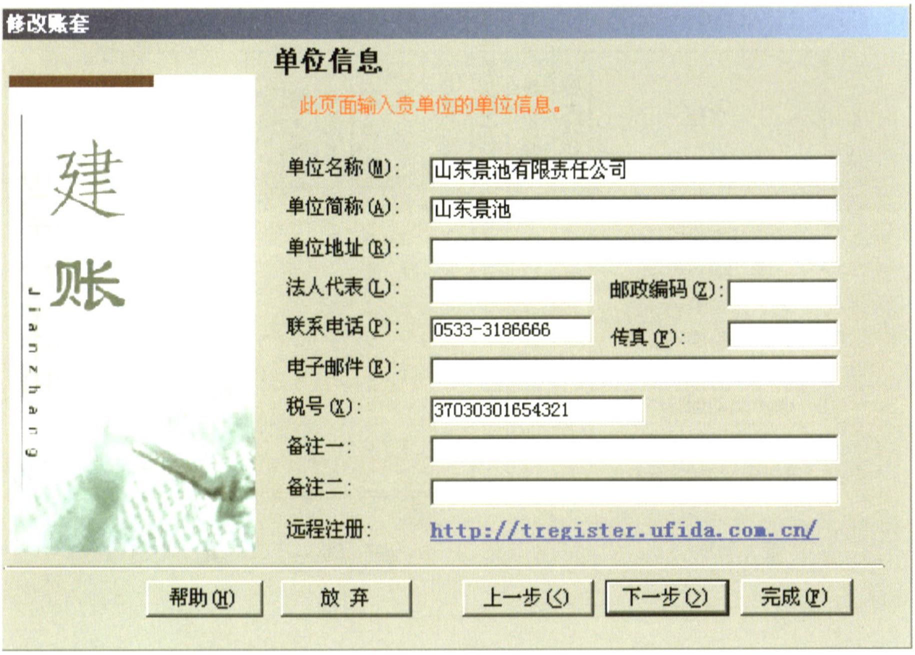

图 1-3-4

（5）可修改的账套信息以黑色显示，不可修改的账套信息以灰色显示。在“有无外币核算”复选框前打钩，如图 1-3-5 所示。

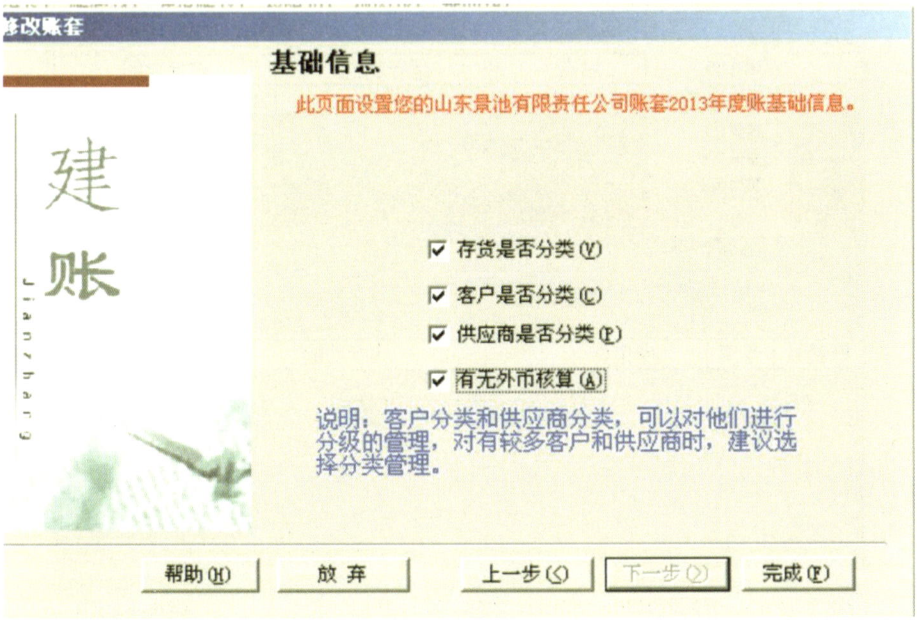

图 1-3-5

（6）修改完成后，单击“完成”按钮，弹出系统提示信息“确认修改账套了么？”，单击“是”按钮，确定“分类编码方案”和“数据精度定义”。将“科目编码级次”改为“42222”；“客户分类编码级次”不变，如图 1-3-6 所示。单击“确认”按钮，系统弹出提示，修改账套成功。

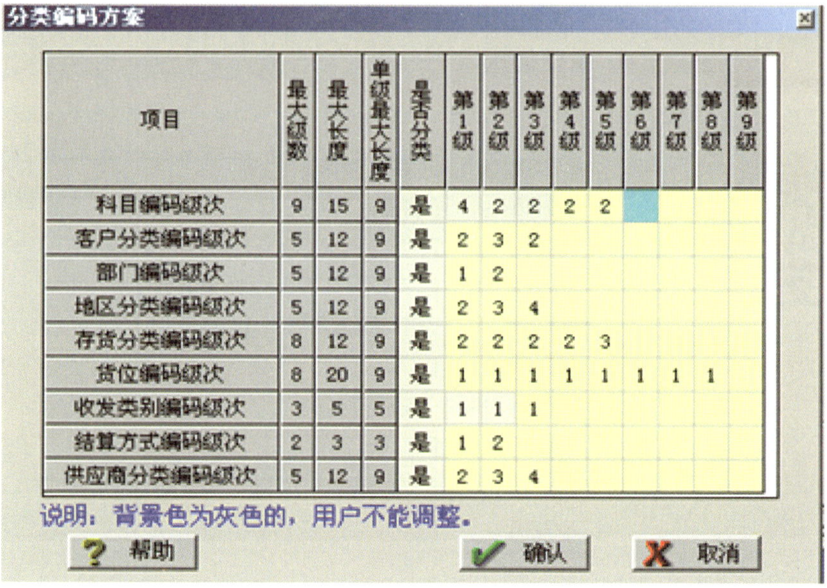

项目	最大级数	最大长度	单级最大长度	是否分类	第1级	第2级	第3级	第4级	第5级	第6级	第7级	第8级	第9级
科目编码级次	9	15	9	是	4	2	2	2	2				
客户分类编码级次	5	12	9	是	2	3	2						
部门编码级次	5	12	9	是	1	2							
地区分类编码级次	5	12	9	是	2	3	4						
存货分类编码级次	8	12	9	是	2	2	2	2	3				
货位编码级次	8	20	9	是	1	1	1	1	1	1	1	1	
收发类别编码级次	3	5	5	是	1	1	1						
结算方式编码级次	2	3	3	是	1	2							
供应商分类编码级次	5	12	9	是	2	3	4						

图 1-3-6

2. 账套的备份与输出

必须以系统管理员的身份注册进入系统管理中来完成。

（1）执行“账套→备份”命令，如图 1-3-7 所示。

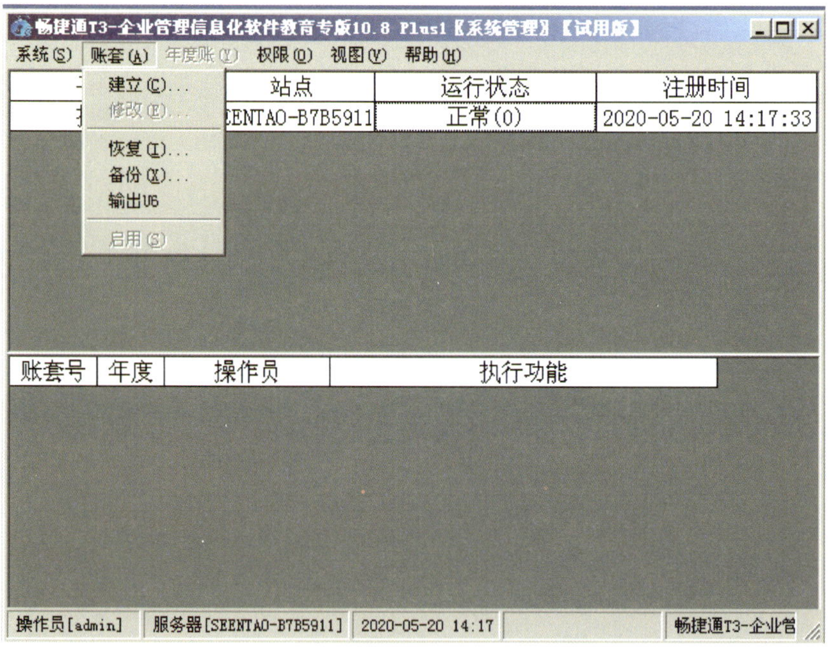

图 1-3-7

（2）打开“账套输出”的对话框，选择需要输出的 003 账套——“[003] 山东景池有限责任公司”，单击“确认”按钮，如图 1-3-8 所示。

（3）系统复制所选数据后，弹出“选择备份目标”对话框，单击下拉列表框，选择需要将账套备份的驱动器及所在文件夹，单击“确认”按钮，如图 1-3-9 所示。

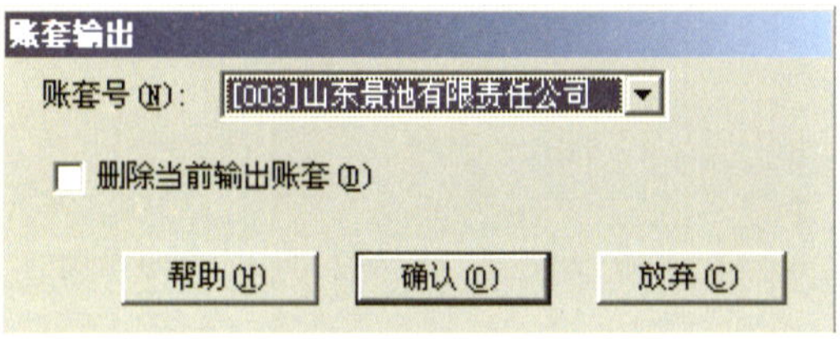

图 1-3-8

图 1-3-9

3. 数据的恢复

（1）执行“账套→恢复”命令，如图 1-3-10 所示。

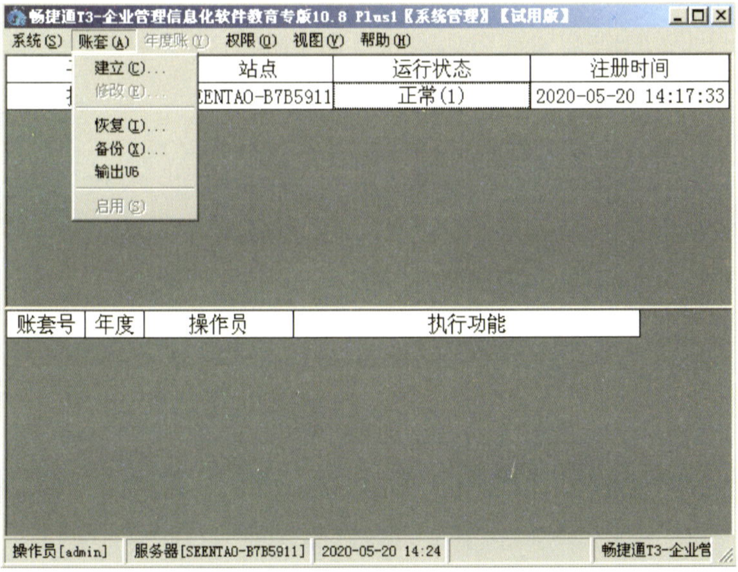

图 1-3-10

（2）选择备份文件，单击“打开”按钮，如图 1-3-11 所示。

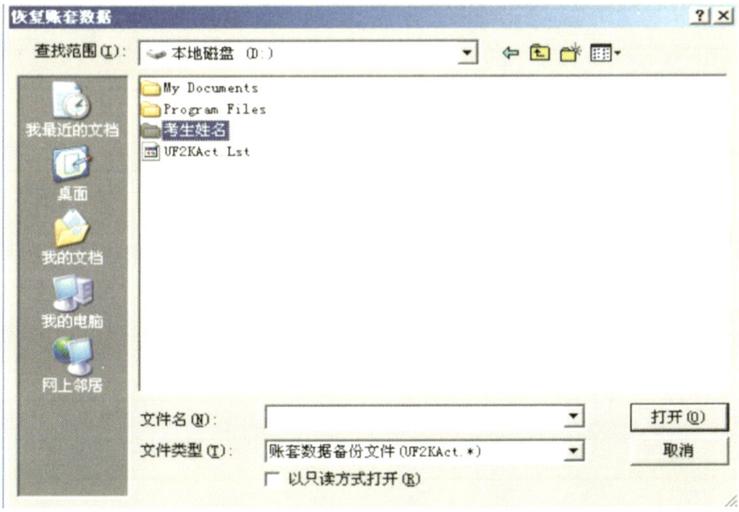

图 1-3-11

实训 1

一、建立账套

1. 账套信息

账套号：888。账套名称：山东鑫河有限公司。采用默认账套路径。启用日期：2019 年 1 月。会计期间设置：1 月 1 日至 12 月 31 日。

2. 单位信息

单位名称：山东鑫河有限公司。单位简称：鑫河公司。单位地址：山东省淄博市张店区共青团路。

3. 核算类型

本位币：人民币（RMB）。企业类型：工业。行业性质：小企业会计准则（2013 年）。账套主管：张磊。按行业性质预置科目。

4. 基础信息

该企业对客户、供应商进行分类管理。

5. 分类编码方案

科目编码级次：4-2-2-2。其他：默认。

6. 数据精度为默认值

7. 启用模块

启用总账、工资管理、固定资产、核算、购销存模块，启用日期为 2019 年 1 月 1 日。

二、增加操作员，并设置权限

以“系统管理员”的身份登录畅捷通 T3 系列管理软件，打开“系统管理”，设置操作员及其权限。（表 1）

表 1　操作员及其权限

编号	姓名	口令	所属部门	权限
101	张磊	101	财务部	账套主管
102	刘伟	102	财务部	总账——现金管理、出纳签字
103	李文	103	财务部	公用目录设置、总账、工资管理、固定资产、核算、购销存管理

三、修改操作员权限，取消操作员“李文”在账套中的“公共目录设置”权限

四、针对实训情况完成表 2、表 3

表 2　会计电算化训练情况

时间		地点		训练用时	
训练内容					
重点内容					
训练情况					

续表

学生姓名	用时	练习具体情况	成绩

表3　活动评价表

班级：　　　　　　　　组别：　　　　　　　　姓名：

项目	评价内容	评价等级（学生自评）		
		A	B	C
关键能力考核任务	遵守纪律、遵守学习场所管理规定，服从安排			
	有安全意识、责任意识			
	学习态度积极主动，能参加实习安排的活动			
	有团队合作意识，注重沟通，能自主学习并相互协作			
专业能力考核任务	按时、按要求独立完成工作页			
	操作规范，符合要求			
	学习准备充分、齐全			
	注重工作效率与工作质量			
小组评语及建议		组长签名： 年　月　日		
教师评语及建议		教师签名： 年　月　日		

项目二　系统初始化

建议学时

10 学时：

基础信息设置（4 学时）；

总账系统设置（6 学时）。

工作情境描述

山东景池有限责任公司在建立账套之后，如何对单位内部部门和职员进行初始设置，以及对有往来关系的供应商和客户进行初始设置？对于启用的总账模块又应该如何进行初始设置呢？

任务一　基础信息设置

活动 1　机构设置

任务目标

【知识目标】理解并掌握机构的设置方法。

【技能目标】学会对山东景池有限责任公司的部门进行初始设置，对山东景池有限责任公司的职员档案进行初始设置。

【素养目标】培养团结协作的精神。

任务描述

山东景池有限责任公司设有办公室、财务部、采购部、销售部，如何对各个部门进行设置？对各部门的人员又该如何进行设置？

1. 部门信息（表 2-1-1）

表 2-1-1　部门信息

部门编码	部门名称
1	办公室
2	财务部

续表

部门编码	部门名称
3	采购部
4	销售部
401	销售一部
402	销售二部

2. 职员档案信息（表 2-1-2）

表 2-1-2　职员档案信息

职员编码	职员姓名	部门名称	职员属性
01001	王莹	办公室	总经理
01002	杨雪	办公室	管理人员
02001	张宏	财务部	财务经理
02002	王伟	财务部	会计
02003	付强	财务部	会计
02004	张丽	财务部	出纳
03001	王慧	采购部	部门经理
03002	孟令军	采购部	业务人员
04001	李树美	销售一部	部门经理
04002	周通	销售一部	业务人员
04003	张强	销售二部	部门经理
04004	李林	销售二部	业务人员

知识储备

一、部门档案

在会计核算中，往往需要按部门进行分类、汇总和管理，从下一级自动向有隶属关系的上一级进行信息汇总。

部门档案主要用于设置需要进行核算的部门的名称，以及需要进行个人核算的人员所属部门。

注意

部门被其他对象引用后就不能被修改和删除了。

二、职员档案

职员档案主要用于设置本单位职员的个人信息资料，设置职员档案后可以方便地进行个人往来核算和管理等操作。

注意

职员被其他对象引用后就不能被修改了。

操作指导 项目二 任务一 基础信息设置

1. 登录系统

（1）以“系统管理员”的身份注册进入系统管理，执行“开始→程序→畅捷通 T3 系列管理软件→ 畅捷通 T3 →畅捷通 T3- 企业管理信息化软件教育专版”命令，如图 2–1–1 所示。

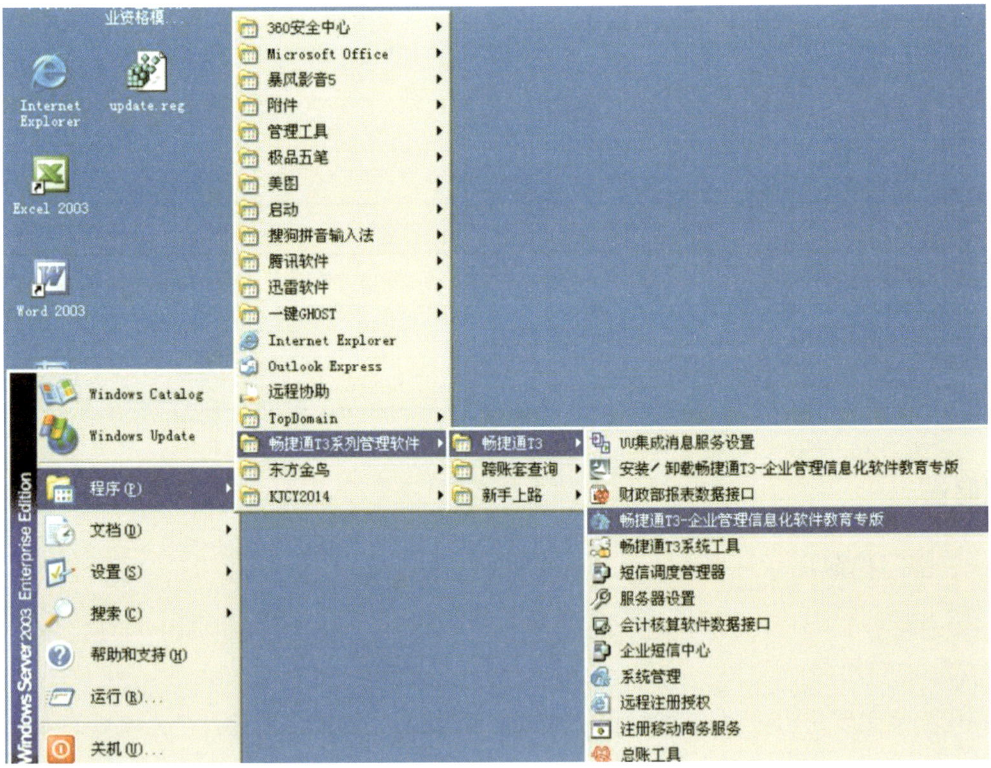

图 2–1–1

（2）登录系统，用户名为“01”，账套号为“[003] 山东景池有限责任公司”，会计年度为“2019”，操作日期“2019–01–01”，如图 2–1–2 所示。

2. 设置部门档案

（1）在企业门户中，执行“基础设置→机构设置→部门档案”命令，如图 2–1–3 所示。

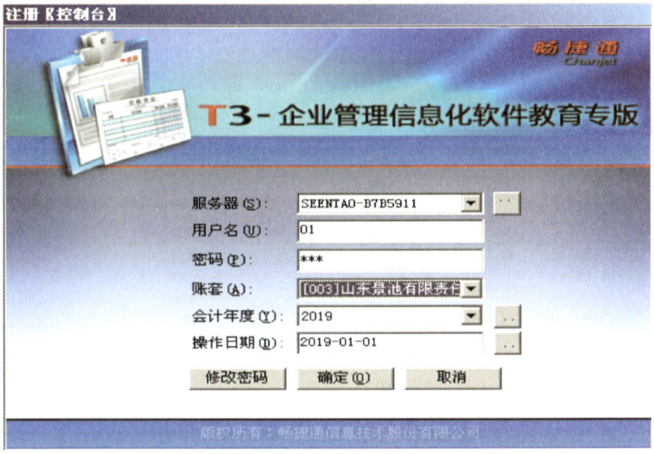

图 2-1-2

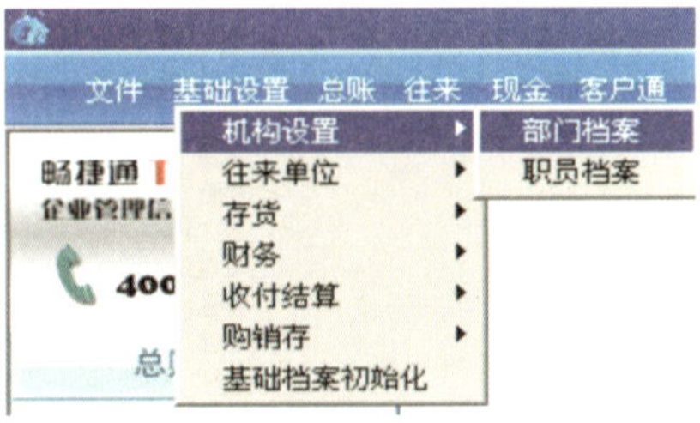

图 2-1-3

（2）在“部门档案”界面中，单击“增加”按钮，输入部门编码“1”、部门名称“办公室”等信息，单击“保存”，如图 2-1-4 所示。

（3）按照部门的上下级关系，从上至下依次输入各部门档案数据，单击“增加”按钮增加部门档案，输入部门编码“2”、部门名称“财务部”等信息，如图 2-1-5 所示。

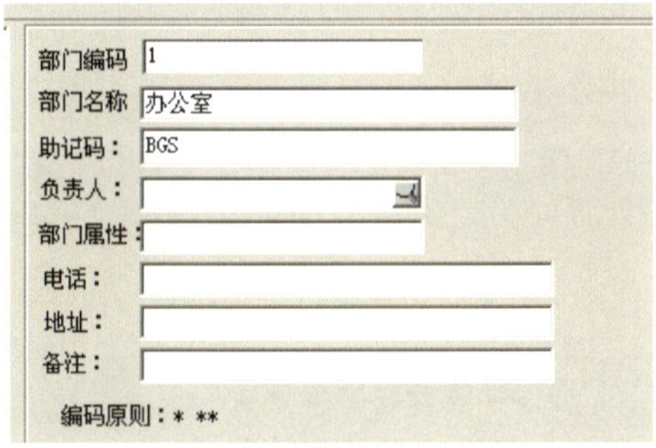

图 2-1-4

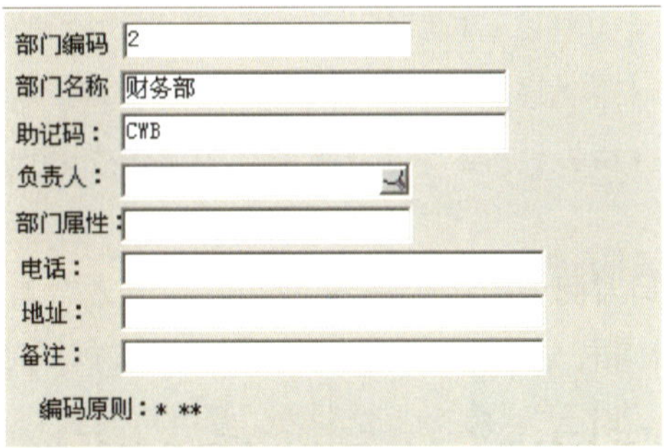

图 2-1-5

（4）根据上述方法，依次增加“采购部”“销售部”“销售一部”“销售二部”。

3. 设置职员档案

（1）执行“基础设置→机构设置→职员档案”命令，打开“职员档案”窗口，如图 2-1-6 所示。

（2）选择“办公室”，设置职员档案，如图 2-1-7 所示。

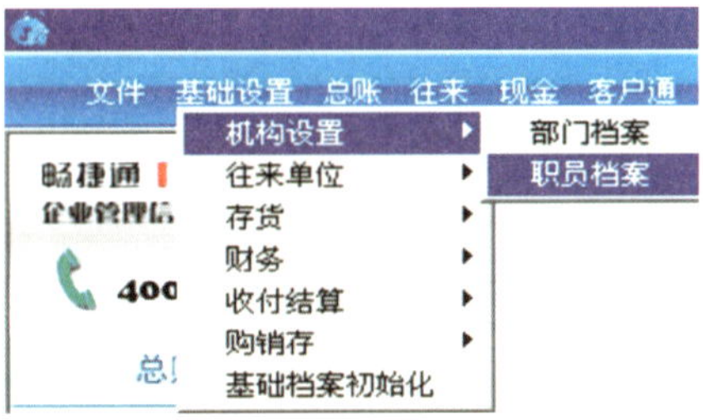

图 2-1-6

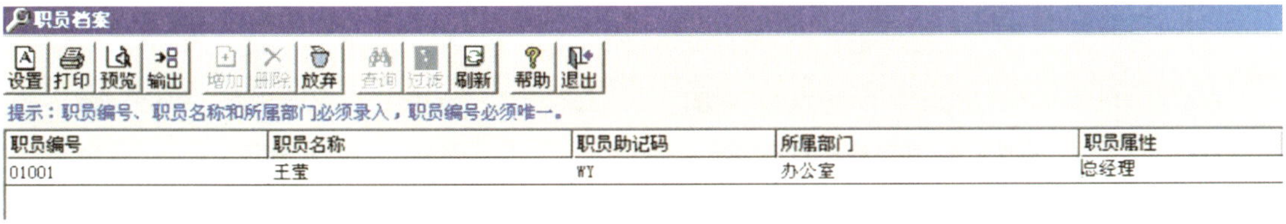

图 2-1-7

（3）完成办公室、财务部、采购部、销售一部、销售二部的人员档案设置，如图 2-1-8 所示。

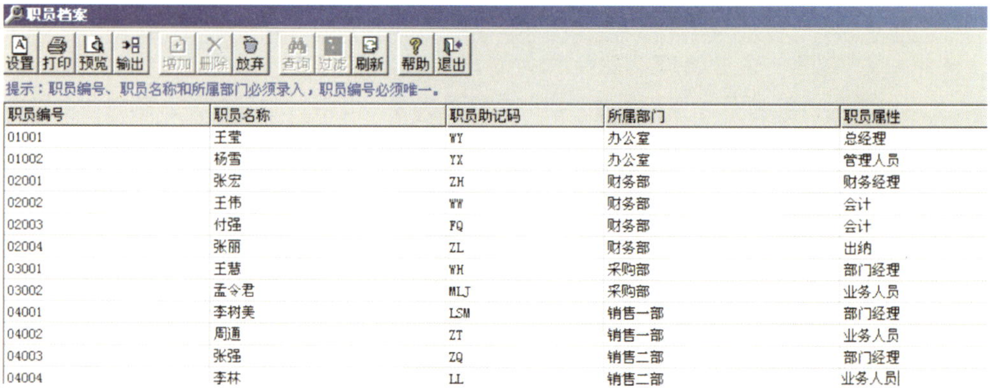

职员编号	职员名称	职员助记码	所属部门	职员属性
01001	王莹	WY	办公室	总经理
01002	杨雪	YX	办公室	管理人员
02001	张宏	ZH	财务部	财务经理
02002	王伟	WW	财务部	会计
02003	付强	FQ	财务部	会计
02004	张丽	ZL	财务部	出纳
03001	王慧	WH	采购部	部门经理
03002	孟令君	MLJ	采购部	业务人员
04001	李树美	LSM	销售一部	部门经理
04002	周通	ZT	销售一部	业务人员
04003	张强	ZQ	销售二部	部门经理
04004	李林	LL	销售二部	业务人员

图 2-1-8

活动 2　往来设置

任务目标

【知识目标】理解并掌握往来设置方法。

【技能目标】学会设置客户分类、客户档案，以及供应商分类和供应商档案。

【素养目标】注重对服务意识和责任心的培养。

任务描述

随着山东景池有限责任公司的业务不断扩大，公司的客户和供应商也越来越多，那么如何在会计电算化系统中建立客户与供应商的档案呢?

1. 客户分类信息（表 2-1-3）

表 2-1-3　客户分类信息

客户分类编号	客户分类名称
01	本地
02	外地
02001	东北
02002	东南

2. 客户档案信息（表 2-1-4）

表 2-1-4　客户档案信息

客户编号	客户名称	客户简称	所属分类	开户银行	业务员	部门
01001	蓄力股份有限公司	蓄力公司	本地	工商银行	李树美	销售一部
02001	大成股份有限公司	大成公司	东北	工商银行	周通	销售一部
02002	留阳股份有限公司	留阳公司	东南	工商银行	张强	销售二部

3. 供应商分类信息（表 2-1-5）

表 2-1-5　供应商分类信息

类别编号	类别名称
01	生产商
02	批发商

4. 供应商档案信息（表 2-1-6）

表 2-1-6　供应商档案信息

供应商编号	供应商名称	供应商简称	所属分类	开户银行	业务员	部门
0101	阳光有限责任公司	阳光公司	生产商	工商银行	王慧	采购部
0201	新华有限责任公司	新华公司	批发商	工商银行	孟令军	采购部
0202	商诚有限责任公司	商诚公司	批发商	工商银行	孟令军	采购部

知识储备

一、设置客户档案

企业如果需要进行往来管理，那么必须将企业客户的详细信息录入客户档案中。建立客户档案后可以对客户数据进行统计、汇总和查询等分类处理。在销售管理等业务中，需要处理的客户档案资料，应先在客户档案中设定，平时如有变动应及时对此进行调整。客户档案主要包括客户编号、开户银行等基本信息，以及联系方式及信用等级等其他信息。必须先选择末级分类，然后才能输入客户档案。

（1）客户编号、名称与简称：客户编号、名称与简称不得为空，客户编号必须唯一。

（2）类别：如果需要对客户进行分类，需选择正确的类别。

（3）性质：可以根据单位性质选取。

注意

可以随时增加新的客户，年末也可以将不再有往来业务联系的客户删除。在删除该客户时需将该客户的所有业务全部核销。

二、设置供应商档案

企业如果需要进行往来管理，那么必须将企业供应商的详细信息录入供应商档案中。

建立供应商档案后可以对供应商数据进行统计、汇总和查询等分类处理。在采购管理等业务中，可能涉及的供应商档案资料，应先在供应商档案中设定，平时如有变动应及时对此进行调整。

供应商档案设置要求同客户档案设置要求。

（2）出现“供应商档案”对话框，在“供应商分类→01生产商，02批发商”中对应输入供应商编号、供应商名称等信息，如图 2-1-18 所示。

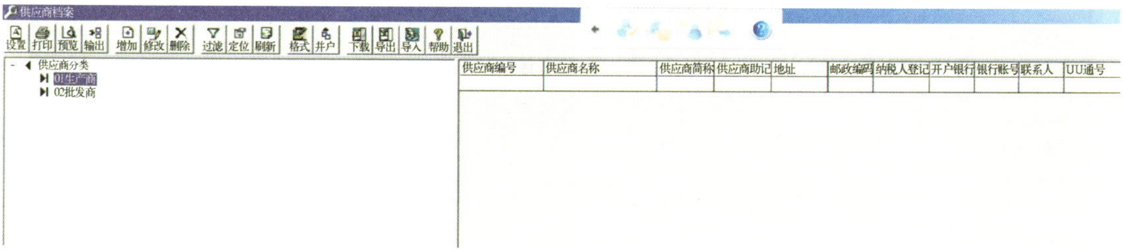

图 2-1-18

（3）在“供应商档案卡片”中输入供应商编号、供应商名称、供应商简称、所属分类码、开户银行等信息，如图 2-1-19 所示。

（4）在“供应商档案卡片→其他”中，输入分管部门“采购部”，专营业务员“孟令军”，发展日期“2019-01-01”，如图 2-1-20 所示。

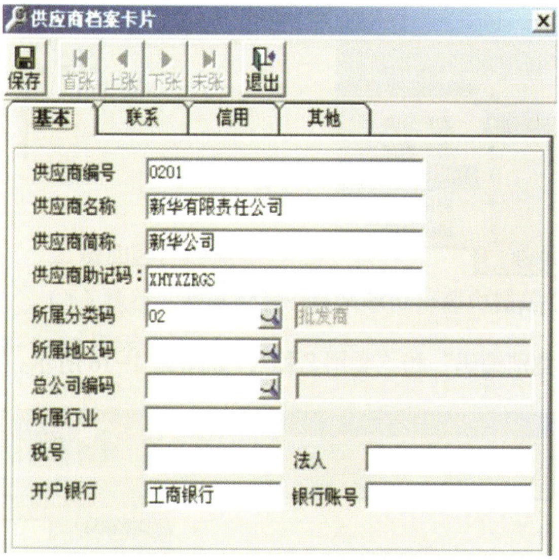

图 2-1-19

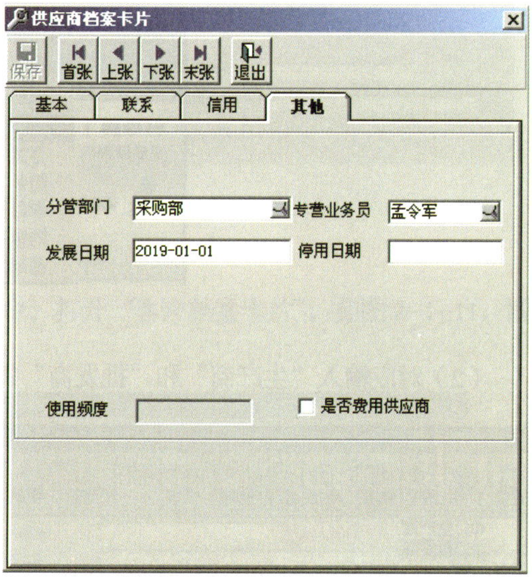

图 2-1-20

活动 3　收付结算设置

任务目标

【知识目标】理解并掌握收付结算的方式。

【技能目标】学会设置收付结算的方式，懂得如何设置公司的开户行信息。

【素养目标】培养一丝不苟的工作态度。

任务描述

在会计电算化中要完成收付业务，必须在系统中设置有关的结算方式和公司的开户行信息。

1. 结算方式（表 2-1-7）

表 2-1-7　结算方式的相关信息

结算方式编码	结算方式名称	票据管理标志
1	现金	否
2	支票	是
201	现金支票	是
202	转账支票	是

2. 开户银行（表 2-1-8）

表 2-1-8　开户银行的相关信息

编号	开户银行名称	银行账号	暂封标志
001	中国工商银行	123456789	否
002	中国建设银行	987654321	否

知识储备

一、设置结算方式

为便于管理和提高银行对账的效率，软件提供了设置银行结算方式的功能，用以设置在经营活动中所涉及的结算方式。

二、结算方式设置内容

主要内容包括：结算方式编码、结算方式名称、票据管理标志等。票据管理标志是软件为辅助出纳人员对银行结算票据进行管理而设置的功能，类似于手工记账中的支票登记簿的管理方式。

操作指导

（1）执行“基础设置→收付结算→结算方式”命令，如图 2-1-21 所示。

（2）单击“增加”按钮，输入结算方式编码“1”，结算方式名称为“现金”，如图 2-1-22 所示。

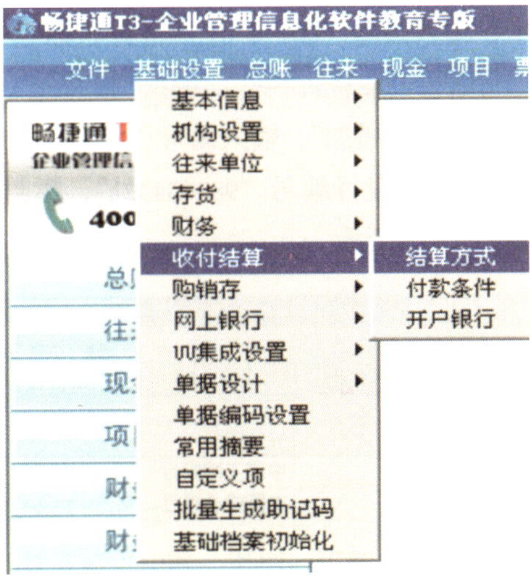

图 2-1-21

4. 外币核算

外币核算涉及固定汇率与浮动汇率。

二、账簿参数

1. 打印位数宽度

定义正式账簿打印时各栏目的宽度。包括摘要、金额、外币、汇率、数量、单价等。

2. 明细账打印方式：按月排序、按年排序

按月排序，即打印时从所选月份范围的起始月份开始将明细账按顺序排页，再从第一页将其打印输出。按年排序，即打印时从本会计年度的第一个会计月开始将明细账按顺序排页，再将打印月份范围所在的页打印输出，打印起始页号为所打印月份在全年总排页中的页号。

操作指导

项目二 任务二 总账系统设置

（1）以主管的身份登录总账系统，打开“设置→选项”，如图 2-2-1 所示。

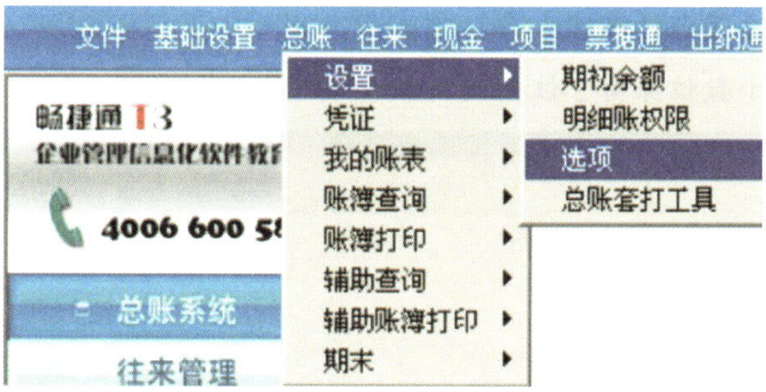

图 2-2-1

（2）进入“选项”窗口，选择“凭证”标签，在“制单控制”任务下单击“制单序时控制”复选框，显示打钩，完成设置，如图 2-2-2 所示。

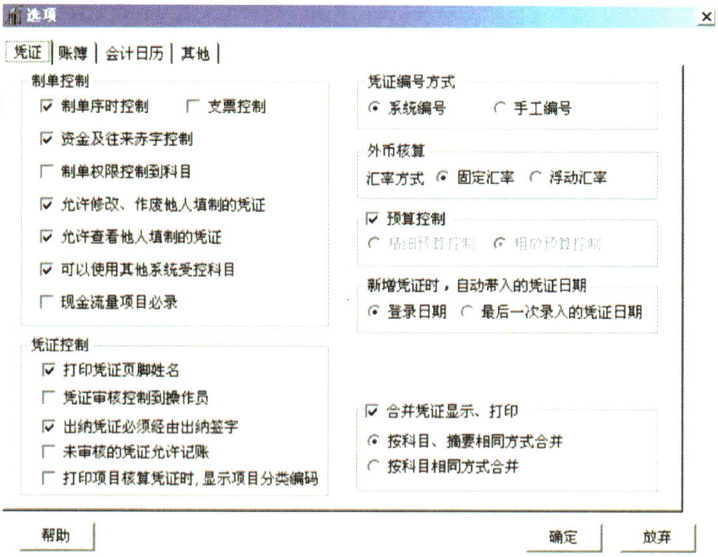

图 2-2-2

活动 2　会计科目设置

任务目标

【知识目标】认识会计电算化系统中的一级科目。

【技能目标】能对会计科目的辅助核算和受控系统等进行修改，能根据公司的实际情况，增加相应的明细科目。

【素养目标】培养认真学习的态度和良好的会计职业道德。

任务描述

要开展日常业务核算，就需要设置会计科目，在建立账套时已经按照行业性质预置了一级会计科目，但公司还需要根据自身情况对会计科目的相关信息进行修改，并设置适合自己的明细会计科目，怎么修改与设置呢？

1. 修改会计科目（表 2-2-1）

表 2-2-1　会计科目的相关信息

科目名称	辅助核算	受控系统
应收账款	客户往来	应收系统
其他应收款	个人往来	
固定资产	部门核算	

2. 增加明细会计科目（表 2-2-2）

表 2-2-2　增加明细会计科目的信息

一级科目	明细科目	科目类型
银行存款	工行存款	资产
银行存款	建行存款	资产
销售费用	工会和职工教育经费	损益
销售费用	工资及福利费	损益
管理费用	办公费	损益
管理费用	差旅费	损益
管理费用	工会和职工教育经费	损益
管理费用	工资及福利费	损益

3. 指定科目

将“库存现金”科目指定为现金总账科目，将“银行存款”科目指定为银行总账科目。

4. 删除会计科目

将“独立账户负债”科目删除。

知识储备

设置会计科目的内容包括建立会计科目、修改和删除会计科目、指定会计科目等操作。

一、建立会计科目

在财务软件中，建立会计科目时，输入的基本内容包括：科目编码、科目名称（中文和英文）、科目类型、账页格式、辅助账标记等。

若所用的会计科目基本上与所选行业会计制度规定的一级会计科目一致，则可在建立账套时选择预置标准会计科目，这样在会计科目初始设置时只需对不同的会计科目进行修改，对缺少的会计科目进行增加处理即可。如果所使用的会计科目与会计制度规定的会计科目相差较多，则可在系统初始设置时选择不预留行业会计科目，这样可以根据自身的需要自行设置全部会计科目。

1. 科目编码

在手工方式下，会计科目通常采用汉字名称的形式表示，但汉字名称难以反映出科目间的逻辑关系，同名科目的情况也经常出现，所以科目的汉字名称不适合直接用计算机进行处理。在会计电算化中，必须对会计科目进行统一编码。

科目编码就是按科目编码方案对每一科目的编码进行定义。其作用是：便于反映会计科目间的上下级逻辑关系；便于计算机识别和处理，将会计科目编码作为数据处理的关键字，便于检索、分类及汇总；减少输入工作量，提高输入速度；促进会计核算的规范化和标准化。

设计会计科目编码首先从一级科目开始，逐级向下设置明细科目。一级科目编码按财政部的统一编码方案编制；明细科目编码按照参数设置中对科目编码级次和级长的规定进行设置。通常的方法是同级科目按顺序排列，将序号作为本级科目编码，加上上一级科目全编码，组成本级科目全编码，即

本级科目全编码＝上一级科目全编码＋本级科目编码。

由此可见，每级科目全编码都包括上级科目全编码和本级科目编码，这样编码能够反映科目上下级之间的关系。

编码设计时必须注意，科目级长如设定为二位，如果科目在十个以下，编码的十位数必须以“0”表示。

2. 科目中文名称

科目中文名称是指会计科目的汉字名称。科目编码是计算机使用的科目代码，而科目中文名称，则是证、账、表上显示和打印的标志，是企业与外部交流信息所使用的标志。因此科目中文名称必须严格按照会计制度规定的科目名称输入，做到符合规范和标准。输入科目中文名称时尽量避免重名，以免影响科目运用的准确性。

3. 科目类型

按照会计制度规定，按会计科目性质对会计科目进行划分，科目类型分为五大类，即资产、负债、所有者权益、成本、损益。指定会计科目的类型，这是计算机自动进行分类和汇总的依据。财政部规定的一级科目编码的第一位，即科目大类代码为：“1 ＝ 资产”“2 ＝负债”“3 ＝所有者权益”“4 ＝成本”“5 ＝损益”。因此，在指定科目类型时，必须让定义的类型与编码的第一位保持一致。

4. 账页格式

会计核算时需要对会计账簿进行格式定义，账页格式一般有金额式、外币金额式、数量金额式、数量外币式等。

5. 辅助账标记

辅助账是指科目的辅助核算内容，主要有个人往来、客户往来、供应商往来、部门核算、任务核算等，另外还有外币核算、数量核算、银行账和日记账辅助核算。

设置往来核算可以按往来目录进行分类和汇总，即下一级将自动向有隶属关系的上一级进行汇总；设置部门核算可以按部门进行分类和汇总；设置任务核算不仅可方便地实现对部分成本费用和收入按任务进行核算，而且可为这些成本费用和收入情况的管理提供快速方便的辅助手段；设置外币核算可以按外币种类进行分类和汇总；设置数量核算可以按指定的计量单位进行分类和汇总；设置银行账和日记账辅助核算可以实现出纳管理。

因此，对有辅助核算要求的科目设置相应的辅助核算标记，在数据输入时，系统根据辅助账标记的不同，会输入不同的附加内容。

辅助账标记要求设在最底层的科目上。辅助账一经定义并使用后，则不要进行随意的修改，以免造成账簿数据的混乱。

提示

增加的会计科目编码长度及每段位数要符合编码规则。

科目一经使用，就不能再增设下级科目，只能增加同级科目。

由于建立会计科目的内容较多，很多辅助核算内容会对后面的凭证输入操作产生影响，因此在建立会计科目时，要小心并反复检查。

二、修改和删除会计科目

如果需要对原有会计科目的某些内容进行修改，如账页格式、辅助核算、汇总打印、封存等，可以通过“修改”功能来完成。如果需要删除原有会计科目，可通过“删除”功能来完成。要修改和删除某会计科目，应先选中该会计科目。

修改或删除会计科目应遵循“自下而上”的原则，即先删除或修改下一级科目，然后再删除或修改本级科目。

修改或删除会计科目中已经输入余额的科目，必须先删除本级及其下级科目的期初余额（设为0），才能修改或删除该科目。

科目一经使用，即已输入凭证，则不允许修改或删除该科目，不允许做科目升级处理，即只能增加同级科目，而不能在科目下增设下级科目。

三、指定会计科目

指定会计科目是指指定出纳的专管科目。指定会计科目后，才能执行出纳签字，从而实现现金、银行管理的保密性，才能查看现金、银行存款日记账。

在指定“现金科目”“银行科目”之前，应在建立“库存现金”“银行存款”会计科目时选中

"日记账"复选框。

操作指导

1. 修改会计科目

（1）执行"基础设置→财务→会计科目"命令，如图 2-2-3 所示。

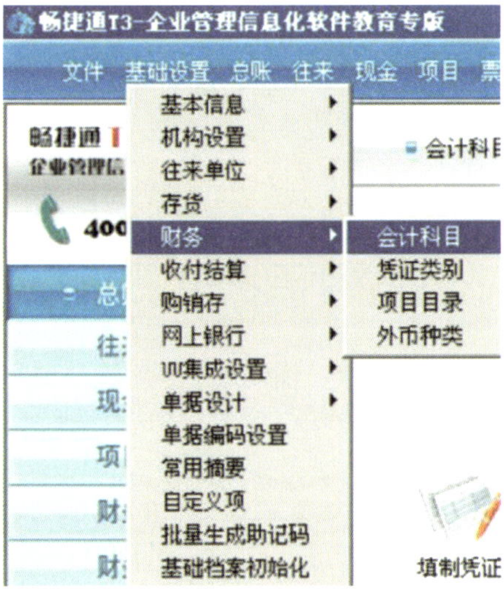

图 2-2-3

（2）出现"会计科目"窗口，单击"查找"，输入查找科目"应收账款"，如图 2-2-4 所示。

图 2-2-4

（3）选择"应收账款"，单击"修改"，打开"会计科目 _ 修改"，可对应修改相关内容，如图 2-2-5 所示。

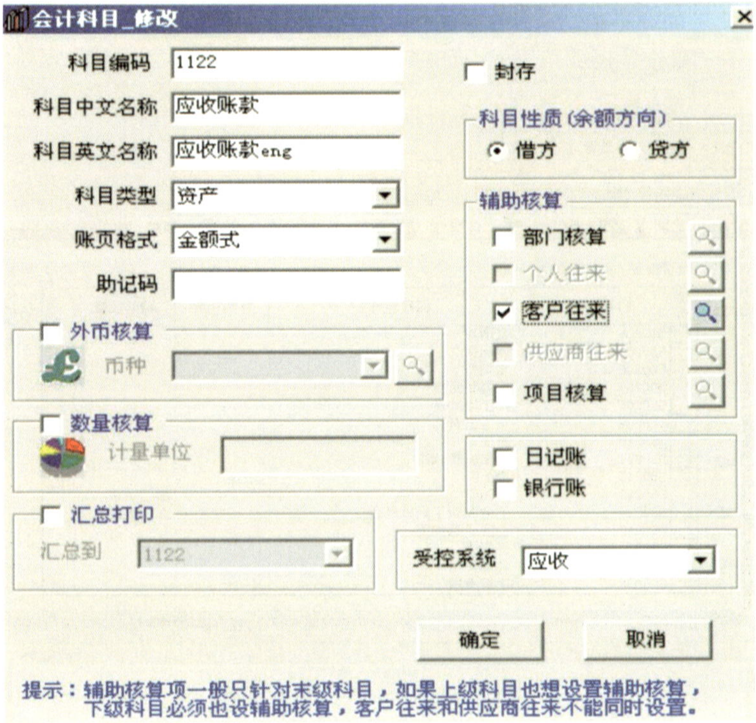

图 2-2-5

2. 增加科目明细

（1）单击“增加”按钮，打开“会计科目_新增”，输入“工行存款”，勾选“日记账”“银行账”，如图 2-2-6 所示。

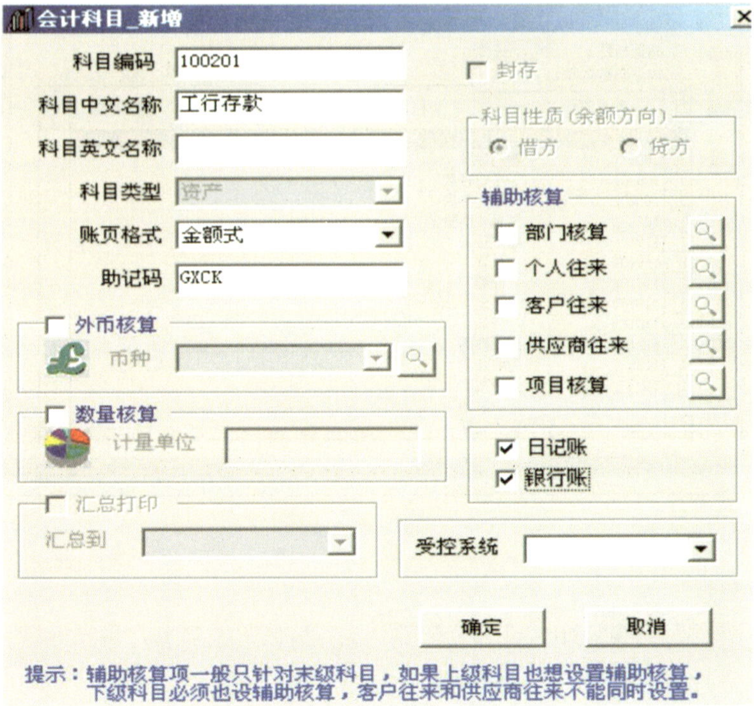

图 2-2-6

（2）设置会计科目，单击“管理费用”，找到“差旅费”，双击打开，在“辅助核算”中单击“部门核算”，单击“确定”后即可退出，如图 2-2-7 所示。

图 2-2-7

3. 指定会计科目

依次单击“编辑→指定科目→库存现金→现金总账科目→确定”，如图 2-2-8 所示。

图 2-2-8

4. 删除会计科目

（1）在“会计科目”窗口中，打开“全部”或“负债”选项卡，将光标移到“独立账户负债”科目上，选中。

（2）单击“删除”按钮。

（3）系统弹出“记录删除后不能修复！真的删除此记录吗？”提示对话框，如图 2-2-9 所示。

（4）单击“确定”按钮。

图 2-2-9

活动 3　外币汇率与凭证类别设置

任务目标

【知识目标】了解外币的币种和凭证的使用方法。

【技能目标】能对公司的外币币种和相应的汇率进行设置，选择适合公司实际情况的凭证类别。

【素养目标】培养良好的职业道德和认真的学习态度。

任务描述

随着公司的业务范围日益扩大，出现了外币核算的相关任务，对于外币应该如何进行设置？日常核算需要会计凭证，对于凭证的类别又该如何进行选择？

1. 凭证类别（表 2-2-3）

表 2-2-3　凭证类别信息

类别字	类别名称	限制类型	限制科目
收	收款凭证	借方必有	库存现金，银行存款
付	付款凭证	贷方必有	库存现金，银行存款
转	转账凭证	凭证必无	库存现金，银行存款

2. 外币设置

币符：USD。币名：美元。人民币对美元的固定汇率：1∶6.8。

知识储备

一、设置凭证类别

1. 许多企业为了便于管理或记账方便，一般对记账凭证进行分类编制，但各企业的分类方法不尽相同，可以按照企业自身的需要对凭证进行分类

通常，系统提供 5 种常用的分类方式：记账凭证；收款、付款、转账凭证；现金、银行、转账凭证；现金收款、现金付款、银行收款、银行付款、转账凭证；自定义凭证类别。

凭证分类不影响记账的结果，一般可分为收款凭证、付款凭证和转账凭证，业务量较少的企业可不分类，即只设置"记账凭证"一种凭证类别。

2. 某些类别的凭证在制单时对科目有一定的限制，通常系统有 5 种限制类型供选择

借方必有：制单时，此类凭证借方至少有一个限制科目有发生额。

贷方必有：制单时，此类凭证贷方至少有一个限制科目有发生额。

凭证必有：制单时，此类凭证无论借方还是贷方至少有一个限制科目有发生额。

凭证必无：制单时，此类凭证无论借方还是贷方不可有一个限制科目有发生额。

无限制：制单时，此类凭证可使用所有合法的科目。

限制科目由用户输入，可以是任意级次的科目，科目之间用英文逗号分隔，数量不限，也可参照输入，但不能重复录入。

在录入凭证之前，应进行凭证类别的设置；已使用的凭证类别不能删除，也不能修改类别字；若限制科目为非末级科目，则在制单时，其所有下级科目都将受到同样的限制。

二、设置外币及汇率

汇率管理是专为外币核算服务的。

企业有外币业务，要进行外币及汇率的设置。外币及汇率的设置仅录入固定汇率值与浮动汇率值，并不决定在制单时使用固定汇率还是浮动汇率，在制单时使用固定汇率还是浮动汇率由账簿初始化设置决定。

操作指导

1. 设置凭证类别

（1）执行"基础设置→财务→凭证类别"命令，打开"凭证类别"窗口，如图 2-2-10 所示。

（2）在"凭证类别"窗口中，单击"增加"按钮，增加记账凭证如图 2-2-11 所示。

（3）单击"增加"按钮，依照凭证类别信息选择收款凭证、付款凭证、转账凭证的限制类型和限制科目，如图 2-2-12 所示。

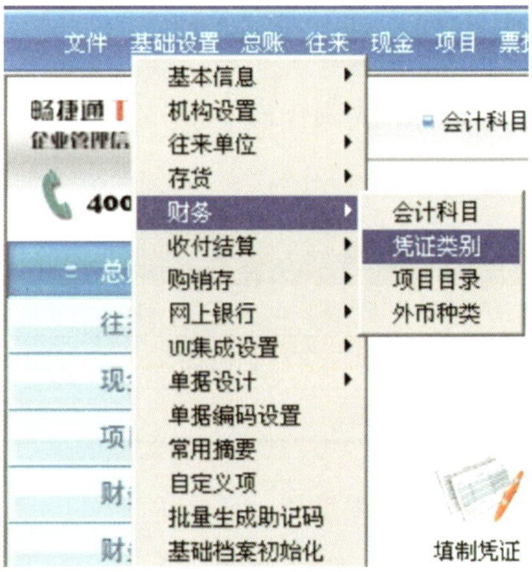

图 2-2-10

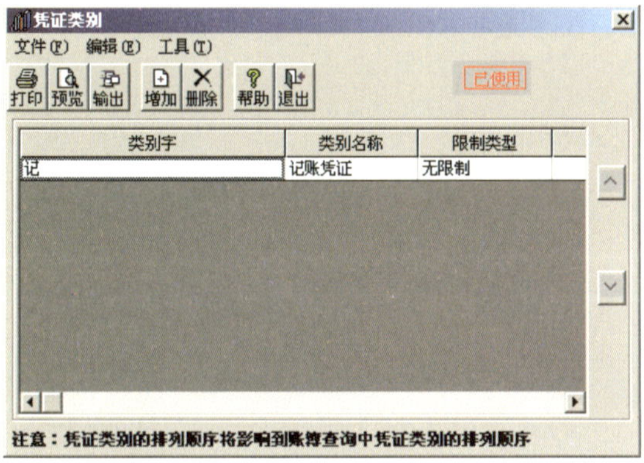

图 2-2-11

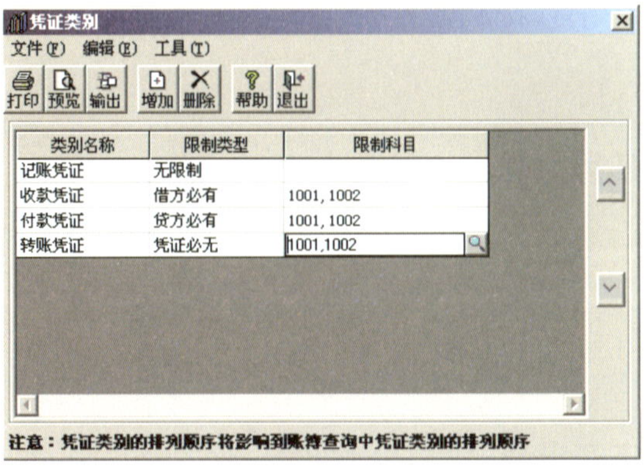

图 2-2-12

2. 设置外币及汇率

（1）执行“基础设置→财务→外币种类”命令，打开“外币种类”窗口，如图 2-2-13 所示。

（2）单击“增加”按钮，输入数据：币符“USD”，币名“美元”。单击“确认”按钮，如图 2-2-14 所示。

（3）在 2019 年 1 月的记账汇率栏中输入“6.8”，单击“确认”按钮，如图 2-2-15 所示。

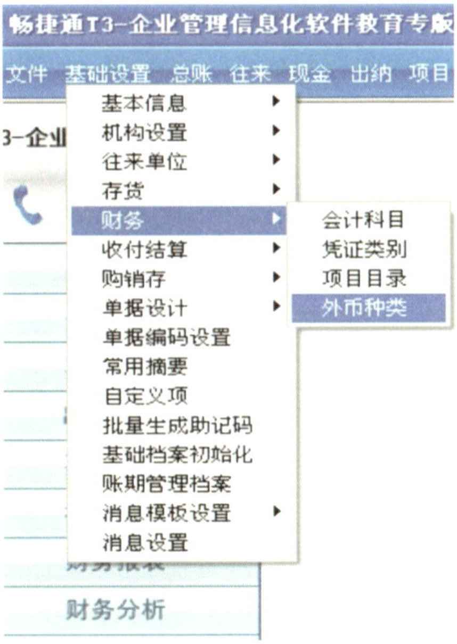

图 2-2-13

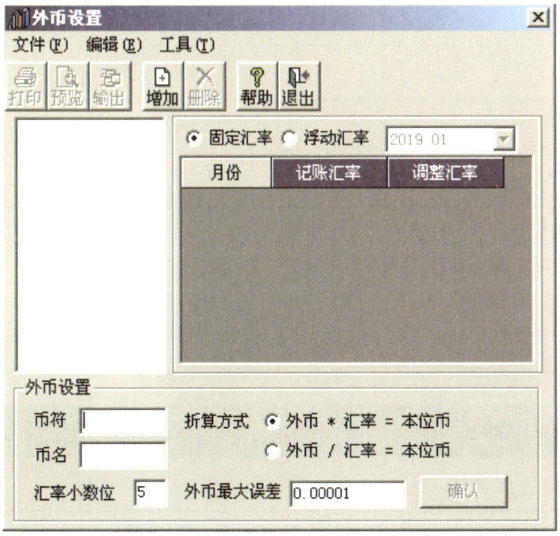

图 2-2-14

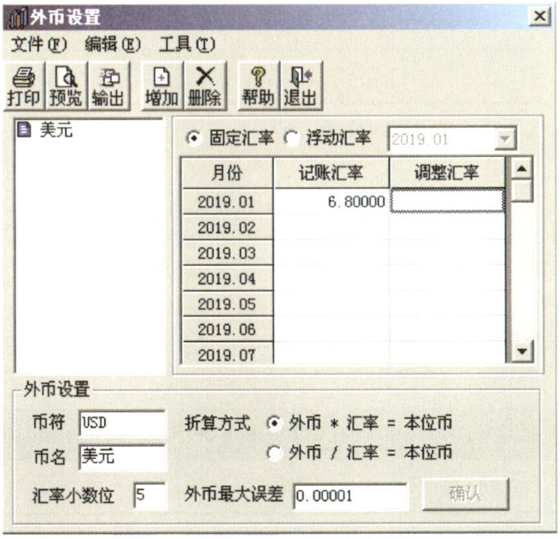

图 2-2-15

活动 4　录入期初余额

任务目标

【知识目标】理解并掌握期初余额的录入方法。

【技能目标】能对科目期初余额进行录入，能对有辅助核算的科目余额进行录入。

【素养目标】在录入期初余额的过程中，培养一丝不苟的工作态度。

任务描述

在手工做账时，在期初需要将上期的期末余额结转为本期的期初余额，那么对于会计电算化系统而言，期初余额又该如何录入呢？

1. 期初余额（表 2-2-4）

表 2-2-4　期初余额信息

科目名称	余额方向	期初余额 / 元
现金	借	800. 00
银行存款	借	2 000 000. 00
工行存款	借	1 500 000. 00
建行存款	借	500 000. 00
应收账款	借	20 000. 00
其他应收款	借	180. 00
库存商品	借	2 432 000. 00
固定资产	借	6 000 000. 00
累计折旧	贷	2 432 000. 00
实收资本（或股本）	贷	6 000 000. 00
利润分配	贷	2 020 980. 00
未分配利润	贷	2 020 980. 00
主营业务收入	借	

2. 辅助账期初余额

（1）应收账款。（表 2-2-5）

表 2-2-5　应收账款信息

日期	凭证号	客户	摘要	方向	金额 / 元
2018-12-28	转 -70	大成公司	销货款	借	20 000

（2）其他应收款。（表 2-2-6）

表 2-2-6　其他应收款信息

日期	凭证号	部门	个人	摘要	方向	金额 / 元
2018-12-29	付 -23	办公室	杨雪	出差借款	借	180

（3）固定资产。（表 2-2-7）

表 2-2-7　固定资产信息

部门名称	固定资产原值 / 元
办公室	1 500 000
财务部	1 100 000
采购部	1 500 000
销售一部	800 000
销售二部	1 100 000
合计	6 000 000

3. 试算平衡

（见下文）

知识储备

在初次使用账务处理子系统时，应将经过整理的手工账目的期初余额录入计算机中。若企业是在年初建账的，则输入的期初余额就是年初余额。若企业是在年中建账的，则输入建账月份的期初余额和年初到建账时的借贷方累计发生额，系统会自动倒算出年初余额。

例如，某企业 2018 年 4 月开始启用总账系统，那么，应将该企业 2018 年 3 月末各科目的期末余额及 1 ～ 3 月的累计发生额计算出来，作为启用系统的期初数据录入账务处理子系统中，系统将自动计算年初余额；若科目有辅助核算，还应整理各辅助任务的期初余额，以便在期初余额中录入。

期初余额的录入分两部分：基本科目期初余额录入、辅助核算科目期初余额录入。

1. 基本科目期初余额录入

只录入末级会计科目余额，非末级会计科目余额不用录入，系统将根据其下级明细科目自动汇总计算填入，红字余额用负号输入。修改余额时，直接输入正确数据即可。

2. 辅助核算科目期初余额录入

在录入期初余额时，对于设置为辅助核算的科目，系统会自动为其开设辅助账页。相应地，在输入期初余额时，这类科目总账的期初余额是由辅助账的期初明细汇总而来的，即不能直接输入总账期初数。

当不想输入某项内容而系统又提示必须输入时，可按 ESC 键取消输入。此操作在本书介绍的财务软件中很多地方都是适用的。

3. 试算平衡

期初余额录入完毕后，应该试算平衡。期初余额试算不平衡，将不能记账，但可以填制凭证。

已经记过账，则不能录入、修改期初余额，也不能使用“结转上年余额”的功能。

操作指导

1. 录入期初余额

（1）执行“总账→设置→期初余额”命令，如图 2-2-16 所示。

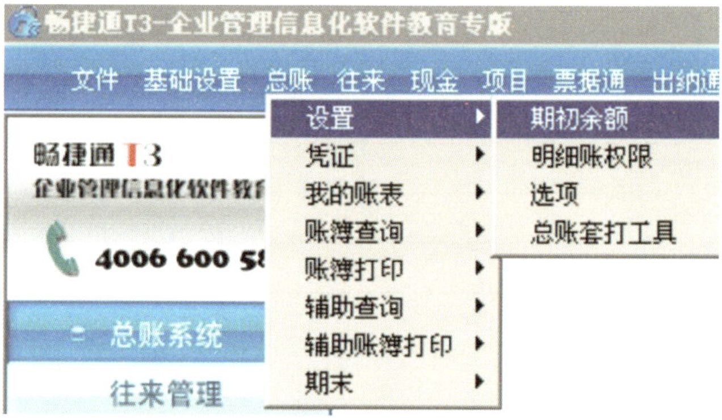

图 2-2-16

（2）按要求录入期初余额，如图 2-2-17 所示。

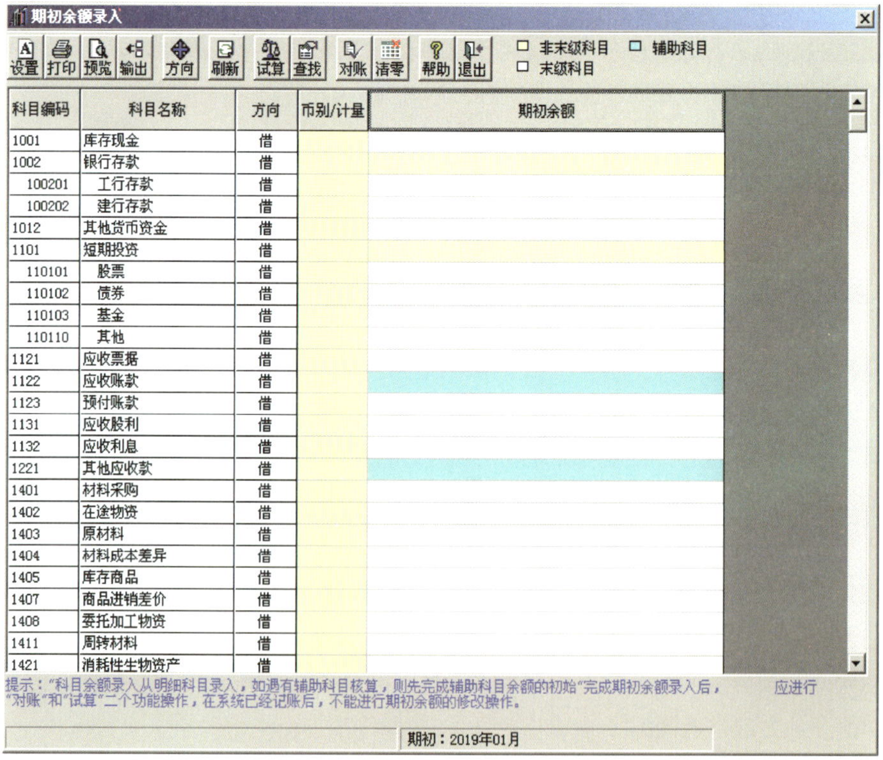

图 2-2-17

（3）双击“应收账款”的期初余额栏，打开“客户往来期初”窗口，如图 2-2-18 所示。

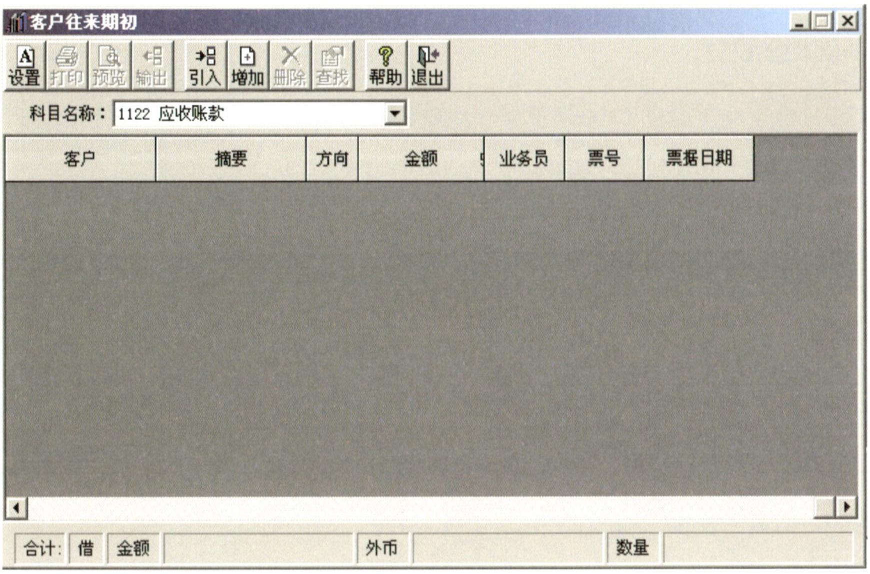

图 2-2-18

2. 试算平衡

（1）在“期初余额录入”对话框中，单击“试算”按钮，查看期初试算平衡表，检查余额是否平衡，如图 2-2-19 所示。

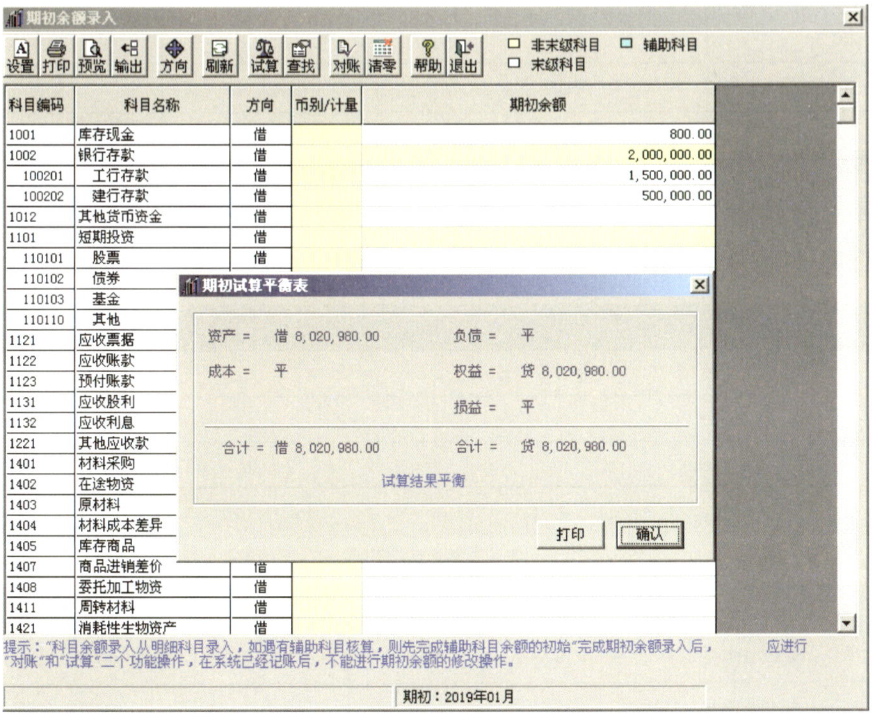

图 2-2-19

（2）单击“确认”按钮。

实训 2

一、基础档案设置

以 101 的身份登录畅捷通 T3 系列管理软件 888 账套，设置基础档案。

1. 设置部门档案（表 1）

表 1　部门档案信息

部门编码	部门名称
1	财务部
2	市场部
3	采购部
4	生产部

2. 设置职员档案（表 2）

表 2　职员档案信息

职员编码	职员名称	所属部门	职员属性
101	张磊	财务部	经理人员
102	刘伟	财务部	行政人员
103	李文	财务部	行政人员
201	李萍	市场部	经理人员
301	孙园	采购部	业务人员
401	刘杨	生产部	生产人员

3. 设置客户分类及客户档案（表 3、表 4）

表 3　客户分类信息

分类编码	分类名称
01	长期客户
02	中期客户
03	短期客户

表 4　客户档案信息

客户编码	客户名称	客户简称	所属分类码	开户银行	银行账号
001	淄博卓越公司	卓越公司	01	工商银行	6222023803013297860
002	山东倍通贸易公司	倍通贸易	02	工商银行	6222023803013297862
003	青岛天正公司	天正公司	03	工商银行	6222023803013297864
004	日照速力公司	速力公司	03	工商银行	6222023803013297866

4. 设置供应商分类及供应商档案（表 5、表 6）

表 5　供应商分类信息

分类编码	分类名称
01	本地供应商
02	外地供应商

表 6　供应商档案信息

供应商编码	供应商名称	供应商简称	所属分类码	开户银行	银行账号
001	淄博宏泰公司	宏泰公司	01	中国银行	4563516206013716080
002	潍坊天一公司	天一公司	02	中国银行	4563516206013716082

5. 设置结算方式（表 7）

表 7　结算方式

结算方式编码	结算方式名称	票据管理方式
1	现金结算	否
2	支票结算	是
201	转账支票	是
202	现金支票	是
3	其他	否

6. 设置总账系统参数

出纳凭证必须由出纳签字；数量、单价的小数位保留 2 位；其他默认。

二、会计科目新增及修改

以 101 的身份登录畅捷通 T3 系列管理软件 888 账套，进行设置。（表 8）

1. 设置相应科目的明细及辅助核算
2. 将“库存现金”科目指定为现金总账科目，将“银行存款”科目指定为银行总账科目
3. 凭证类别：鑫河公司采用“收款凭证”“付款凭证”“转账凭证”

表 8　会计科目余额表

科目编码	科目名称	账页格式	辅助核算	方向	期初余额 / 元
1001	库存现金		日记账	借	1 000
1002	银行存款		日记账和银行账	借	389 620
100201	工行存款			借	200 000
100202	中行存款			借	189 620
1122	应收账款		客户往来	借	468 000
1221	其他应收款		个人往来	借	7 200
1231	坏账准备			贷	2 500
1402	在途物资			借	5 000

续表

科目编码	科目名称	账页格式	辅助核算	方向	期初余额/元
1403	原材料			借	270 000
140301	A 材料	数量金额式	数量核算	借	180 000
			计量单位：千克		300
140302	B 材料	数量金额式	数量核算	借	90 000
			计量单位：千克		300
1405	库存商品			借	300 000
140501	甲产品	数量金额式	数量核算	借	200 000
			计量单位：件		100
140502	乙产品	数量金额式	数量核算	借	100 000
			计量单位：件		100
1601	固定资产			借	3 559 000
1602	累计折旧			贷	1 600 000
1604	在建工程			借	282 950
2001	短期借款			贷	414 000
2202	应付账款		供应商往来	贷	315 900
2211	应付职工薪酬			贷	47 000
221101	工资			贷	
221102	职工福利			贷	47 000
2221	应交税费			贷	27 680
222101	应交增值税			贷	
22210101	进项税额			贷	
22210102	销项税额			贷	
22210103	未交增值税			贷	27 680
22210104	进项税额转出			贷	
222102	应交消费税			贷	
222103	应交所得税			贷	
222104	应交个人所得税			贷	
4001	实收资本			贷	2 500 000
4002	资本公积			贷	45 690
400202	资本溢价				
4101	盈余公积			贷	20 000
410101	法定盈余公积			贷	14 000
410102	任意盈余公积			贷	6 000
4104	利润分配			贷	310 000
410401	提取法定盈余公积			贷	
410402	提取任意盈余公积			贷	
410403	未分配利润			贷	310 000

科目编码	科目名称	账页格式	辅助核算	方向	期初余额 / 元
5001	生产成本			借	
500101	甲产品			借	
500102	乙产品			借	
5101	制造费用			借	
510101	工资			借	
510102	折旧费			借	
510103	其他			借	
6601	销售费用			借	
660101	工资			借	
660102	折旧费			借	
660103	其他			借	
6602	管理费用			借	
660201	工资			借	
660202	折旧费			借	
660203	差旅费		部门核算	借	
660204	办公费		部门核算	借	
660205	其他			借	
6603	财务费用			借	
660301	手续费			借	
660302	利息收入			借	
660303	利息支出			借	

三、总账系统

以 101 的身份登录畅捷通 T3 系列管理软件 888 账套，录入期初余额、科目明细余额。

1. 录入期初余额（见表 8 会计科目余额表）

2. 录入应收账款明细余额表、其他应收款明细余额表、应付账款明细余额表（表 9 至表 11）

表 9 应收账款明细余额表

日期	凭证号	客户简称	摘要	方向	金额 / 元
2019-12-20	转 -010	卓越公司	销售甲产品	借	117 000
2019-12-25	转 -015	倍通贸易	销售乙产品	借	175 500
2019-12-30	转 -020	天正公司	销售甲产品	借	117 000
2019-12-31	转 -030	速力公司	销售乙产品	借	58 500

表 10 其他应收款明细余额表

日期	凭证号	个人	部门	摘要	方向	金额 / 元
2019-12-27	转 -016	孙园	采购部	出差借款	借	7 200

表 11　应付账款明细余额表

日期	凭证号	供应商简称	摘要	方向	金额 / 元
2019-12-20	转 -003	宏泰公司	购买 A 材料	贷	210 600
2019-12-25	转 -021	天一公司	购买 B 材料	贷	105 300

四、针对实训情况完成下表

表 12　会计电算化训练情况

时间		地点		训练用时	
训练内容					
重点内容					
训练情况					

学生姓名	用时	练习具体情况	成绩

表 13　活动评价表

班级：　　　　　　　　　　　　组别：　　　　　　　　　　　　姓名：

项目	评价内容	评价等级（学生自评）		
		A	B	C
关键能力考核任务	遵守纪律、遵守学习场所管理规定，服从安排			
	有安全意识、责任意识			
	学习态度积极主动，能参加实习安排的活动			
	有团队合作意识，注重沟通，能自主学习并相互协作			
专业能力考核任务	按时、按要求独立完成工作页			
	操作规范，符合要求			
	学习准备充分、齐全			
	注重工作效率与工作质量			
小组评语及建议		组长签名： 年　月　日		
教师评语及建议		教师签名： 年　月　日		

项目三　日常账务处理

建议学时

10 学时：

填制凭证（4 学时）；

审核凭证（2 学时）；

记账（2 学时）；

查询凭证和账簿（2 学时）。

工作情境描述

山东景池有限责任公司的单位基本信息和总账系统基本信息设置完毕后，公司就可以对日常发生的业务进行核算了，本项目主要针对日常发生的业务进行核算，主要介绍了如何填制凭证、审核凭证、查询凭证，以及如何对会计凭证进行记账。

任务一　填制凭证

活动 1　增加凭证

任务目标

【知识目标】理解并掌握记账凭证的填制方法。

【技能目标】掌握记账凭证的录入方法。

【素养目标】在填制凭证过程中培养良好的责任意识和团队协作精神。

任务描述

山东景池有限责任公司发生了以下四笔业务，手工记账时我们直接填制一张会计凭证即可，那么在会计电算化系统中应该如何填制会计凭证呢？

（1）杨雪出差归来，报销差旅费 200 元，原预借 180 元，差额以现金付给，附单据 2 张。

借：管理费用——差旅费　　　　200

　　贷：其他应收款——杨雪　　　　180

库存现金　　　　　　　　　　　　　　　　　　　　20

（2）以现金支付办公用品费 900 元，附单据 1 张。

借：管理费用——办公费　　　　　　　　　　　　　900

贷：库存现金　　　　　　　　　　　　　　　　　900

（3）收到大成公司前欠货款 18 000 元存入银行。

借：银行存款——工行存款　　　　　　　　　　18 000

贷：应收账款——大成公司　　　　　　　　　　18 000

（4）从银行提取现金 50 000 元，备发工资，附单据 1 张。

借：库存现金　　　　　　　　　　　　　　　50 000

贷：银行存款——建设银行　　　　　　　　　　50 000

知识储备

在实际工作中，可直接在计算机上根据原始凭证填制记账凭证，填制凭证是电算化方式下工作量较大的一项内容。

填制凭证的功能包括：增加凭证、修改凭证、作废凭证、整理凭证、查询凭证等。

增加凭证

记账凭证的内容一般包括两部分：一是凭证头部分；二是凭证正文部分。

如果输入的会计科目有辅助核算要求，则应输入辅助核算内容；如果一个科目同时兼有多种辅助核算，则要求输入各种辅助核算的有关内容。

1. 凭证头部分

（1）凭证类别：可以输入凭证类别字，也可以参照输入。

（2）凭证编号：一般情况下，由系统分类按月自动编制，即每类凭证每月都从 0001 号开始。系统自动管理凭证页号，系统规定每页凭证有五条记录，当某号凭证不只一页时，系统自动将在凭证号后标上分单号，如收 -0001 号 0002/0003 表示收款凭证第 0001 号凭证共有三张分单，当前光标所在分录在第二张分单上。如果在启用账套时设置凭证编号方式为“手工编号”，则用户可在此处手工录入凭证编号。

（3）制单日期：填制凭证的日期。系统自动将进入账务系统前输入的业务日期作为记账凭证填制的日期，如果日期不对，可进行修改或参照输入。

（4）附单据数：输入原始单据的张数。

2. 凭证正文部分

（1）摘要：输入本笔分录的业务说明，要求简洁明了，不能为空。

（2）科目：必须输入末级科目。科目可以输入科目编码、科目中文名称、科目英文名称或助记码。

（3）辅助信息：对于要进行辅助核算的科目，系统提示输入相应的辅助核算信息。辅助核算信息包括客户往来、供应商往来、个人往来、部门核算、项目核算。如果需要对所输入的辅助项进行修改，可双击所要修改的项，系统显示辅助信息录入窗口后，可进行修改。

（4）金额：该笔分录的借方或贷方本币发生额，金额不能为零，但可以是红字，红字金额以负数形式输入，红字以“-”号表示。

采用制单序时控制时，凭证日期应大于等于启用日期，不能超过业务日期。凭证一旦保存，其凭证类别、凭证编号不能修改。

正文中不同行的摘要可以相同也可以不同，但不能为空。每行摘要将随相应的会计科目在明细账、日记账中出现。

科目编码必须是末级的科目编码。既可以手工直接输入，也可选择输入。可按“=”键取当前凭证借贷方金额的差额到当前光标位置。

不能确定的辅助核算信息可不输入。

操作指导

项目三 任务一 填制凭证

（1）在系统菜单中执行“总账→凭证→填制凭证”命令，如图 3-1-1 所示。

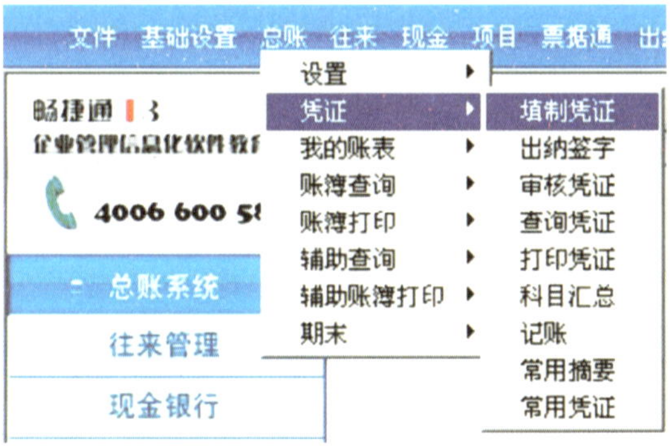

图 3-1-1

（2）单击凭证左上角，选择“付”字，输入凭证内容，如图 3-1-2 所示。

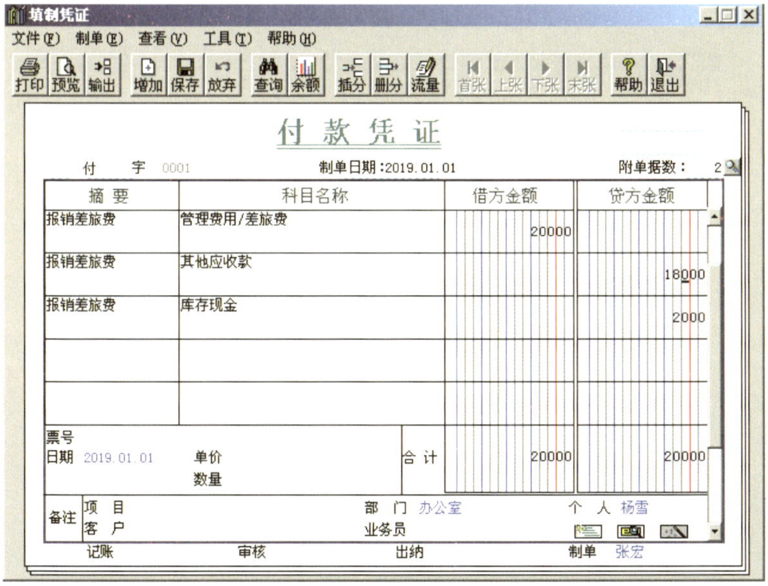

图 3-1-2

活动2　修改凭证

任务目标

【知识目标】理解并掌握如何修改错误。

【技能目标】能针对记账凭证的录入错误进行修改。

【素养目标】在修改错误的过程中反思错误，培养认真严谨的态度。

任务描述

山东景池有限责任公司在录入第二笔业务时，将管理费用记成了销售费用，如何在记账凭证中将错误的销售费用修改为管理费用呢?

知识储备

在填制凭证时，可通过翻页查找或输入查询条件，找到要修改的凭证，再将光标移到需修改的地方进行修改即可。可修改内容包括摘要、科目名称、辅助项、金额及方向、增删分录等。

操作指导

(1)在系统菜单中执行“总账→凭证→填制凭证”命令，打开“填制凭证”窗口，如图3-1-3所示。

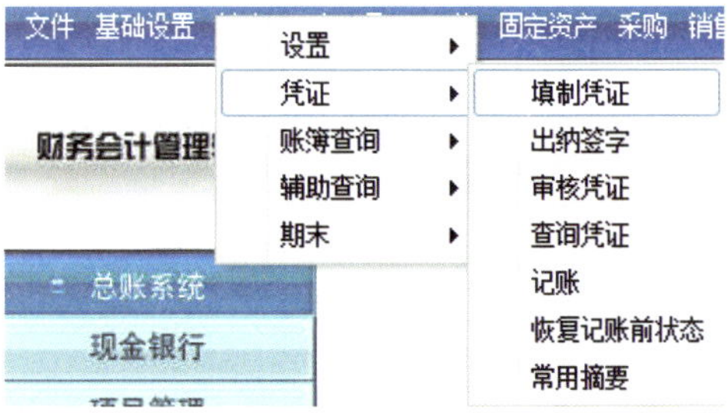

图3-1-3

(2)将错误的销售费用修改为管理费用。

选择“销售费用”，将其改为“管理费用”，如图3-1-4所示。

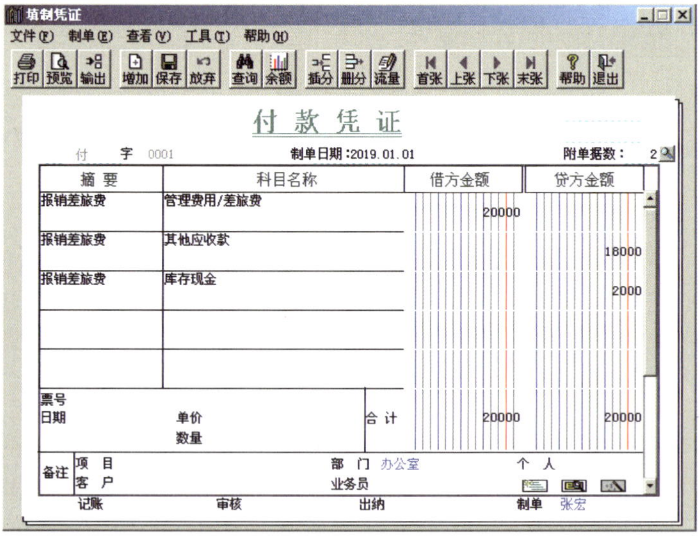

图3-1-4

活动3　作废并整理凭证

任务目标

【知识目标】理解并掌握凭证的作废方法。

【技能目标】能将凭证作废并整理断号。

【素养目标】培养细致、严谨的学习态度。

任务描述

山东景池有限责任公司在录入第三笔业务后，发现凭证不正确，准备将会计凭证作废，如何进行操作？

知识储备

1. 作废/恢复凭证

当某张凭证不想要或出现不便修改的错误时，可将其作废。方法是：打开“填制凭证”窗口后，找到要作废的凭证。执行“制单→作废/恢复”命令，凭证上显示“作废”字样，表示已将该凭证作废，作废的凭证仍保留凭证内容及凭证编号。

若当前凭证已作废，还可执行“制单→作废/恢复”命令，取消作废标志，并将当前凭证恢复为有效凭证。

2. 整理凭证

整理凭证就是删除所有作废凭证，并对未记账凭证重新编号。若本月已有凭证记账，那么，本月最后一张已记账凭证之前的凭证将不能做凭证整理，只能对其后面的未记账凭证做凭证整理。若想做凭证整理，应先利用“恢复记账前状态”功能恢复本月月初的记账前状态，再做凭证整理。

操作指导

（1）在系统菜单中执行“总账→凭证→填制凭证”命令，打开“填制凭证”窗口，依次单击“制单→作废/恢复”。

（2）出现“凭证”对话框，显示“作废”字样，再单击“制单→整理凭证”，单击“是”，如图3-1-5所示。

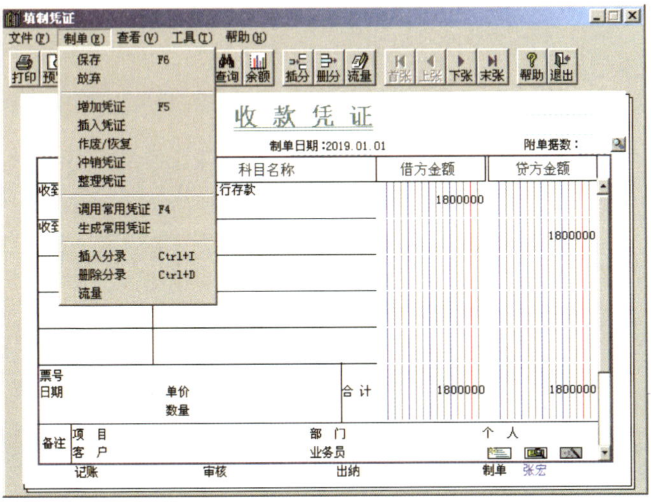

图3-1-5

任务二　审核凭证

活动1　凭证审核

任务目标

【知识目标】理解并掌握记账凭证的审核方法。

【技能目标】能对所填制的凭证进行审核，并进行出纳签字。

【素养目标】在凭证审核和签字的过程中，培养团队协作意识和责任心。

任务描述

山东景池有限责任公司将相关业务的凭证填制好了之后，凭证是否是正确的呢？这就需要进行审核。

1. 出纳签字
2. 审核凭证
3. 主管签字

知识储备

为确保登记到账簿的每一笔经济业务的准确性和可靠性，制单员填制的每一张凭证都必须经过审核员的审核。

审核凭证是审核员按照财会制度，对制单员填制的记账凭证进行检查、核对，主要审核记账凭证是否与原始凭证相符，会计分录是否正确等。审查出的错误或有异议的凭证，应传递给制单员进行修改。只有具有审核权的人才能进行审核操作。

提示

会计制度规定，审核员和制单员不能是同一个人。

凭证审核前需先重新注册，更换操作员，由具有审核权限的操作员来进行操作。凭证既可逐张审核，也可成批审核。

提示

审核员必须具有审核权。

作废凭证不能被审核，也不能被标错。

审核员和制单员不能是同一个人，凭证一经审核，不能被修改、删除，只有取消审核签字后才可被修改或删除，已标记作废的凭证不能被审核，需先取消作废标记后才能被审核。

操作指导

项目三 任务二 审核凭证

1. 登录总账子系统

（1）以用户名“02”的身份登录，打开账套“[003] 山东景池有限责任公司”，会计年度为“2019”，操作日期为“2019-02-14”，如图 3-2-1 所示。

（2）在系统菜单中执行“总账→凭证→出纳签字”命令，如图 3-2-2 所示。

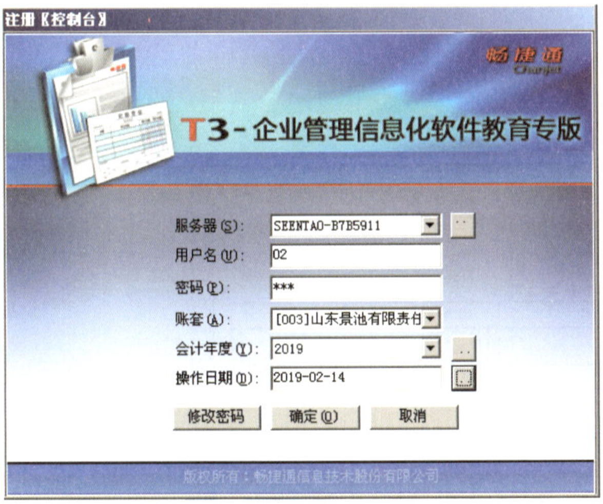

图 3-2-1

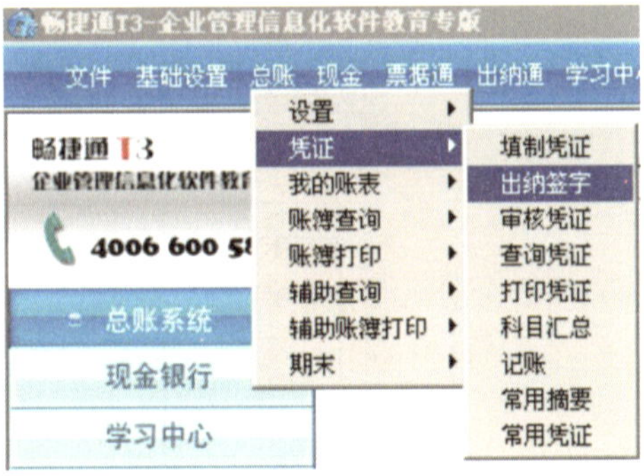

图 3-2-2

2. 出纳签字

（1）选择“凭证→出纳签字”后，会弹出“出纳签字”窗口，选中月份为“2019.01”，单击“确认”按钮，如图 3-2-3 所示。

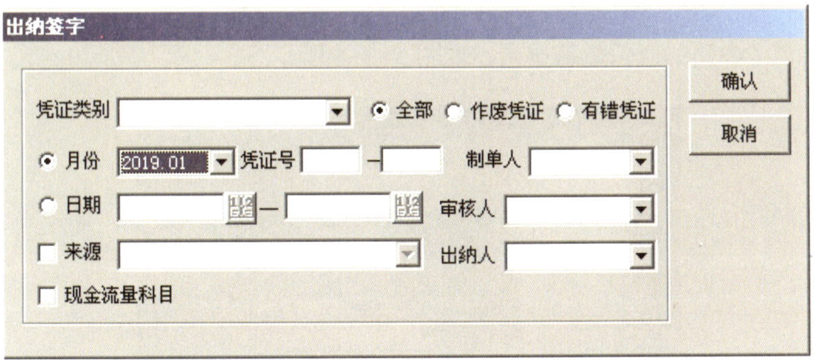

图 3-2-3

（2）查询出符合条件的收款凭证和付款凭证，如图 3-2-4 所示。

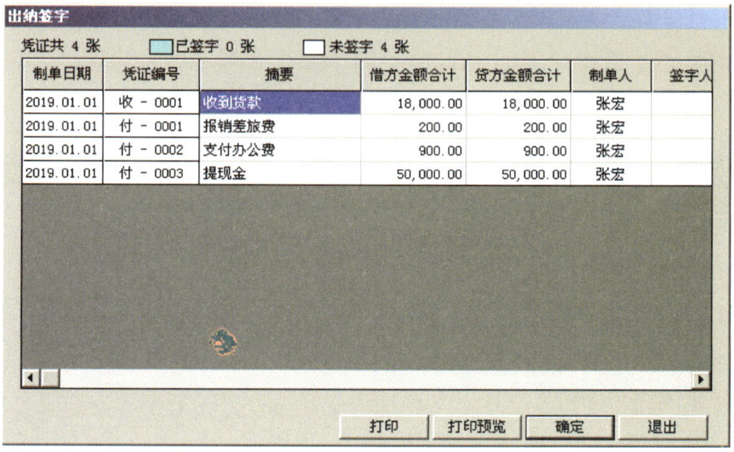

图 3-2-4

（3）选择“签字”命令，如图 3-2-5 所示。

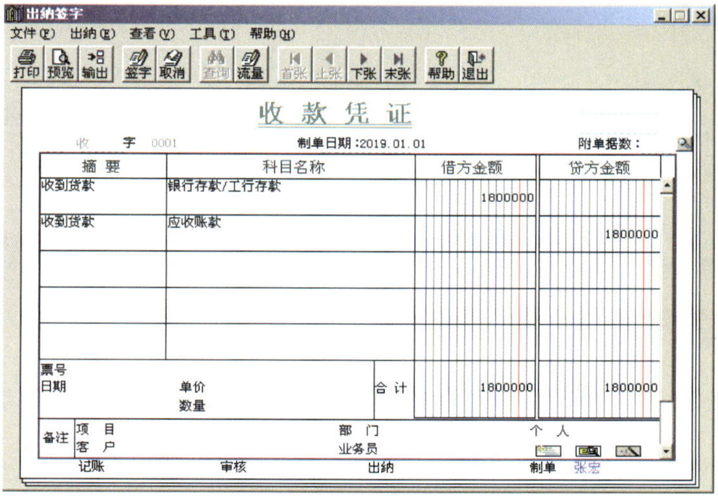

图 3-2-5

3. 审核凭证

（1）以用户名“03”的身份重新登录，如图 3-2-6 所示。

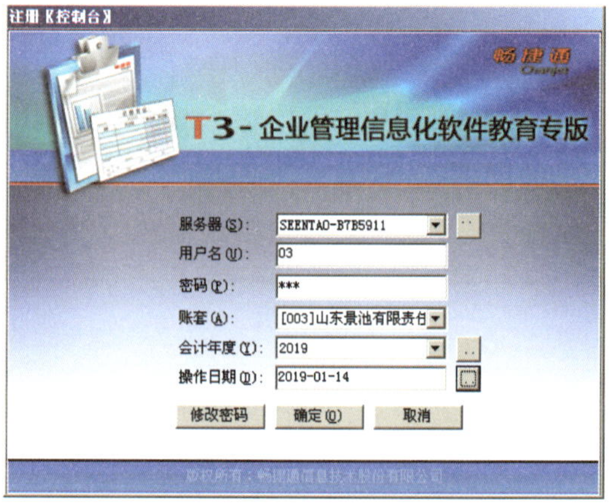

图 3-2-6

（2）执行“总账→凭证→审核凭证”命令，如图 3-2-7 所示。

（3）首先会弹出“凭证审核”窗口，如图 3-2-8 所示。

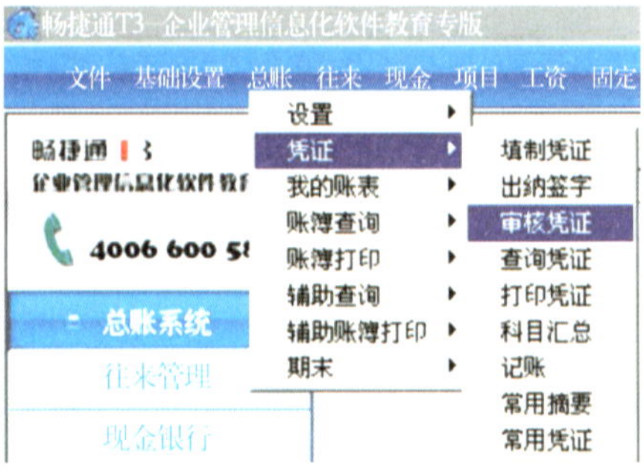

图 3-2-7

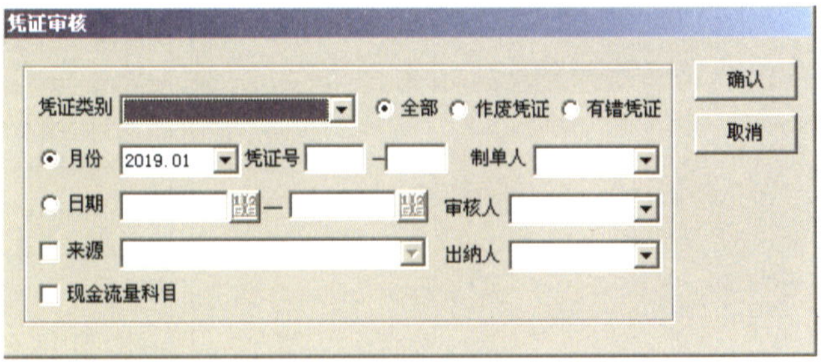

图 3-2-8

（4）根据审核凭证的要求，选择其中的制单日期、凭证编号、制单人等，单击“确定”按钮，如图 3-2-9 所示。

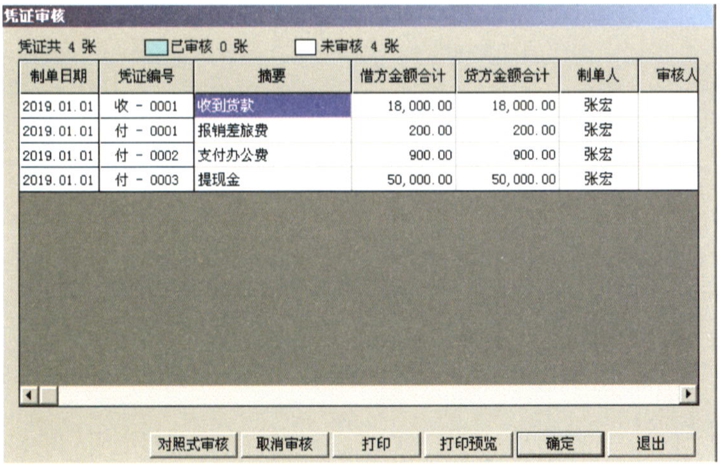

图 3-2-9

（5）选中符合条件的收款凭证和付款凭证进行审核，单击“确定”，如图 3-2-10 所示。

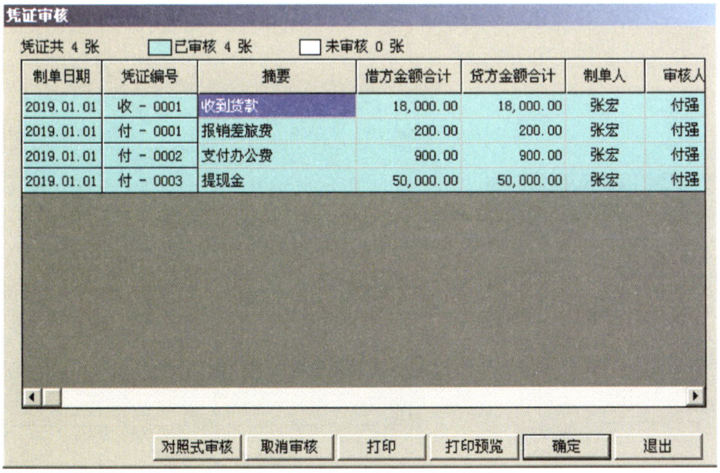

图 3-2-10

（6）如果不选择其中的参数，则默认选取所有的进行审核，执行“凭证→审核凭证”命令。打开“审核凭证”窗口，执行“审核”命令，系统将自动审核凭证，如图 3-2-11 所示。

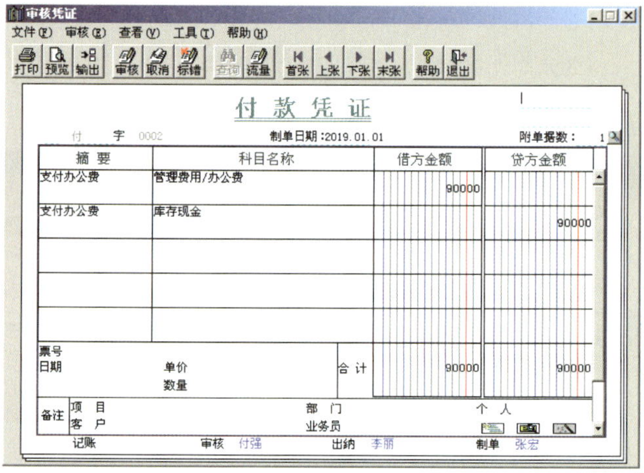

图 3-2-11

活动 2　取消审核

任务目标

【知识目标】理解并掌握凭证的取消审核方法。

【技能目标】能对已经审核过的凭证取消审核。

【素养目标】培养认真学习的态度。

任务描述

山东景池有限责任公司的凭证如果需要修改的话，首先应该取消审核，之后再进行修改，那么如何取消审核呢？

操作指导

按与审核凭证相似的步骤，对应取消审核即可，那怎样操作呢？请尝试操作，提示步骤如图 3-2-12、图 3-2-13 所示。

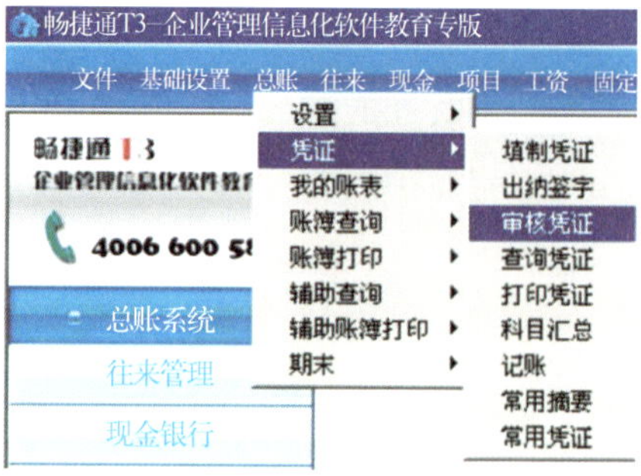

图 3-2-12

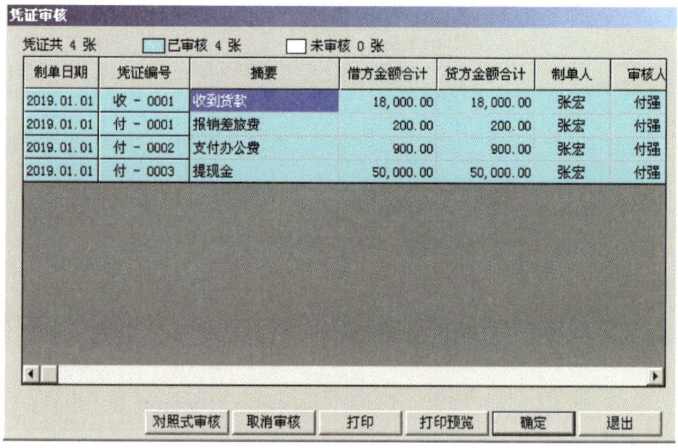

图 3-2-13

任务三 记 账

任务目标

【知识目标】理解并掌握账簿登记的方法。

【技能目标】能对审核无误的凭证进行登记。

【素养目标】在登记账簿过程中，养成一丝不苟的工作态度。

任务描述

1. 手工记账时，需要根据记账凭证登记账簿，那么在会计电算化系统中如何将审核无误的凭证登记到账簿上呢?

2. 取消记账

知识储备

记账是以会计凭证为依据，将经济业务全面、系统、连续地记录到具有账户基本结构的账簿中的一种方法。

在手工方式下，记账是指会计人员根据已审核的记账凭证及所附有的原始凭证逐笔或汇总后登记有关的总账和明细账。

在电算化方式下，记账凭证经审核签字后，由有记账权限的操作员发出记账指令，由计算机按照预先设计的记账程序自动进行合法性检查、科目汇总并登记总账和明细账、日记账、部门账、往来账、项目账以及备查账等。

记账一般采用向导方式，这可使记账过程更加明确，记账工作由计算机自动进行数据处理，人工不能干预。记账操作每月可多次进行。

提示

第一次记账时，若期初余额试算不平衡，不能记账。

上月未记账，本月不能记账。

未审核凭证不能记账，记账范围应小于或等于已审核范围。

作废凭证不需审核可直接记账。

记账过程中一旦断电或因其他原因造成中断后，系统将自动调用“恢复记账前状态”恢复数据，然后再重新记账。

操作指导　项目三 任务三 记账

1. 登录系统

（1）执行“总账→凭证→ 记账”命令，如图 3-3-1 所示。

（2）打开记账向导的“记账”窗口，在窗口中单击“全选”，收款凭证、付款凭证记录的底色全部变灰，表示都被选中，完成向导的第一步——“选择本次记账范围”，然后单击“下一步”，如图 3-3-2 所示。

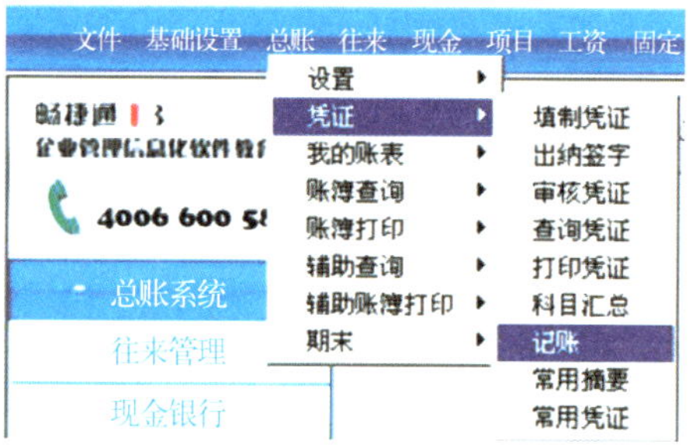

图 3-3-1

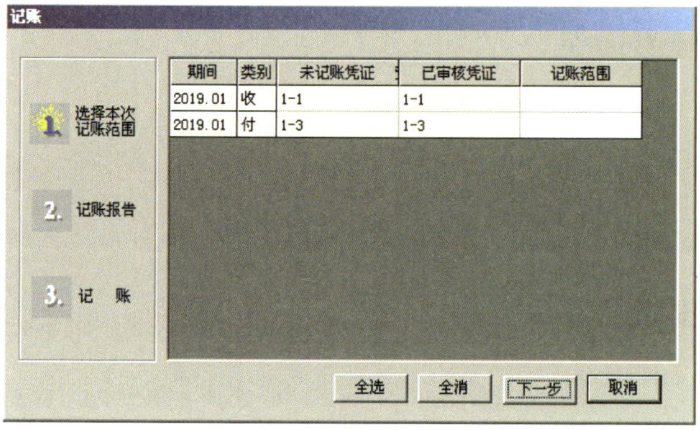

图 3-3-2

（3）进入第二步——“记账报告”，显示所有被记账的凭证记录，然后单击“下一步”，如图 3-3-3 所示。

（4）进入第三步——“记账”，单击“记账”按钮，如图 3-3-4 所示。

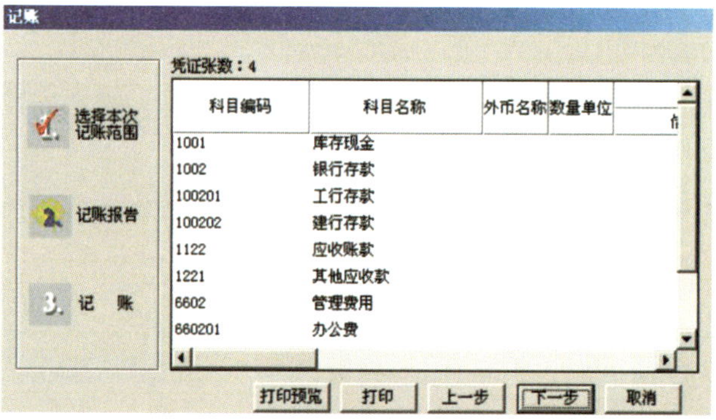

图 3-3-3

图 3-3-4

2. 取消记账

（1）执行“总账→期末→对账”命令，打开“对账”对话框。

（2）单击“2019.12”月份所在行，按Ctrl+H键，激活“恢复记账前状态”功能，如图3-3-5所示。

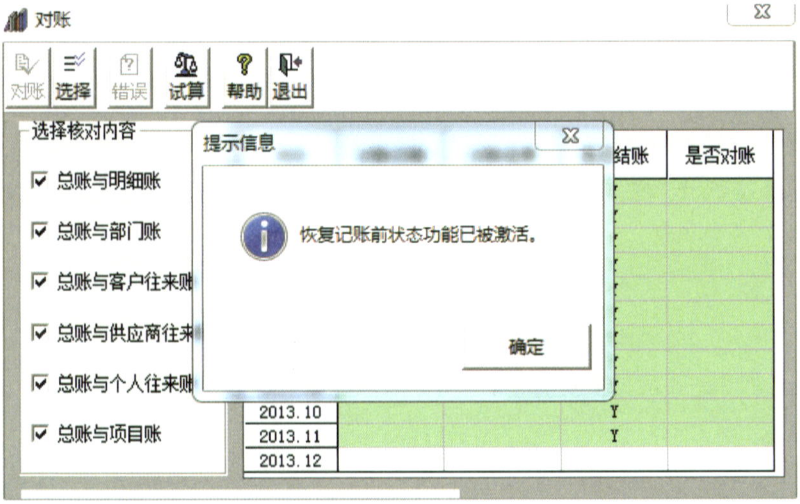

图 3-3-5

（3）单击“确定”按钮。

（4）单击“退出”按钮。

（5）执行“总账→凭证→恢复记账前状态”命令，打开“恢复记账前状态”窗口，单击“2019年12月初状态”前的单选按钮，如图3-3-6所示。

（6）单击“确定”按钮，系统弹出“请输入主管口令”对话框。

（7）输入主管口令“111”，单击“确认”按钮。

（8）系统弹出“数据恢复成功”提示对话框，如图3-3-7所示。

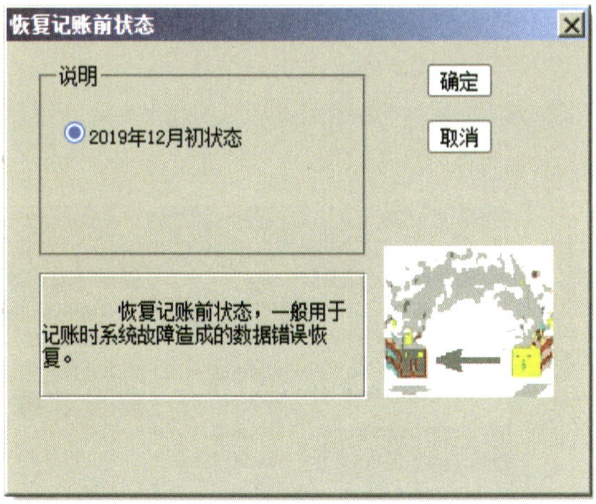

图 3-3-6

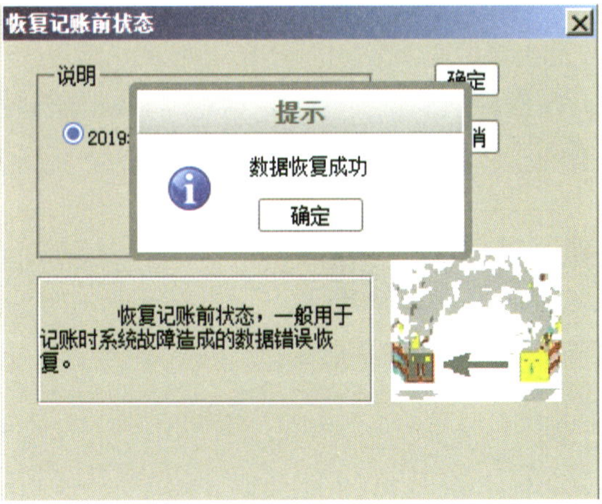

图 3-3-7

（9）单击“确定”按钮返回。

任务四　查询凭证和账簿

活动1　查询凭证

任务目标

【知识目标】理解并掌握查询凭证的方法。
【技能目标】掌握查询凭证的操作方法。
【素养目标】在查询中，培养认真学习、精益求精的态度。

任务描述

山东景池有限责任公司需要查询有关库存现金的凭证，那么如何进行操作呢？

知识储备

一、查询凭证

总账系统的填制凭证功能不仅是各账簿数据的输入口，同时也提供了强大的信息查询功能。不仅可以查询符合条件的凭证信息，还可以查看当前科目最新余额、外部系统制单信息、联查明细账等。

二、常用的查询条件

如果要专门查询某一段时间的凭证，则应选择“日期”，此时凭证号范围不可选。

如果需要显示所有符合条件的凭证列表，则选择全部。

如果需要显示所有符合条件的作废的或者有错的凭证，则选择“作废凭证”或“有错凭证”。

如果要查询某一位审核员审核的、某一位出纳员填制的凭证，则直接指定操作员。

若果要按科目、摘要、金额等辅助信息进行查询，则可通过“辅助条件”功能输入辅助查询条件。

操作指导　项目三　任务四　查询凭证和账簿

（1）执行“总账→凭证→查询凭证”命令，如图3-4-1所示。

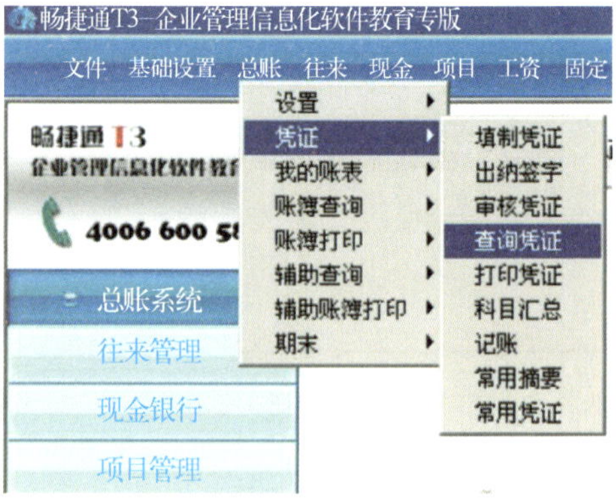

图3-4-1

（2）出现“凭证查询”对话框，依次输入需要查询的凭证的条件，单击“确认”按钮，如图 3-4-2、图 3-4-3 所示。

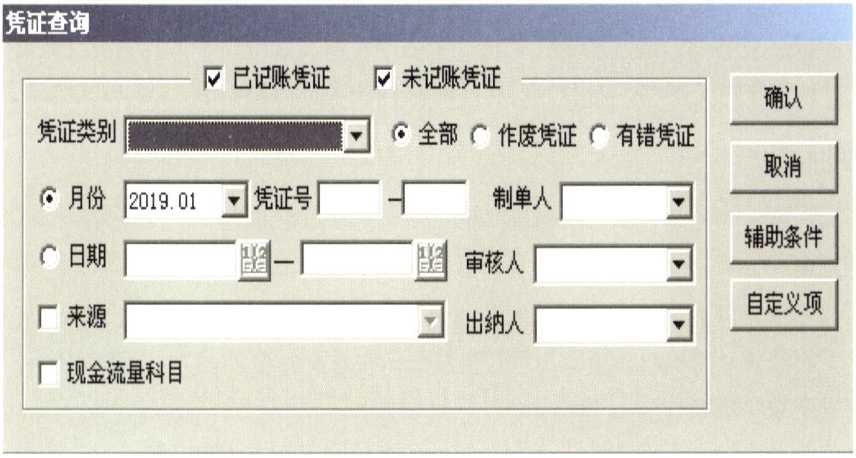

图 3-4-2

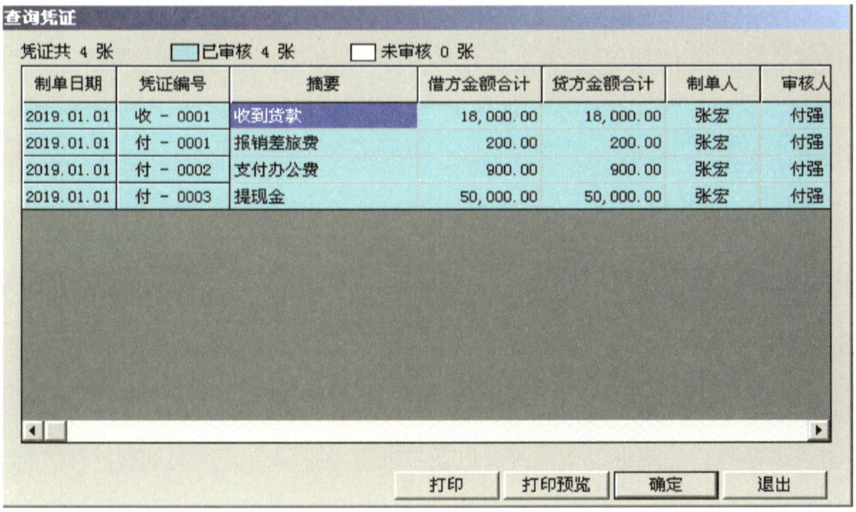

图 3-4-3

活动 2　查询账簿

任务目标

【知识目标】理解并掌握账簿的查询方法。

【技能目标】能查询基本账簿和辅助账簿。

【素养目标】在查询的过程中，养成认真学习的态度。

任务描述

山东景池有限责任公司需要查询相关账簿以及辅助账簿，应如何操作呢？

知识储备

一、查询账簿

企业发生经济业务后，通过制单、审核、记账等程序，就得到了正式的会计账簿。账簿管理包括基本会计核算账簿的查询、输出，以及各种辅助账的查询和输出。

二、查询内容

基本会计核算账簿包括总账、余额表、明细账、多栏账及日记账等。

1. 查询总账

查询总账不但可以查询各总账科目的年初余额、各月发生额合计和月末余额，而且还可查询所有二级以下明细科目的年初余额、各月发生额合计和月末余额。

2. 查询发生额及余额表

利用发生额及余额表查询功能可查询、统计各科目的本期发生额、累计发生额和余额等。传统的总账是以总账科目分页设账的，而余额表可以输出某月或某几个月的所有总账科目及所属明细科目的期初余额、本期发生额、累计发生额、期末余额，在实行计算机记账后，建议采用发生额及余额表代替总账。发生额及余额表汇总有两种方式：按月汇总、按条件定义汇总。

注意

发生额及余额表的“过滤”功能可用于查询跨科目的某些业务信息，当科目较多时，可以采用此功能快速查到所需资料。

3. 查询明细账

用于平时查询各账户的明细发生情况，以及按任意条件组合查询明细账。在查询过程中可以包含未记账凭证。

（1）普通明细账：按科目查询，按发生日期排序的明细账。

（2）按科目排序明细账：按非末级科目查询，按其有发生额的末级科目排序的明细账。

（3）月份综合明细账：按非末级科目查询，包含非末级科目总账数据及按末级科目排序的综合明细账。

（4）多栏明细账：查询某一会计科目所有下级科目的明细账。

4. 查询日记账

主要用于库存现金和银行存款日记账的查询。

查询日记账可在“我的账簿”中选择已保存的查询条件，或设置新的查询条件进行查询。若要查看“包含未记账凭证”的日记账，可以选择“包含未记账凭证”选项。如果本月尚未结账，查看时显示“当前合计”“当前累计”。如果本月结账，则显示“本月合计”“本年累计”。双击任意一行，即可联查相应的凭证。

操作指导

1. 基本账簿查询

（1）执行“总账→账簿查询→总账”命令，如图 3-4-4 所示。

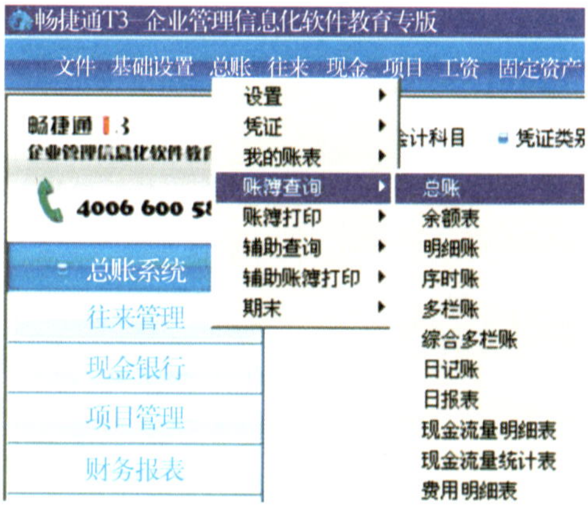

图 3-4-4

（2）出现“总账查询条件”对话框，输入级次“1-1”单击“确认”按钮，如图 3-4-5 所示。

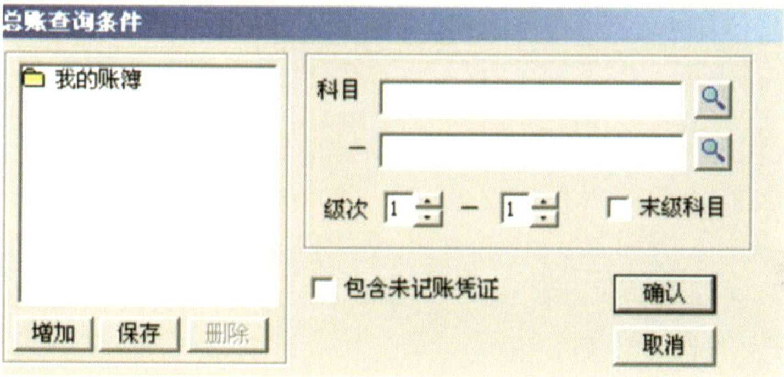

图 3-4-5

2. 辅助账簿查询

（1）执行“总账→辅助查询→个人往来余额表→个人科目余额表”命令，如图 3-4-6 所示。

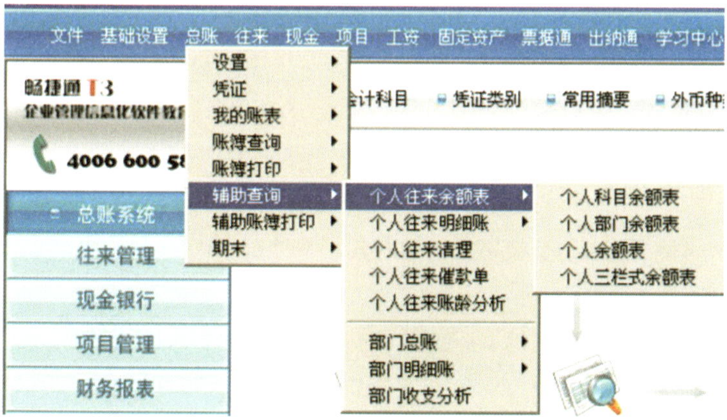

图 3-4-6

（2）出现“查询条件”对话框，依次输入需要查询的凭证的条件，单击“确认”按钮，如图3-4-7所示。

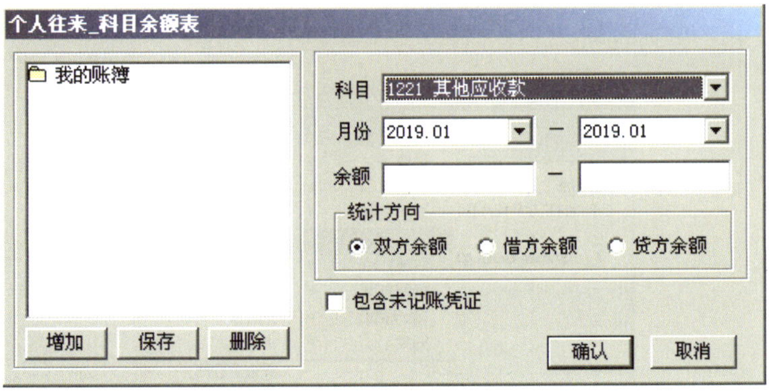

图3-4-7

实训3

一、日常业务处理

以操作员103的身份登录，进行操作，操作日期为2019年1月31日。

1. 增加凭证

（1）1日，从中国工商银行提取现金10 000元备用。附单据1张。

（2）3日，财务部李文购买办公用品，以现金支付600元。附单据1张。

（3）5日，采购部孙园报销差旅费7 000元，交还现金200元。附单据2张。

（4）9日，生产车间领用A材料100千克计60 000元用于生产甲产品，B材料100千克计30 000元用于生产乙产品。附单据1张。

（5）25日，市场部李萍收到天正公司转来的中国工商银行转账支票一张，以偿还前欠货款110 000元。（票号：zp001）附单据2张。

（6）26日，以中国工商银行存款支付短期借款利息2 500元。附单据1张。

（7）26日，市场部李萍报销上月电话费230元，以现金支付。附单据1张。

（8）27日，财务部刘伟以中国银行存款支付宏泰公司材料款100 000元。附单据1张。

（9）28日，收到天晟集团投资资金300 000元，存入中国银行。附单据2张。

2. 修改凭证

将第二笔业务的发生额600元修改为6 000元。

3. 审核凭证

以操作员101的身份登录，成批审核已填制的记账凭证。

4. 出纳签字

以操作员102的身份登录，对所有收款凭证和付款凭证进行出纳签字。

5. 凭证记账

对上述凭证进行记账。

6. 查询凭证

查询“6602 管理费用”科目的多栏账；查询“1221 其他应收款”个人往来账龄分析表。

二、针对实训情况完成下表

表 1　会计电算化训练情况

时间		地点		训练用时	
训练内容					
重点内容					
训练情况					
学生姓名	用时	练习具体情况			成绩

表 2　活动评价表

班级：　　　　　　　　　　组别：　　　　　　　　　　姓名：

项目	评价内容	评价等级（学生自评）		
		A	B	C
关键能力考核任务	遵守纪律、遵守学习场所管理规定，服从安排			
	有安全意识、责任意识			
	学习态度积极主动，能参加实习安排的活动			
	有团队合作意识，注重沟通，能自主学习并相互协作			
专业能力考核任务	按时、按要求独立完成工作页			
	操作规范，符合要求			
	学习准备充分、齐全			
	注重工作效率与工作质量			
小组评语及建议		组长签名： 年　月　日		
教师评语及建议		教师签名： 年　月　日		

项目四　其他账务处理

建议学时

22 学时：

购销存系统（6 学时）；

工资管理系统（8 学时）；

固定资产系统（8 学时）。

工作情境描述

山东景池有限责任公司在购销业务中如何核算？针对职工的薪酬、公司的各种固定资产又应该如何进行分类管理？本项目主要针对上述内容，对会计电算化系统进行讲解。

任务一　购销存系统

活动 1　初始设置

任务目标

【知识目标】初步认识企业的购销业务，学会设置往来单位档案。

【技能目标】能对付款条件进行设置。

【素养目标】培养认真、专心、敬业的职业素养。

任务描述

在对购销业务进行核算之前，首先要进行初始化工作，为以后的日常核算建立良好的基础。往来单位档案已经在基础档案中设置完毕，那么如何设置付款条件呢？

知识储备

一、初始设置

购销模块主要用于核算客户/供应商往来款项，因此，首先要把往来单位基本信息输入系统，主要是客户/供应商编号和名称，此外，银行账号、联系电话、地址等资料也可以根据需要输入。

二、设置付款条件

为处理有现金折扣条件的采购与销售业务，需要进行付款条件的定义。付款条件一般用“2/10，1/20，*n*/30”的形式表示，其含义是：10 天内付款给予 2% 的折扣，20 天内付款给予 1% 的折扣，30 天内付款不给折扣。付款条件定义的内容有：折扣有效期限、对应的折扣率、应收账款的到期天数。

操作指导

项目四 任务一 购销存系统（1）

项目四 任务一 购销存系统（2）

（1）执行“基础设置→收付结算→付款条件”命令，打开“付款条件”对话框，如图 4-1-1 所示。

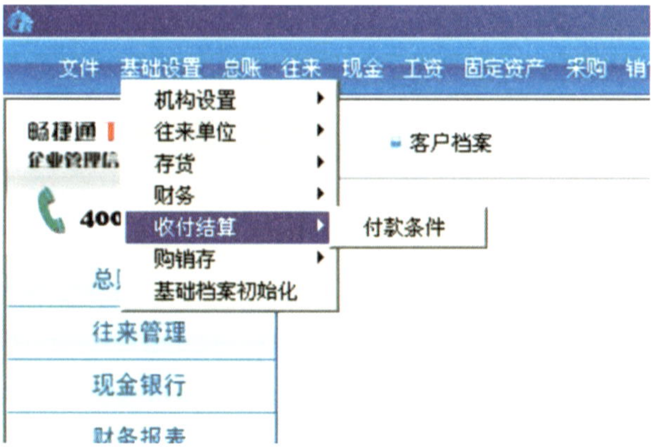

图 4-1-1

（2）单击“增加”按钮，输入付款条件编码“02”，信用天数“30”，按资料输入优惠天数及优惠率，如图 4-1-2 所示。

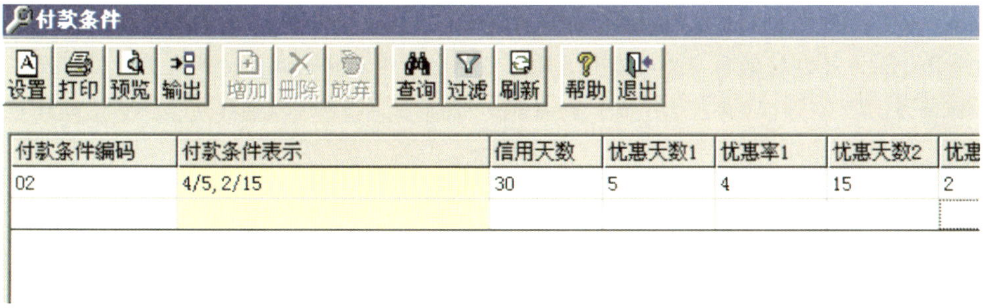

图 4-1-2

（3）单击“保存”按钮。

活动 2　采购系统

任务目标

【知识目标】能够完成期初数据的录入。

【技能目标】能够完成相关普通发票、专用发票、收款单等的处理。

【素养目标】培养严谨、细致、规范的职业态度。

任务描述

1. 输入期初采购专用发票

2019 年 1 月 5 日，采购部收到阳光公司开具的专用发票一张，发票号为 1111，商品为甲材料，质量为 500 千克，单价为 80 元／千克，增值税税率为 13%，货物在途，发票到期日为 2019 年 1 月 31 日。

2. 采购系统期初记账

3. 填制采购订单

2019 年 1 月 5 日，企业分别与新华公司和商诚公司签订订购协议，订购内容如表 4-1-1 所示，增值税税率均为 13%，订单见表 4-1-1。

表 4-1-1　订单信息

供货单位	存货	质量	单价	计划到货日期
新华公司	乙材料	30 千克	3 500 元／千克	1 月 8 日
	丙材料	15 千克	1 800 元／千克	1 月 8 日
商诚公司	丁材料	26 千克	1 500 元／千克	1 月 8 日

4. 填制采购入库单

（1）2019 年 1 月 8 日，向新华公司订购的乙材料和丙材料到货并验收存入“原料库”。入库时发现原订购乙材料为 30 千克，实际到货为 31 千克（经协商按 31 千克入库并付款），原订购丙材料 15 千克，实际到货 15 千克。

（2）2019 年 1 月 8 日，向商诚公司订购的 26 千克的丁材料到货，验收后存入“原料库”，入库数量实际为 24 千克，发生定额内损耗 2 千克。

5. 录入采购发票并进行采购结算（自动结算）

2019 年 1 月 8 日，收到新华公司给予的购买乙材料和丙材料的采购专用发票 1 张，发票列明乙材料为 31 千克、单价为 3 500 元／千克，丙材料为 15 千克、单价为 1 800 元／千克。生成“采购专用发票”（NO.34569）。

6. 收到发票后进行采购结算（手工结算）

2019 年 1 月 8 日，收到商诚公司给予的购买丁材料的采购专用发票一张（NO.121212），发票列明丁材料为 26 千克，单价为 1 500 元／千克；另收到 1 张采购运费发票（NO.2314），运费共计 100 元。根据“采购入库单”生成“采购专用发票”，并填制“采购专用发票”，查看“采购结算单列表”。

操作指导

1. 输入期初采购专用发票

（1）执行“采购→采购发票”命令，打开“采购发票”对话框，如图 4-1-3 所示。

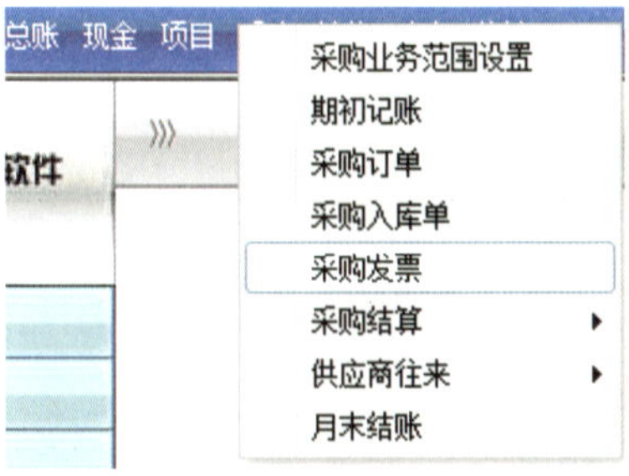

图 4-1-3

（2）单击“增加”按钮右侧的下箭头，选择“专用发票”，按资料输入发票信息，如图 4-1-4 所示。

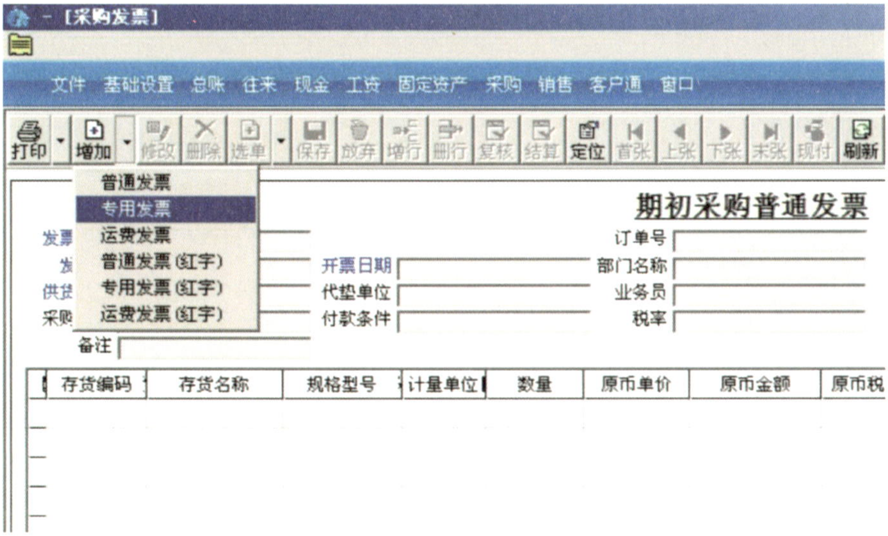

图 4-1-4

（3）单击“保存”按钮。

2. 采购系统期初记账

（1）执行“采购→期初记账”命令，打开“期初记账”对话框，如图 4-1-5 所示。

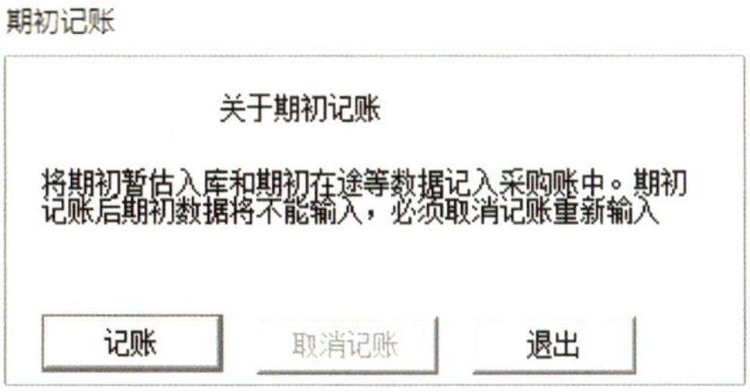

图 4-1-5

（2）单击“记账”按钮，系统显示“期初记账完毕”。

（3）单击“确定”按钮。

3. 填制采购订单

（1）执行“采购→采购订单”命令，打开“采购订单”对话框。

（2）单击“增加”按钮，录入采购订单的所有内容，如图 4-1-6 所示。

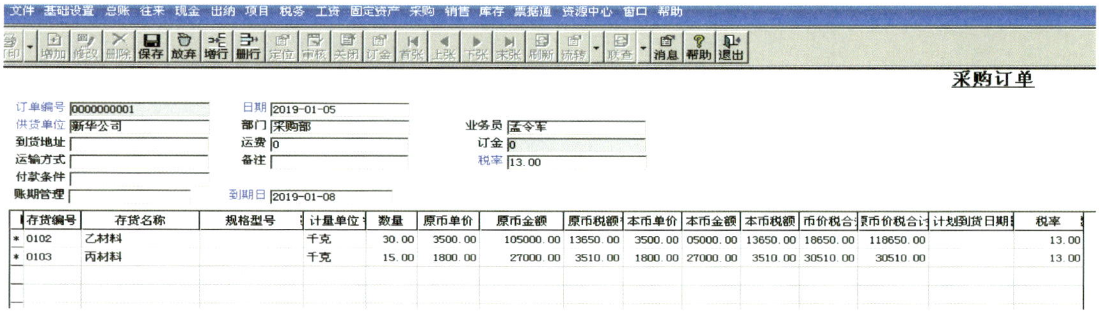

图 4-1-6

（3）单击“保存”按钮。

（4）单击“审核”按钮。

（5）单击“增加”按钮，继续录入另一张采购订单，保存并审核。

4. 填制采购入库单

（1）执行“采购→采购入库单”命令，打开“采购入库”对话框。

（2）单击“增加”按钮，增加 1 张“采购入库单”；单击“仓库”栏，选择“原料库”，再选择“入库类别”为“采购入库”，采购类型为“普通采购”，单击“选单”按钮右侧的下箭头，选择“采购订单”，如图 4-1-7 所示。

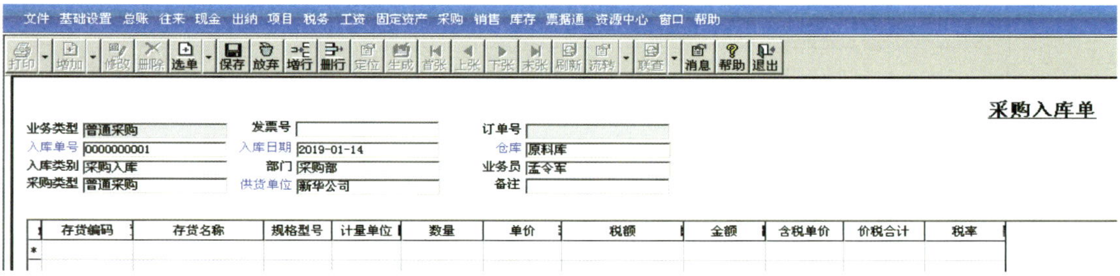

图 4-1-7

（3）单击“采购订单”选项后，打开“单据拷贝”窗口。

（4）单击“过滤”按钮，打开“订单列表”窗口。

（5）单击“选择”栏，选中要生成采购入库单的采购订单，如图 4-1-8 所示。

（6）单击“确认”按钮，生成 1 张“采购入库单”，如图 4-1-9 所示。

（7）将乙材料的数量修改为“31”，单击“保存”按钮，继续录入丁材料入库的采购入库单，如图 4-1-10 所示。

图 4-1-8

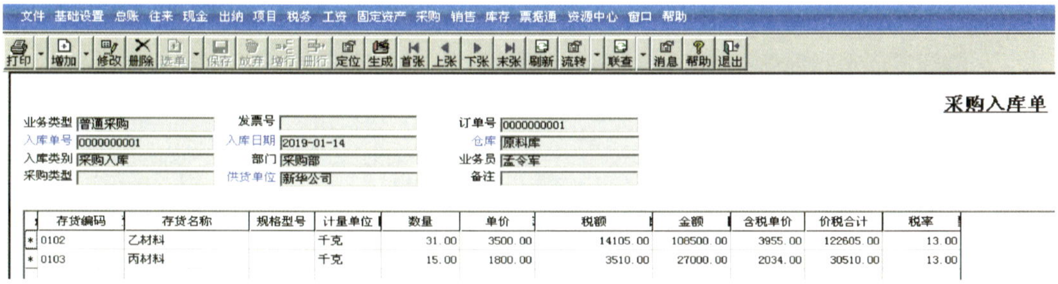

图 4-1-9

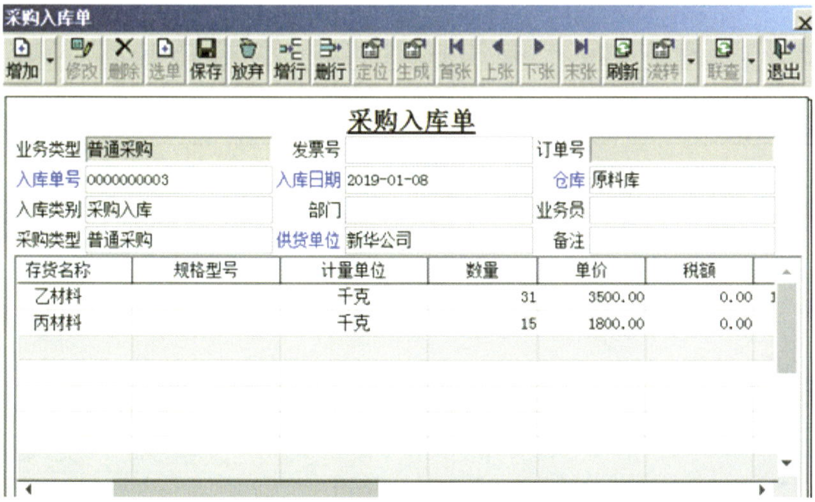

图 4-1-10

（8）单击“退出”按钮，退出采购入库单。

5. 录入采购发票并进行采购结算（自动结算）

（1）执行“采购→采购发票”命令，打开“采购发票”对话框。

（2）单击“增加”按钮右侧的下箭头，选中“专用发票”。

（3）单击“专用发票”，打开“采购专用发票”窗口，如图 4-1-11 所示。

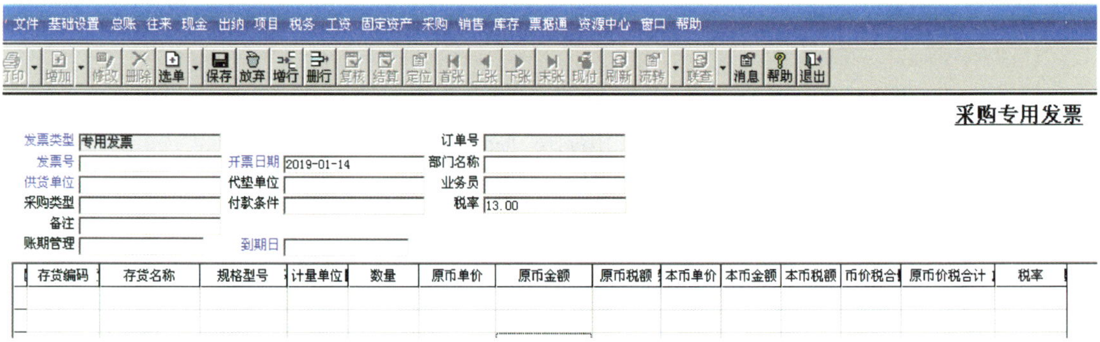

图 4-1-11

（4）单击“选单”按钮右侧的下箭头，选中“采购入库单”。

（5）单击“采购入库单”，打开“单据拷贝”窗口。

（6）单击“过滤”按钮，打开“入库单列表”窗口。

（7）双击“选择”栏，选中要生成“采购专用发票”的“采购入库单”，如图 4-1-12 所示。

图 4-1-12

（8）单击“确认”按钮，生成1张“采购专用发票”，录入发票号“34569”，如图4-1-13所示。

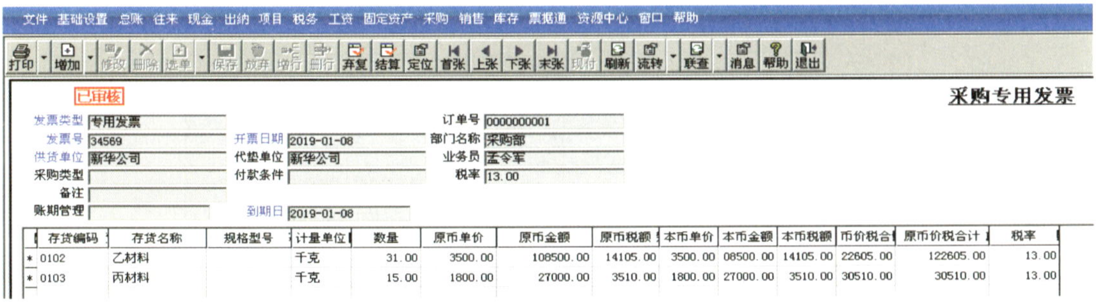

图4-1-13

（9）单击“保存”按钮。

（10）执行“采购→采购结算→自动结算”命令，打开“自动结算”对话框，如图4-1-14所示。

（11）单击“供应商”栏，选择“新华公司”。

（12）单击“确认”按钮，如图4-1-15所示。

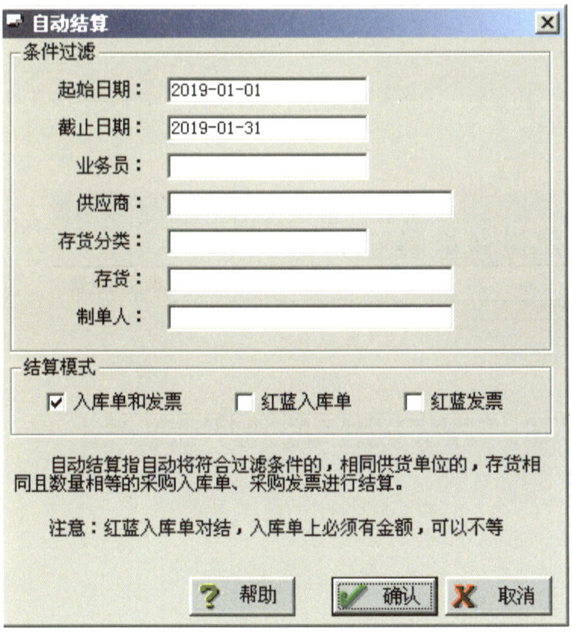

图4-1-14

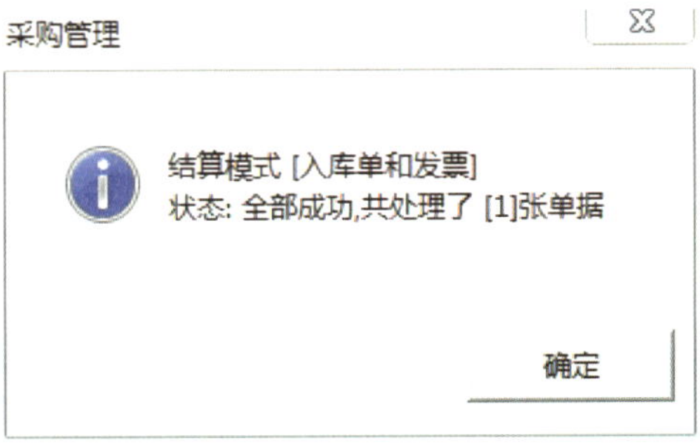

图4-1-15

（13）单击“确定”按钮，完成自动结算操作。

6. 收到发票后进行采购结算（手工结算）

（1）执行“采购→采购发票”命令，打开“采购专用发票”对话框。

（2）单击“选单”按钮右侧的下箭头，选中“采购入库单”。

（3）单击“采购入库单”选项后，打开“单据拷贝”窗口。

（4）单击“过滤”按钮，打开“入库单列表”窗口。

（5）双击“选择”栏，选中要生成“采购专用发票”的“采购入库单”，如图 4-1-16 所示。

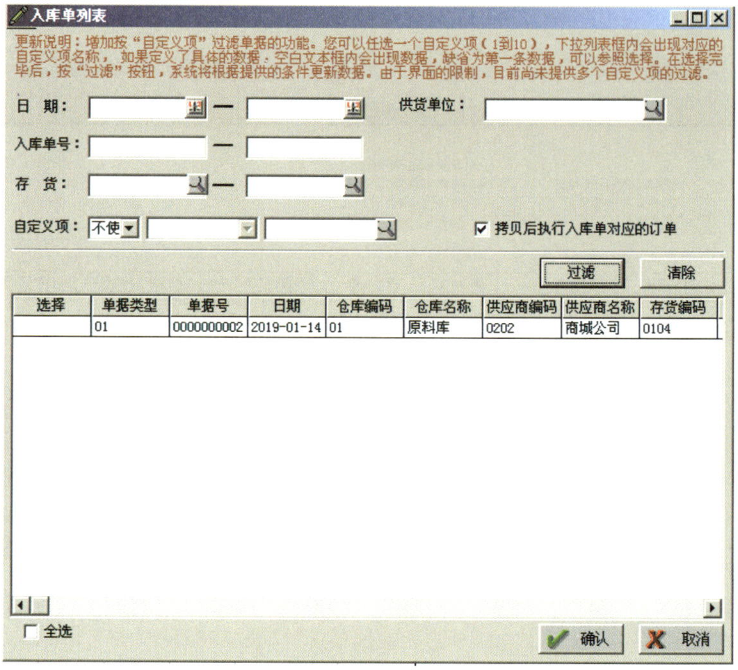

图 4-1-16

（6）单击“确认”按钮，生成 1 张“采购专用发票”，录入发票号“121212”。修改发票数量为 26，如图 4-1-17 所示。

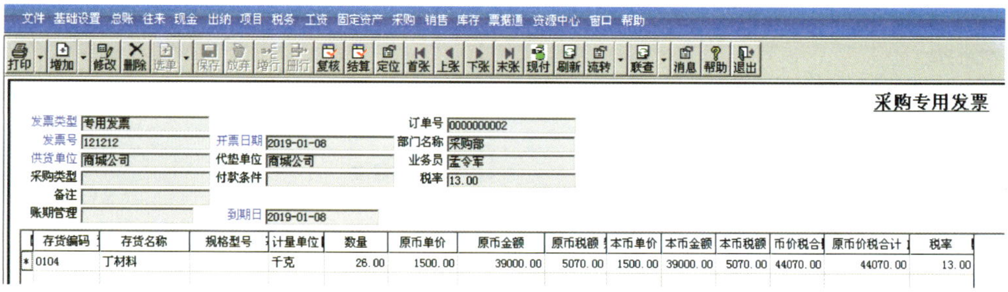

图 4-1-17

（7）单击“保存”按钮。

（8）以此方法继续录入“运费发票”，如图 4-1-18 所示。

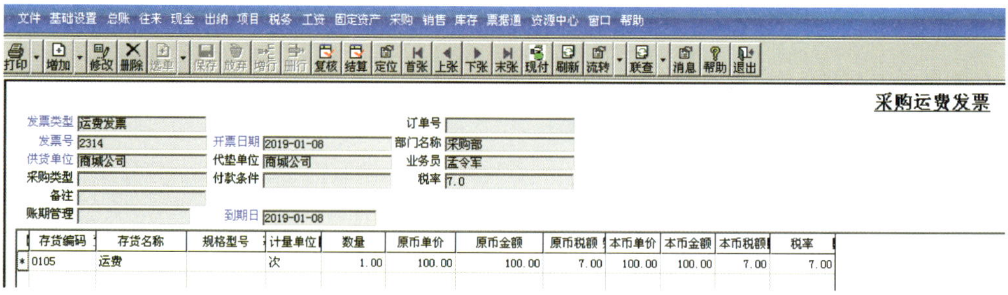

图 4-1-18

（9）执行“采购→采购结算→手工结算”命令，打开“手工结算→条件输入”对话框。

（10）单击“供应商”参照按钮，选择“商诚有限责任公司”，如图 4-1-19 所示。

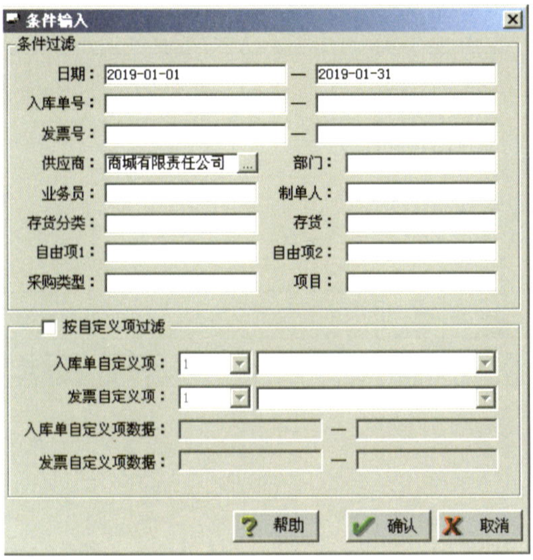

图 4-1-19

（11）单击“确认”按钮，打开“入库单和发票选择”窗口。

（12）选中要进行手工结算的“采购入库单”，再选中“采购专用发票”和“采购运费发票”，如图 4-1-20 所示。

（13）单击“确认”按钮，返回“手工结算”窗口。

（14）单击“分摊”按钮，系统提示“选择按金额分摊，是否开始计算”。

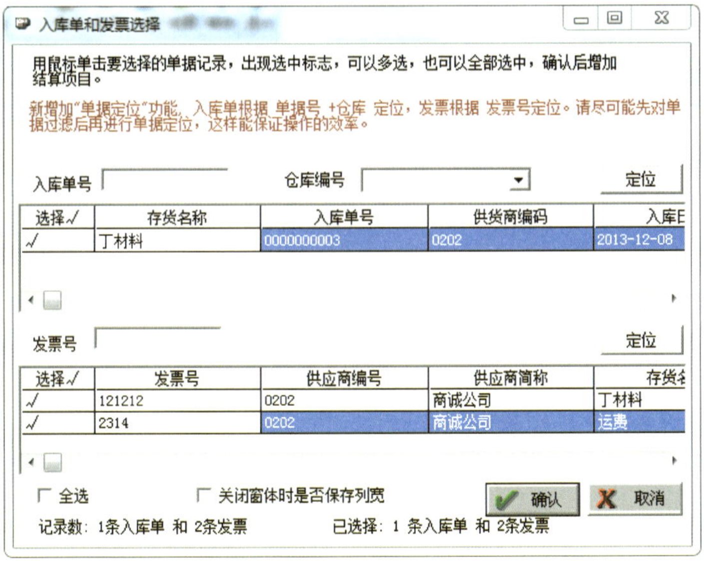

图 4-1-20

（15）单击“是”按钮，系统提示“费用分摊（按金额）完毕，请检查”。

（16）单击“确定”按钮，进入分摊运费后的“手工结算”窗口，将单据号为“121212”所在行对应的“合理损耗数量”修改为“2”，如图 4-1-21 所示。

图 4-1-21

（17）单击“结算”按钮，系统提示“完成结算”。

（18）单击“确定”按钮，结算完毕，再单击“退出”按钮退出。

（19）执行“采购→采购结算→采购单明细列表”命令，打开“采购结算单列表”对话框，查询本次结算结果，如图 4-1-22 所示。

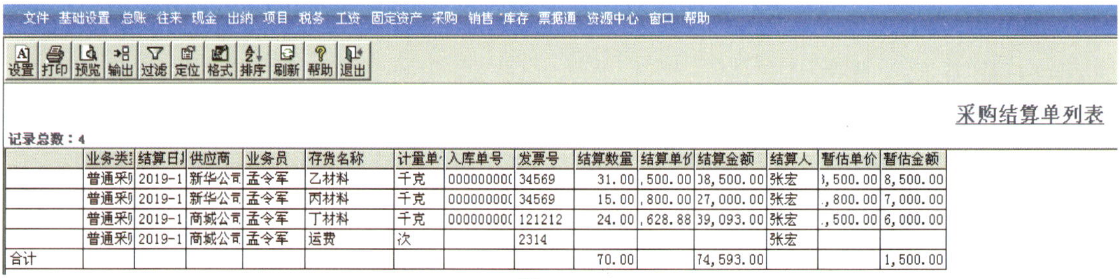

图 4-1-22

活动 3　销售系统

任务目标

【知识目标】能够完成期初数据的录入。

【技能目标】能够完成相关普通发票、专用发票等的处理。

【素养目标】培养主动学习的意识和细心操作的习惯。

任务描述

1. 录入应收款期初余额并与总账对账（表 4-1-2）

表 4-1-2　相关信息

单据类型	发票号	时间	客户	存货	数量 / 台	单价	税率	金额 / 元	会计科目
销售专用发票	15211	2018-12-31	蓄力公司	A 产品	2	4 000 元 / 台	13%	9 040	应收账款
销售专用发票	15243	2018-12-31	大成公司	B 产品	2	4 849.6 元 / 台	13%	10 960	应收账款

2. 填制销售订单

2019 年 1 月 8 日，与大成公司和留阳公司分别达成如下销售协议。(表 4-1-3)

表 4-1-3　销售协议

购货单位	存货	数量 / 台	无税单价	预发货日期
大成公司	A 产品	5	4 000 元 / 台	1 月 9 日
	B 产品	12	4 849.6 元 / 台	1 月 9 日
留阳公司	A 产品	3	4 000 元 / 台	1 月 9 日

3. 填制并审核销售发货单

2019 年 1 月 9 日，将大成公司订购的 A 产品和 B 产品按订单从“成品库”中发货。

2019 年 1 月 9 日，将留阳公司订购的 3 台 A 产品，从“成品库”中发货。

4. 填制并审核销售发票

2019 年 1 月 9 日，根据已发给大成公司的产品的销售发货单，生成并审核“销售专用发票”，发票列明 A 产品为 5 台，单价为 4 000 元 / 台，B 产品为 12 台，单价为 4 849.6 元 / 台。

2019 年 1 月 9 日，根据已发给留阳公司的产品的销售发货单，开具并审核“销售专用发票”。发票列明 A 产品为 3 台，单价为 4 000 元 / 台。

5. 销售收款

2019 年 1 月 11 日，收到大成公司开具的 85 760 元的“转账支票”1 张。

操作指导

1. 录入应收款期初余额并与总账对账

(1) 执行“销售→客户往来→客户往来期初”命令，打开“期初余额→查询”对话框。

(2) 单击“确认”按钮，打开“期初余额明细表”窗口。

(3) 单击“增加”按钮，打开“单据类别”窗口。

(4) 单击“确认”按钮，打开“销售专用发票”窗口。

(5) 在“销售专用发票”窗口中，修改“开票日期”为“2018-12-31”；录入“发票号”为“15211”，单击“客户名称”栏，选择“蓄力公司”；单击“科目编号”栏，选择“1122”；在“税率”栏录入“13”；单击“销售部门”栏，选择“销售一部”；单击“货物名称”栏参照按钮，选择“A 产品”；在“数量”栏录入“2”；在“单价”栏录入“4000”，如图 4-1-23 所示。

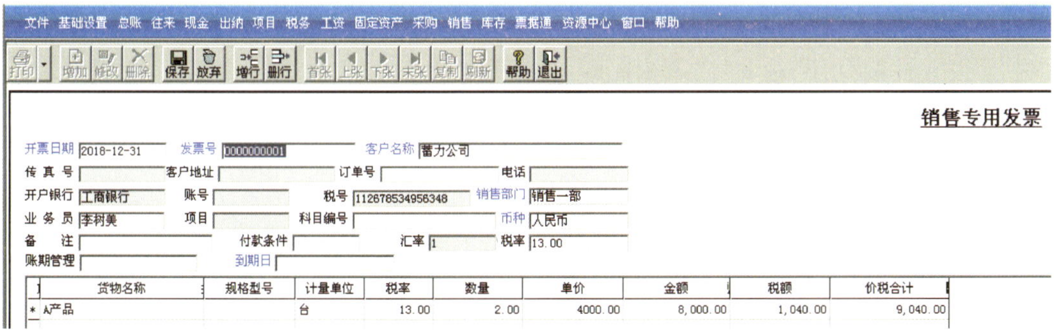

图 4-1-23

(6) 单击“保存”按钮。

（7）以此方法继续输入第 2 张销售专用发票并保存。

（8）单击“退出”按钮，返回“期初余额明细表”窗口。

（9）单击“对账”按钮，系统显示对账结果，如图 4-1-24 所示。

期初对账

科目		应收期初		总账期初		差额	
编号	名称	原币	本币	原币	本币	原币	本币
1122	应收账款	20,000.10	20,000.10	20,000.00	20,000.00	0.10	0.10
	合计		20,000.10		20,000.00		0.10

图 4-1-24

2. 填制销售订单

（1）执行“销售→销售订单”命令，打开“销售订单”对话框。

（2）单击“增加”按钮，修改“订单日期”为“2019-01-08”；单击“客户名称”栏，选择“大成公司”；单击“销售部门”栏，选择“销售一部”；单击“货物名称”栏参照按钮，选择“A 产品”；在“数量”栏录入“5”；在“无税单价”栏录入“4000”；在“预发货日期”栏录入“2019-01-09”。继续录入第 2 行订货信息。

（3）单击“货物名称”栏参照按钮，选择“B 产品”；在“数量”栏录入“12”；在“无税单价”栏录入“4849.6”；在“预发货日期”栏录入“2019-01-09”。

（4）单击“保存”按钮，如图 4-1-25 所示。

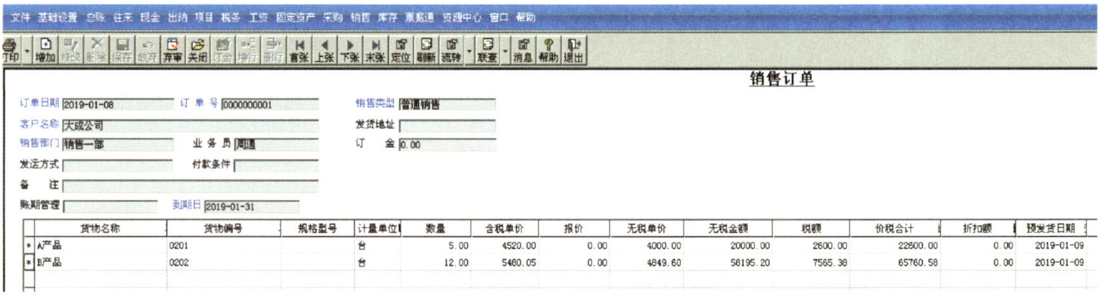

图 4-1-25

（5）单击“审核”按钮。

（6）单击“确定”按钮。

（7）单击“增加”按钮，继续录入并审核另一张销售订单，如图 4-1-26 所示。

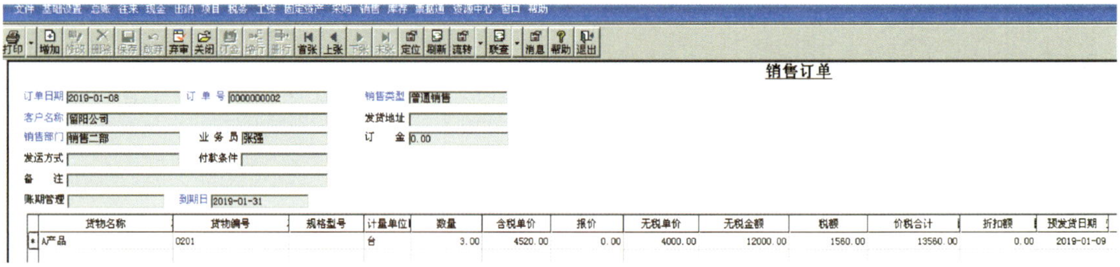

图 4-1-26

3. 填制并审核销售发货单

（1）执行“销售→销售发货单”命令，打开“发货单”对话框。

（2）单击“增加”按钮，打开“选择订单”对话框。

（3）单击“客户全称”栏参照按钮，选择“大成股份有限公司”，如图 4-1-27 所示。

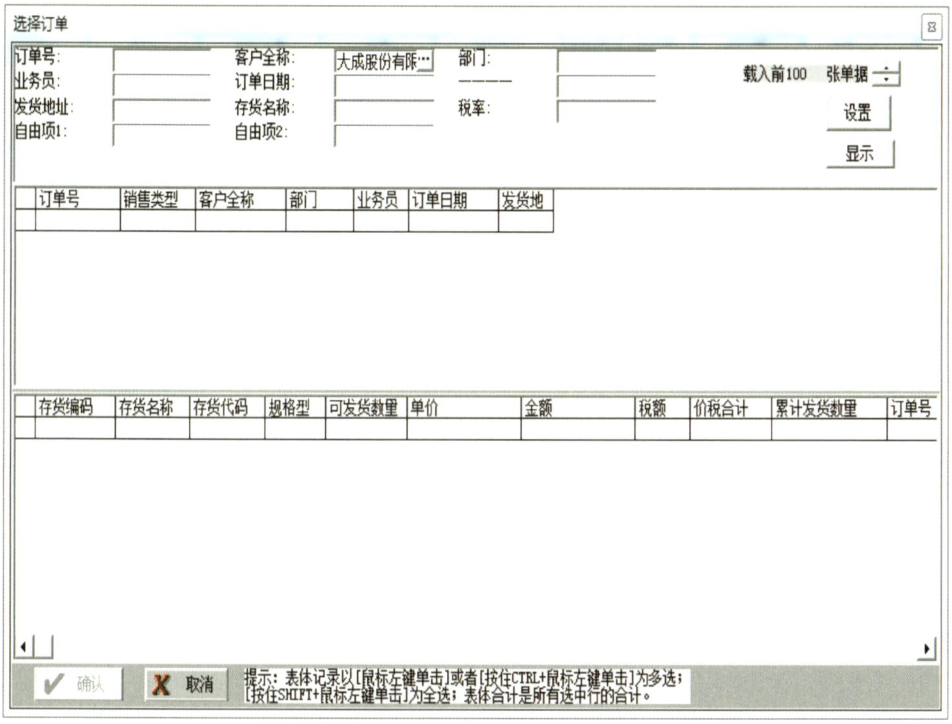

图 4-1-27

（4）单击“显示”按钮，显示已填制的订单。单击选中“0000000001”号订单。

（5）分别选中该订单中的两种产品的信息，如图 4-1-28 所示。

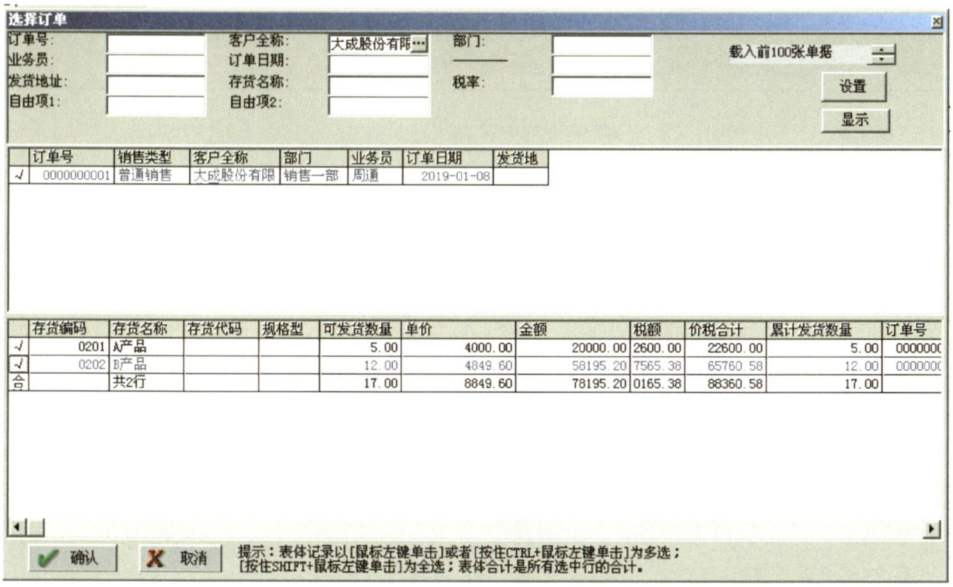

图 4-1-28

（6）单击“确认”按钮，生成 1 张发货单，如图 4-1-29 所示。

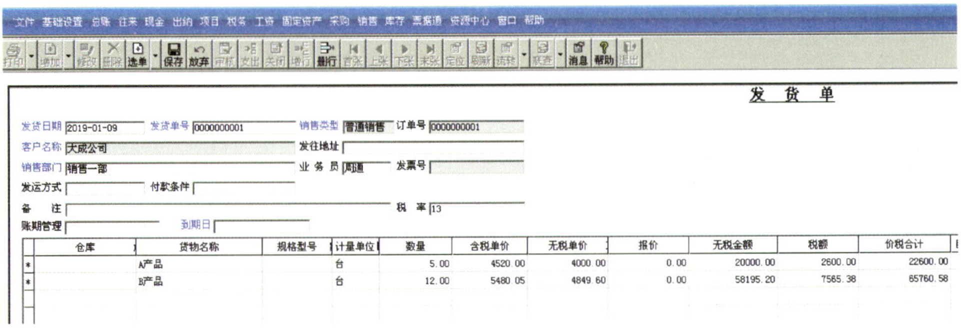

图 4-1-29

（7）单击单据的“仓库”栏参照按钮，选择“产成品”，如图 4-1-30 所示。

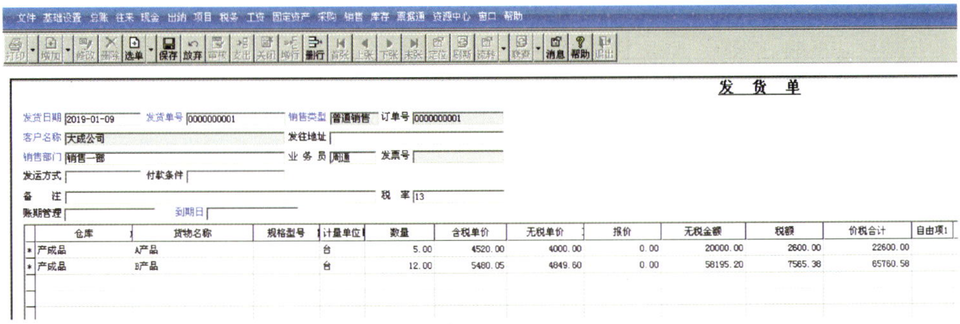

图 4-1-30

（8）单击“保存”按钮。

（9）单击“审核”按钮。

（10）单击“增加”按钮，继续录入并审核第 2 张发货单，如图 4-1-31 所示。

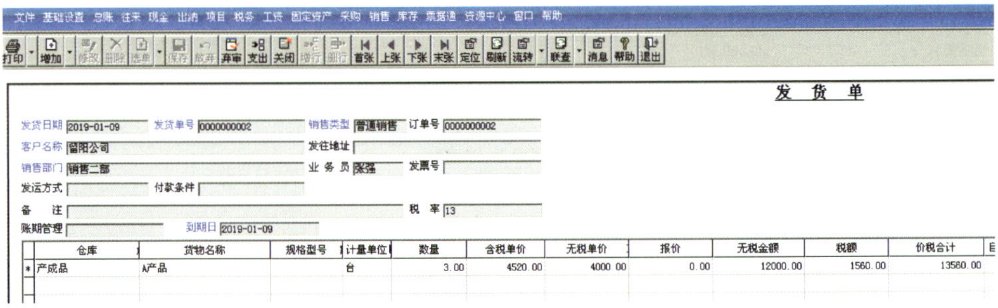

图 4-1-31

4. 填制并审核销售发票

（1）执行“销售→销售发票”命令，打开“销售普通发票”窗口。

（2）单击“增加”按钮旁的下箭头，选中“专用发票”。

（3）单击“专用发票”选项后，打开“销售专用发票”窗口。

（4）单击“选单”按钮旁的下箭头，选中“发货单”。

（5）单击“发货单”选项后，打开“选择发货单”窗口。

（6）单击“客户全称”栏参照按钮，选择“大成股份有限公司”，单击“显示”按钮，显示已填制的入库单。

（7）单击发货单号“0000000001”前的选择栏。

（8）分别选中该订单中的两种产品的信息，如图 4-1-32 所示。

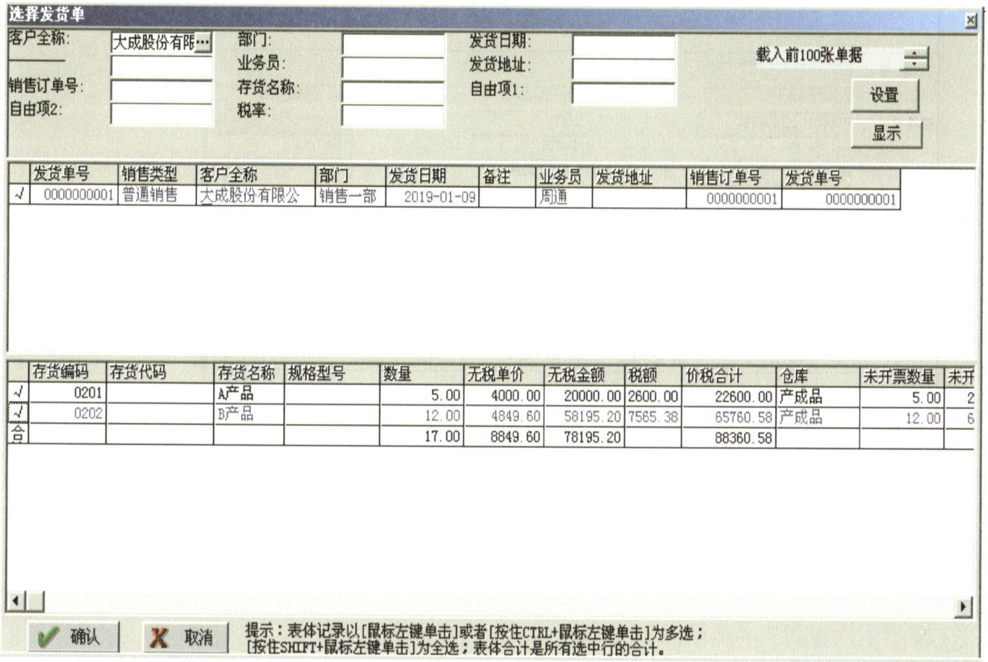

图 4-1-32

（9）单击“确认”按钮，生成 1 张“销售专用发票”。

（10）单击“保存”按钮，单击“复核”按钮。

（11）单击“增加”按钮，继续录入第 2 张销售专用发票，如图 4-1-33 所示。

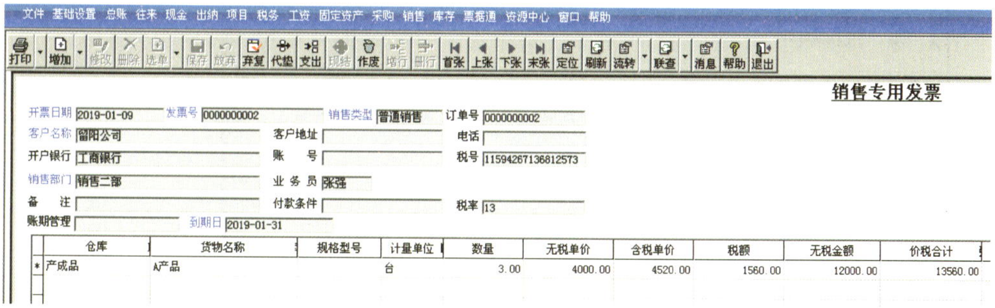

图 4-1-33

5. 销售收款

（1）执行“销售→客户往来→收款结算”命令，打开“收款单”对话框。

（2）单击“客户”栏，选择“02001 大成股份有限公司”。

（3）单击“增加”按钮。

（4）单击“结算方式”栏，选择“202 转账支票”；单击“结算科目”栏，选择“100201 工行存款”。

（5）在“金额”栏录入“85760”，在摘要栏录入“收到销售款”，如图 4-1-34 所示。

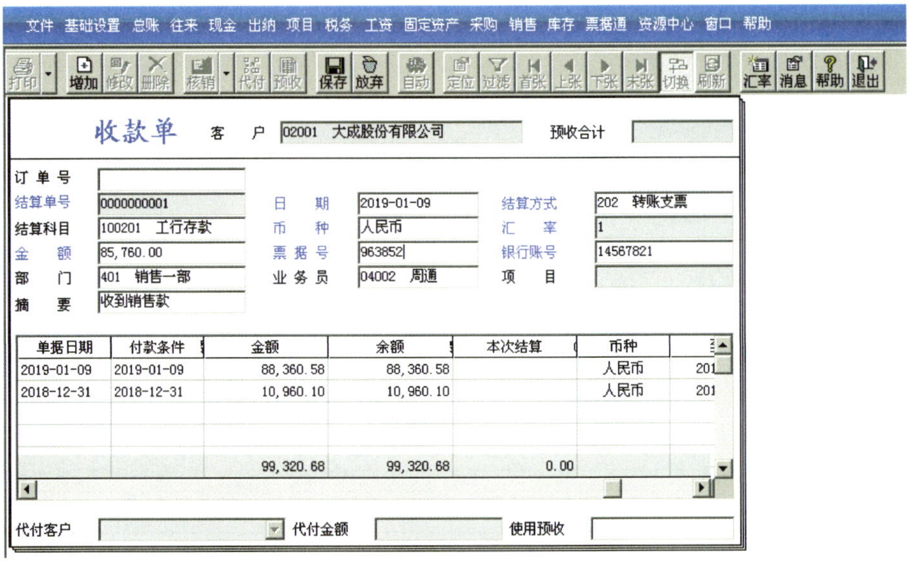

图 4-1-34

（6）单击“保存”按钮，再单击“核销”按钮，在收款单的下半部分显示出了待核销的“单据”及对应的金额。

（7）在“本次结算”栏中录入“88360.58”，如图 4-1-35 所示。

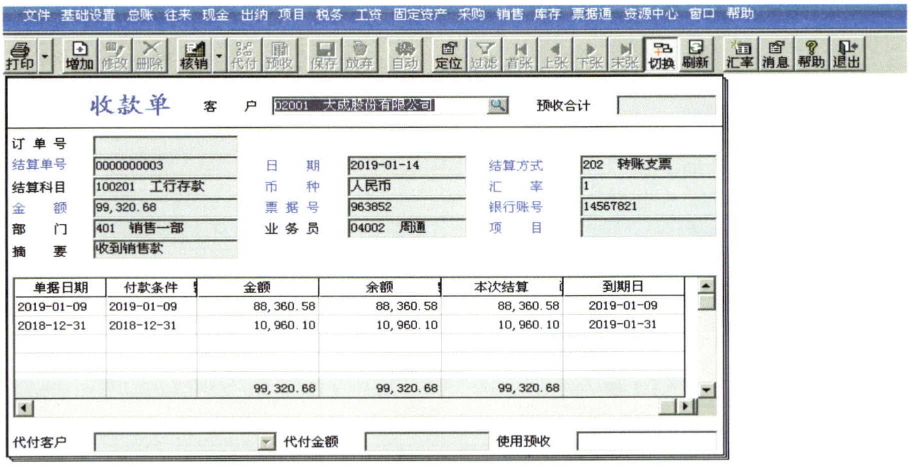

图 4-1-35

（8）单击“保存”按钮，对本次收款金额和应收款金额进行完全核销。

活动 4　库存系统

任务目标

【知识目标】能够完成期初数据的录入。

【技能目标】能够完成相关入库单等的处理。

【素养目标】培养认真严谨的职业态度。

任务描述

1. 设置库存系统控制参数

设置库存系统控制参数“允许零出库”“本人填制的单据允许其他人修改”，其他参数默认为系统设置。

2. 查看库存系统期初余额

3. 审核采购入库单

仓库对1月份采购的原材料办理入库手续，没有发现数量和质量问题，对采购系统生成的采购入库单执行审核。

4. 审核销售出库单

5. 填制并审核产成品入库单

本期的产品入库情况如下。

2019年1月14日，产品库完工入库A产品12台；2019年1月14日，产品库完工入库B产品16台。以上产品均办理了入库手续，没有发现质量问题。

6. 对接受捐赠的原材料进行入库处理

2019年1月15日，企业接受上级集团捐赠的甲材料100千克，原材料入库、检验后没有发现质量和数量问题，入库成本为8 000元。

操作指导

1. 设置库存系统控制参数

（1）执行“库存→库存业务范围设置”命令，打开“系统参数设置”对话框。

（2）单击选中“允许零出库”及“本人填制的单据允许其他人修改”两个选项前的复选框，其他选项采用默认设置，如图4-1-36所示。

图4-1-36

（3）单击“确认”按钮。

2. 查看库存系统期初余额

（1）执行“库存→期初数据→库存期初”命令，打开“期初余额”界面。

（2）单击“仓库”栏的箭头，选择“01 原料库”，查看原料库的期初余额，如图 4-1-37 所示。

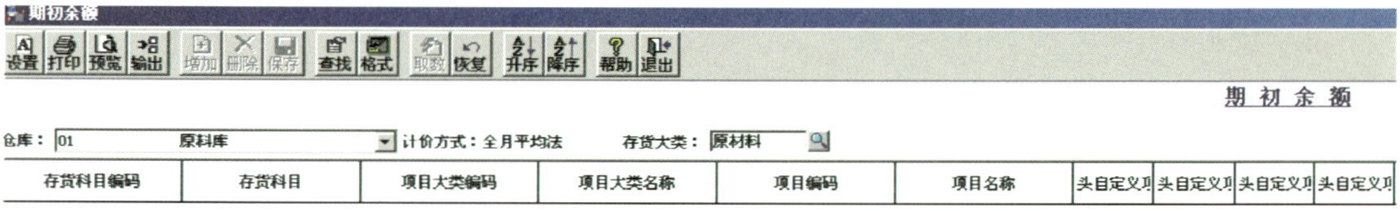

图 4-1-37

（3）单击“记账”按钮。

（4）单击“退出”按钮。

3. 审核采购入库单

（1）执行“库存→采购入库单”命令，打开“采购入库单”对话框，对采购入库单进行审核，如图 4-1-38 所示。

（2）单击“审核”按钮。

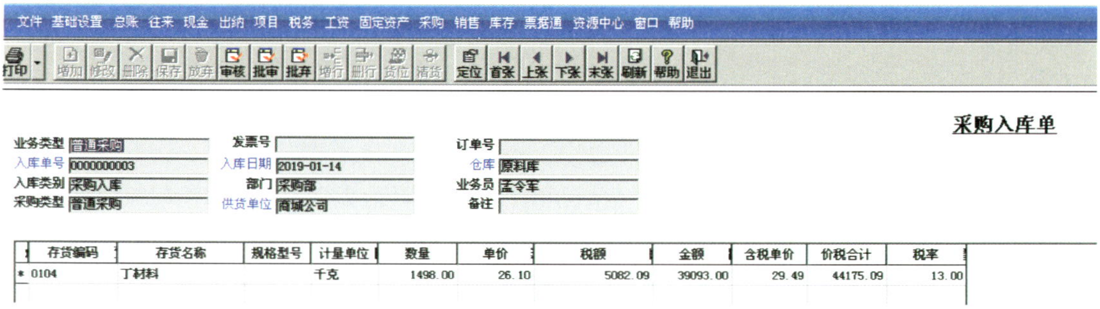

图 4-1-38

（3）单击“上张”“下张”按钮，继续对其他的采购入库单进行审核。

（4）执行“库存→库存单据列表→采购入库单”命令，打开“单据过滤条件”窗口，单击“确认”按钮，查看采购入库单列表，如图 4-1-39 所示。

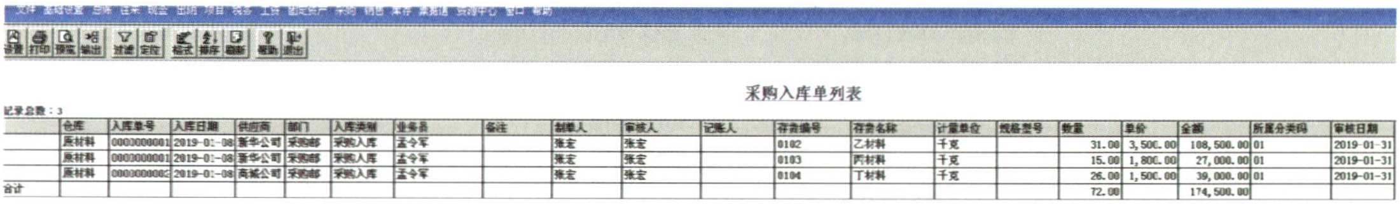

图 4-1-39

4. 审核销售出库单

（1）执行“库存→销售出库单”命令，打开“销售出库单”对话框，单击“审核”按钮，如图 4-1-40 所示。

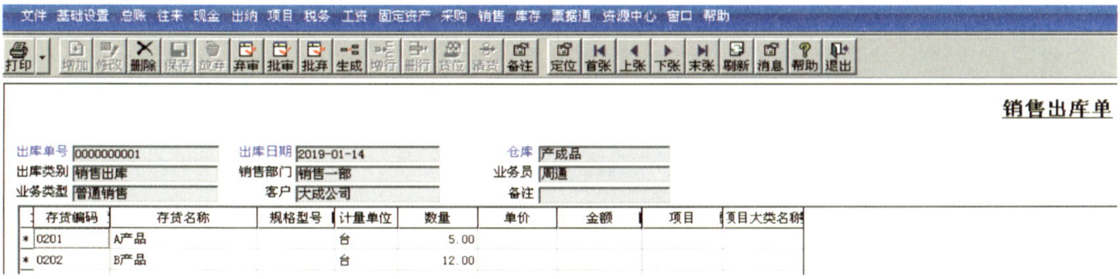

图 4-1-40

（2）单击“批审”按钮，打开“请选择要审核的单据”窗口。

（3）单击“刷新”按钮，显示待审核的“销售出库单”。

（4）单击“全选”按钮，如图 4-1-41 所示。

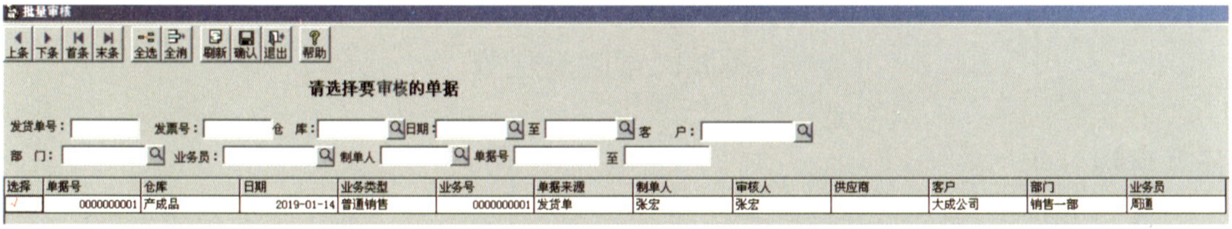

图 4-1-41

（5）单击“确认”按钮，审核所有的“销售出库单”。

5. 填制并审核产成品入库单

（1）执行“库存→产成品入库单”命令，打开“产成品入库单”窗口。

（2）单击“增加”按钮，确定入库单为蓝字入库单，选择仓库为“产成品”；入库类别选择“产成品入库”；在单据中输入产品名称为“A 产品”“B 产品”，数量分别为“12”“16”，其他项目暂时为空。

（3）单击“保存”按钮，如图 4-1-42 所示。

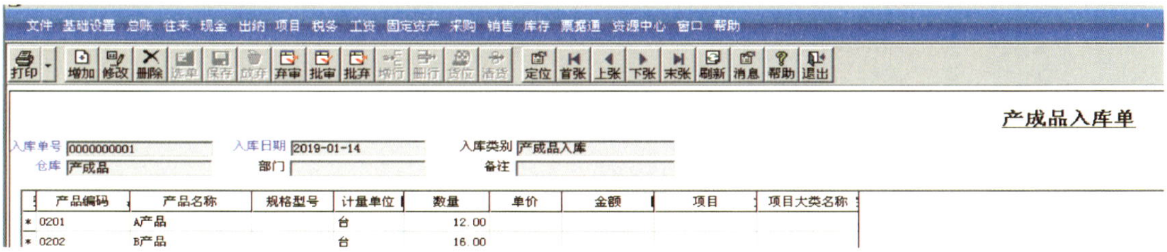

图 4-1-42

（4）单击“审核”按钮，对该产成品入库单进行审核。

6. 对接受捐赠的原材料进行入库处理

（1）执行“库存→其他入库单”命令，打开“其他入库单”窗口。

（2）单击“增加”按钮，录入其他入库单的相关单据内容。

（3）单击“保存”按钮。

（4）单击“审核”按钮，对入库单进行审核，如图 4-1-43 所示。

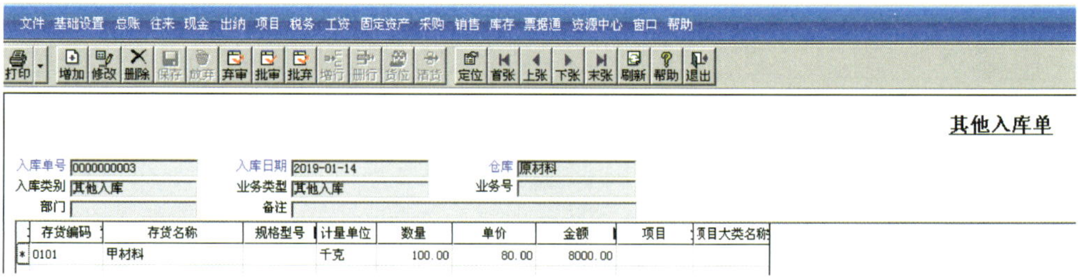

图 4-1-43

（5）单击“退出”按钮。

任务二　工资管理系统

活动 1　初始化工作

任务目标

【知识目标】了解工资管理系统的日常使用情况，掌握对工资管理系统进行初始化设置的方法。

【技能目标】能够对公司的职员工资档案、薪资构成项目和计算公式等进行录入，对扣缴所得税进行设置，对工资进行分摊设置。

【素养目标】培养主动探索、细心操作的习惯。

任务描述

在对职工薪酬进行核算之前，首先需要对工资管理系统进行初始化设置，为以后的日常核算打好良好的基础。

1. 工资管理系统初始化

工资类别：单个。从工资中代扣个人所得税。

不扣零，人员编码长度为 5 位。

2. 设置人员类别

经理人员、管理人员、业务人员。

3. 设置银行名称

银行名称：中国建设银行。账号长度：11 位。

4. 设置人员档案（表 4-2-1）

4-2-1　人员档案信息

部门名称	人员编码	人员姓名	人员类别	银行账号
办公室	01001	王莹	经理人员	76859403601
办公室	01002	杨雪	管理人员	76859403602
财务部	02001	张宏	经理人员	76859403603
财务部	02002	王伟	管理人员	76859403604

续表

部门名称	人员编码	人员姓名	人员类别	银行账号
财务部	02003	付强	管理人员	76859403605
财务部	02004	张丽	管理人员	76859403606
采购部	03001	王慧	经理人员	76859403607
采购部	03002	孟令军	业务人员	76859403608
销售一部	04001	李树美	经理人员	76859403609
销售一部	04002	周通	业务人员	76859403610
销售二部	04003	张强	经理人员	76859403611
销售二部	04004	李林	业务人员	76859403612

全部为中方人员，计税，工资不停发。

5. 设置工资项目（表 4–2–2）

4–2–2　工资项目信息

工资项目名称	类型	长度	小数	增减项
基本工资	数字	8	2	增项
交通补贴	数字	8	2	增项
应发工资	数字	10	2	增项
事假天数	数字	2	0	其他
事假扣款	数字	8	2	减项
病假天数	数字	2	0	其他
病假扣款	数字	8	2	减项
养老保险	数字	8	2	减项
代扣税	数字	8	2	减项
扣款合计	数字	8	2	减项
实发工资	数字	10	2	增项
计税基数	数字	8	2	其他
工资分摊基数	数字	8	2	其他

6. 设置工资项目计算公式

（1）基本工资 = iff（人员类别 =" 经理人员 ", 3600, 2800），iff（人员类别 =" 管理人员 ", 2800）。

（2）交通补贴 = 80。

（3）事假扣款 =（基本工资 /30）× 事假天数。（表 4–2–3）

表 4–2–3　计提费用信息

计提费用类型	计提分摊比例
工资分摊	100%
应付福利费	14%
工会经费	2%
职工教育经费	1. 5%

知识储备

一、初始设置

1. 选择本账套处理的工资类别

通常有两个，即“单个”工资类别和“多个”工资类别。当核算单位对所有人员的工资实行统一管理，而且人员工资项目、计算公式全部相同时，可以选择“单个”工资类别；当核算单位按周发放工资或按月单次发放工资，以及对不同的职工发放工资的项目不同、计算公式不同，但需对工资实行统一管理时，则选择“多个”工资类别。

2. 设置扣税处理

如果核算单位需为职工代扣代缴个人所得税，可以在系统中设置为职工代扣个人所得税。

3. 设置人员编码长度

在工资核算中，每个职工都有一个唯一的编码，人员编码应结合企业部门设置和人员数量自由定义，但总长度不能超过系统提供的最高位数。

4. 扣零

扣零，即扣零处理，是指每次发放工资时零头扣下，积累取整，于下次工资发放时补上，系统在计算工资时将依据扣零类型进行扣零计算。

注意

（1）选择从工资中代扣个人所得税后，系统将自动生成工资项目“代扣税”，并进行代扣税金的计算。如果此处不设代扣个人所得税，在使用过程中可以在“设置”—“选项”中设置。

（2）选择扣零设置后自动生成“本月扣零”和“上月扣零”工资项目。扣零的计算公式由系统自动定义。

（3）人员编码长度中不含所属部门编码，工资档案中人员编码的设置必须符合人员编码规定。部分参数设置也可在工资系统的“设置”—“选项”中设置或更改。

二、人员类别设置

设置人员类别是为了便于企业按人员类别进行工资汇总计算。因此，为满足经济业务管理需要，可在同一个账套内跨越各个部门和单位按人员类别的不同分别进行综合汇总，企业应根据实际情况设置工资核算的人员类别。设置人员类别后，工资费用将按不同人员类别分配，并进行会计处理。

三、工资项目设置

工资项目设置，即定义工资项目的名称、类型、长度、小数、增减项。系统中有一些固定项目，是工资系统中必不可少的，包括“应发合计”“扣款合计”“实发合计”，这些项目不能删除和重命名。其他项目可根据实际情况定义或参照增加。例如，基本工资、奖励工资、补贴、请假天数等。在此设置的工资项目是系统中用到的全部工资项目。

1. 项目的名称

指工资项目的名称。

2. 类型

指工资项目的数据类型。如果是数字且在工资汇总表中需进行汇总，则应设为数字型，如果是汉字、字母，则应设为字符型。

3. 长度

指工资项目数据的最大长度，如为数字型，则小数点占一位长度。

4. 小数

指数字型数据的小数位位数的长度。

5. 增减项

增项默认为“应发合计”的构成项，减项默认为“扣款合计”的构成项。其他项参与个别项目的计算。

四、银行名称设置

银行名称的长度不得超过 10 个汉字或 20 个字符。删除银行名称时，与该银行有关的所有设置将一同被删除，包括银行的代发文件的设置、磁盘输出格式的设置，以及人员档案中涉及的相关人员的银行名称与账号。

五、人员档案设置

设置人员档案主要用于登记工资发放人员的姓名、职工编号、所在部门、人员类别等信息，此外员工的增减变动也必须在本档案中处理。

六、定义工资项目计算公式

指定义某些工资项目的计算公式及工资项目之间的运算关系。例如，缺勤扣款 = 基本工资 / 月工作日 × 缺勤天数。运用公式可直观表达工资项目的实际运算过程，灵活地进行工资计算。定义公式可通过选择工资项目、运算符、关系符、函数等并将其组合来完成。

对于系统固定的工资项目“应发合计”“扣款合计”“实发合计”等的计算公式，系统要根据工资项目设置的增减项自动给出。用户只需增加、修改、删除其他工资项目的计算公式。

定义工资项目计算公式要符合逻辑，系统将对公式进行合法性检查，不符合逻辑的系统将给出错误提示。定义公式时要注意先后顺序，先得到的数据应先设置公式。工资项目计算公式输入的方法有直接输入、参照输入和函数公式向导输入。

注意

公式中左侧工资项目的排列顺序决定了系统执行工资计算的先后顺序。

公式输入完毕后，必须单击“公式确认”按钮，进行语法检查，以保证公式正确。

执行“公式确认”后，公式并未保存，必须单击“确认”按钮保存。

七、工资原始数据输入

这是指将所有人员的初始工资数据录入计算机系统中，如基本工资、津贴等。只需输入没有进行公式定义的项目，如基本工资、津贴等，其余各项由系统根据计算公式自动计算生成。

八、业务处理

1. 工资变动数据输入

在某一个期间内，工资变动数据输入是指输入工资项目中会相对变动的数据，如奖金、请假扣款等。可以通过“页编辑”“数据过滤”“定位”“数据替换”等功能来完成。

2. 工资计算与汇总

根据设置的计算公式，系统自动计算应发合计、实发合计、扣款合计等工资项目。

3. 代扣个人所得税

系统提供个人所得税自动计算功能，用户可以根据政策的调整定义最新的所得税税率表，系统自动计算个人所得税。附加费用是对外方人员扣缴个人所得税而设定的。

4. 分钱清单与银行代发

在发放现金的情况下，按单位计算的工资数据，系统自动统计各种面值货币的数量清单，会计人员根据此清单从银行取款并发给部门、个人。目前有许多单位发放工资时都采用直接发放到个人的银行账号上的方式，工资系统提供了多种数据格式、多种传输形式，以保证用户与银行数据接口的安全与高效。

5. 工资分摊与费用计提

对于企业而言，最主要的是人工费用，会计人员还需要对工资数据进行工资总额的计算、分摊及各种与工资数据相关联的经费计提，并编制会计凭证，供记账处理之用。

注意：在“工资分摊明细”窗口中，若单击选择“合并科目相同、辅助项相同的分类”复选框，表示将相同的科目和辅助项目进行合并后生成记账凭证。

凭证生成后，传递到总账系统，不能在总账系统中修改。

6. 工资报表输出

工资数据的处理结果最终通过工资报表的形式呈现，工资系统提供了主要的工资报表，报表的格式由系统提供，如果对所提供的报表的固定格式不满意，用户可以自行设计。

（1）工资表。工资表包括：工资发放签名表、工资发放条、工资卡、部门工资汇总表、人员类别工资汇总表、条件汇总表、条件统计表、条件明细表、工资变动明细表、工资变动汇总表等由系统提供的原始表。主要用于本月工资发放和统计，用户可以对系统提供的工资表进行修改，令报表格式更符合单位的需要；用户也可以将修改后的报表还原为初始格式状态。

（2）工资分析表。工资分析表是以工资数据为基础的，通过对部门、人员的工资数据进行分析和比较，进而生成各种分析表，供决策人员使用。

操作指导　项目四　任务二　工资管理系统（1）　项目四　任务二　工资管理系统（2）

1. 工资管理系统初始化

（1）以账套主管张宏的身份注册进入企业门户，选择“财务会计→工资管理”，登录工资管理系统。第一次登录系统自动进入工资建账向导。

该公司的工资按月发放单次，因此在“参数设置”中“请选择本账套所需处理的工资类别个数”为“单个”，“币别”默认选择“人民币 RMB”。

该公司不存在计件工资制，因此不核算计件工资，单击下一步，如图 4-2-1 所示。

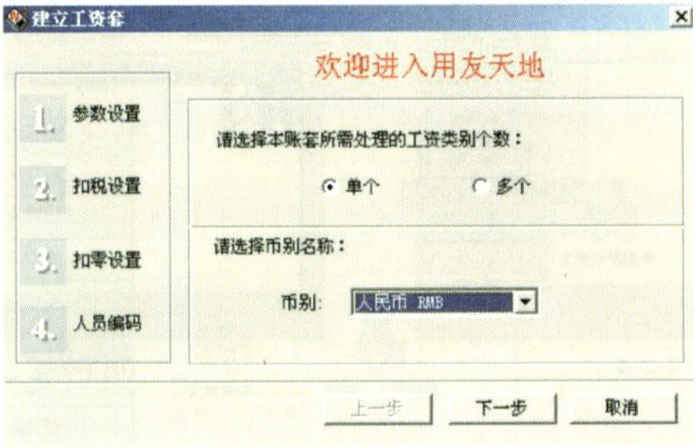

图 4-2-1

（2）在“扣税设置”中，选中“是否从工资中代扣个人所得税”，单击“下一步”，如图 4-2-2 所示。

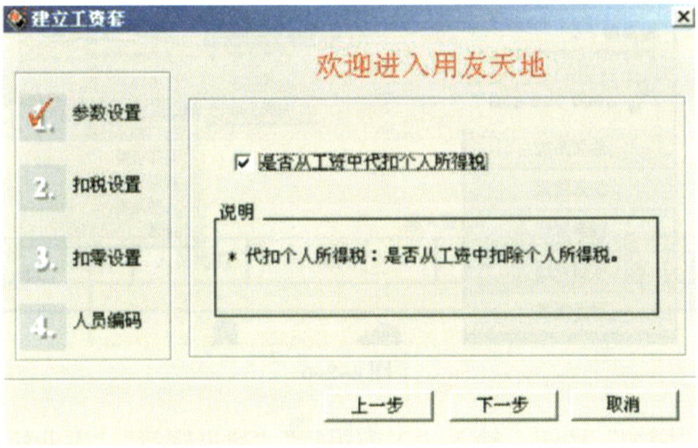

图 4-2-2

2. 设置人员类别

（1）在系统菜单中执行“工资→设置→人员类别设置”命令，如图 4-2-3 所示。

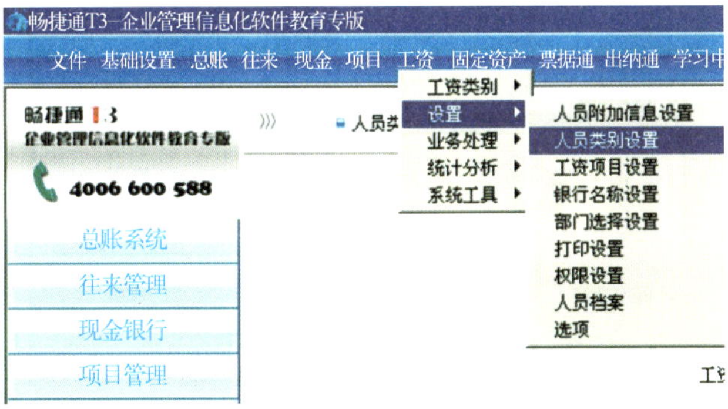

图 4-2-3

（4）在弹出的“人员档案”对话框中，依次录入该工资类别的职工档案信息，如图 4-2-11 所示。

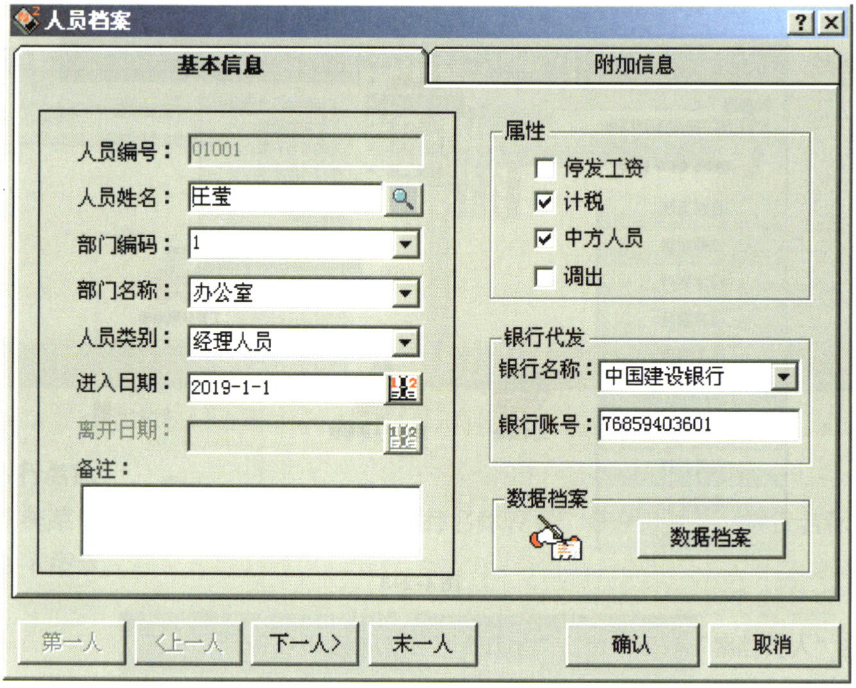

图 4-2-11

（5）增加后的工资类别下的人员档案结果如下，如图 4-2-12 所示。

人 员 档 案

总人数：12

部门名称	人员编号	人员姓名	人员类别	账号	中方人员	是否计税	工资停发	进入日期	手机号
办公室	01001	王莹	经理人员	76859403601	是	是	否	2019-01-01	
办公室	01002	杨雪	管理人员	76859403602	是	是	否	2019-01-01	
财务部	02001	张宏	经理人员	76859403603	是	是	否	2019-01-01	
财务部	02002	王伟	管理人员	76859403604	是	是	否	2019-01-01	
财务部	02003	付强	管理人员	76859403605	是	是	否	2019-01-01	
财务部	02004	张丽	管理人员	76859403606	是	是	否	2019-01-01	
采购部	03001	王慧	经理人员	76859403607	是	是	否	2019-01-01	
采购部	03002	孟令军	业务人员	76859403608	是	是	否	2019-01-01	
销售一部	04001	李树美	经理人员	76859403609	是	是	否	2019-01-01	
销售一部	04002	周通	业务人员	76859403610	是	是	否	2019-01-01	
销售二部	04003	张强	经理人员	76859403611	是	是	否	2019-01-01	
销售二部	04004	李林	业务人员	76859403612	是	是	否	2019-01-01	

图 4-2-12

5. 设置工资项目

（1）在系统菜单中，执行“工资→设置→工资项目设置”命令，如图 4-2-13 所示。

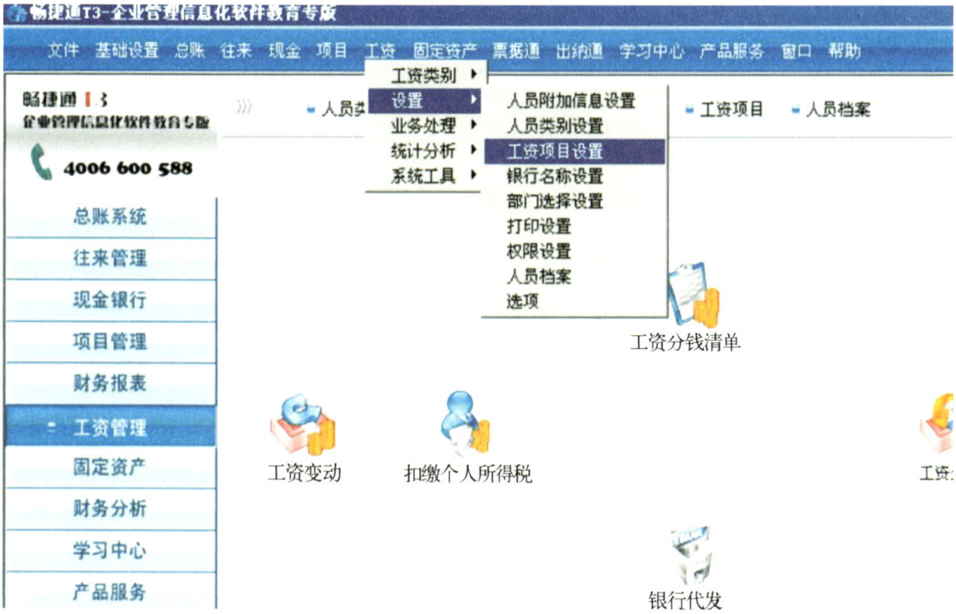

图 4-2-13

（2）打开“工资项目设置”窗口，在“工资项目设置”选项卡中选择该工资类别的工资项目，单击“增加”按钮，然后单击右侧“名称参照”的下拉箭头，选定所需项目工资即可，如图 4-2-14 所示。

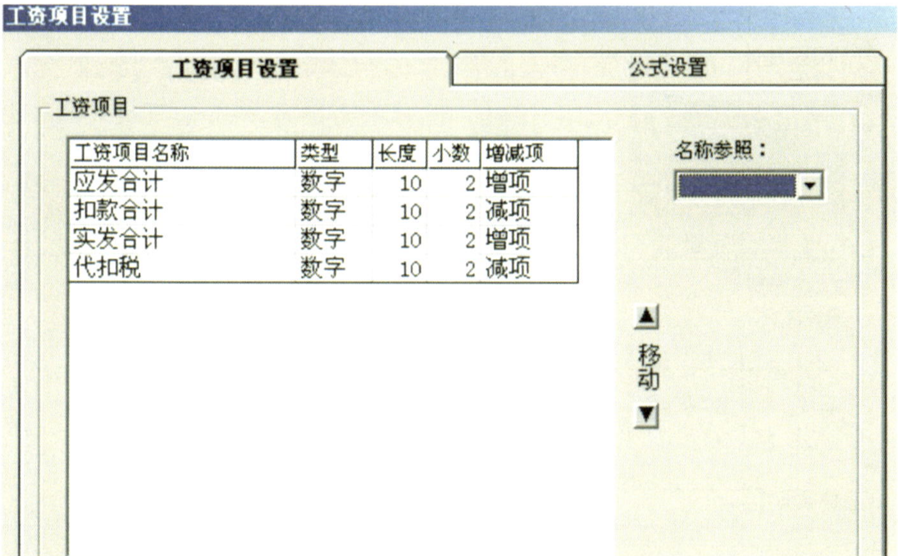

图 4-2-14

6. 设置工资项目计算公式

（1）在系统菜单中，执行“工资→设置→工资项目设置”命令，如图 4-2-15 所示。

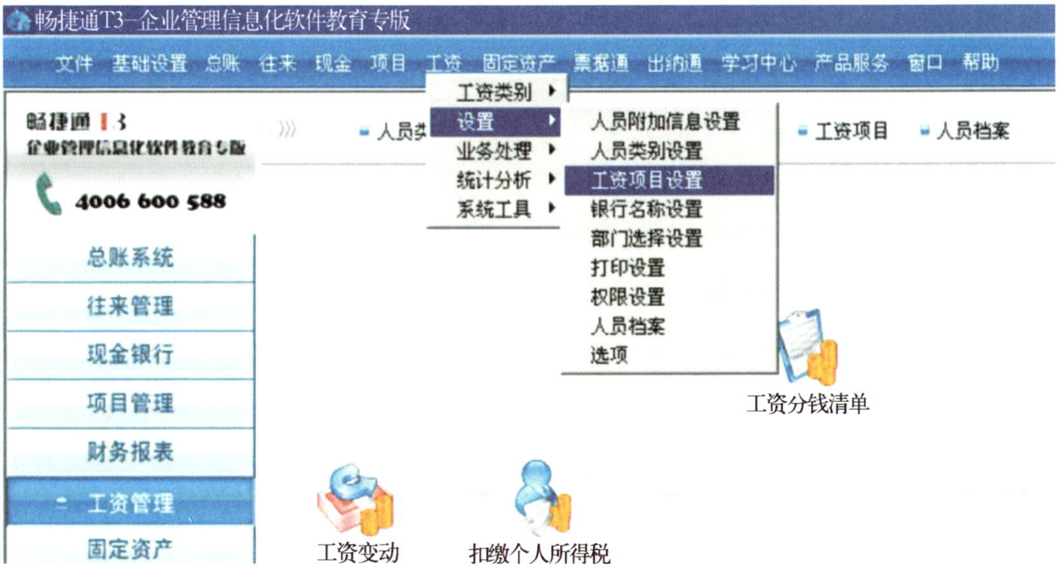

图 4-2-15

（2）在“公式设置”选项卡中单击“增加”按钮，如图 4-2-16 所示。

图 4-2-16

（3）在“工资项目”的下拉菜单中选择“基本工资”，通过函数公式向导输入公式，单击“公式确认”，如图 4-2-17 所示。

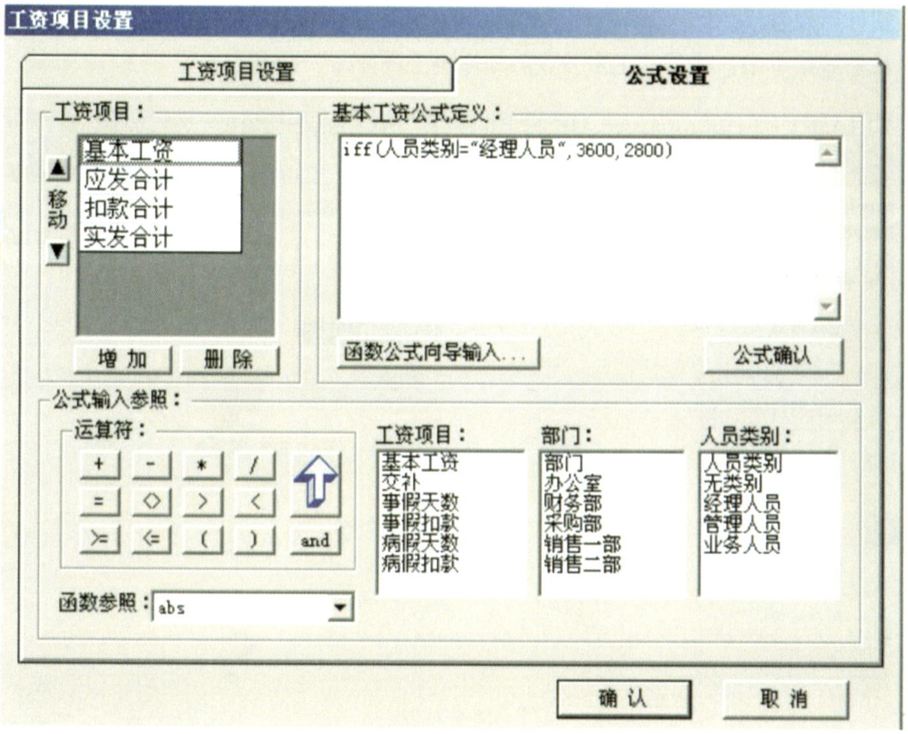

图 4-2-17

（4）在“工资项目”中增加“工资分摊基数”，公式为“基本工资 + 岗位工资 + 交补 - 事假扣款 - 病假扣款”，如图 4-2-18 所示。

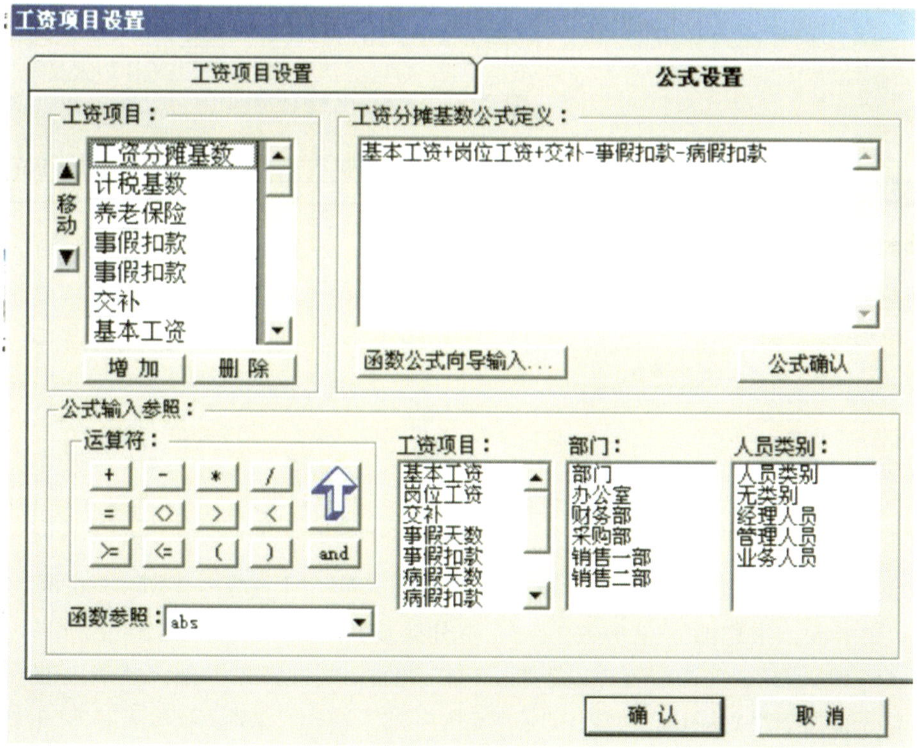

图 4-2-18

7. 工资分摊设置

（1）从系统菜单中，执行“工资→业务处理→工资分摊”命令，如图 4-2-19 所示。

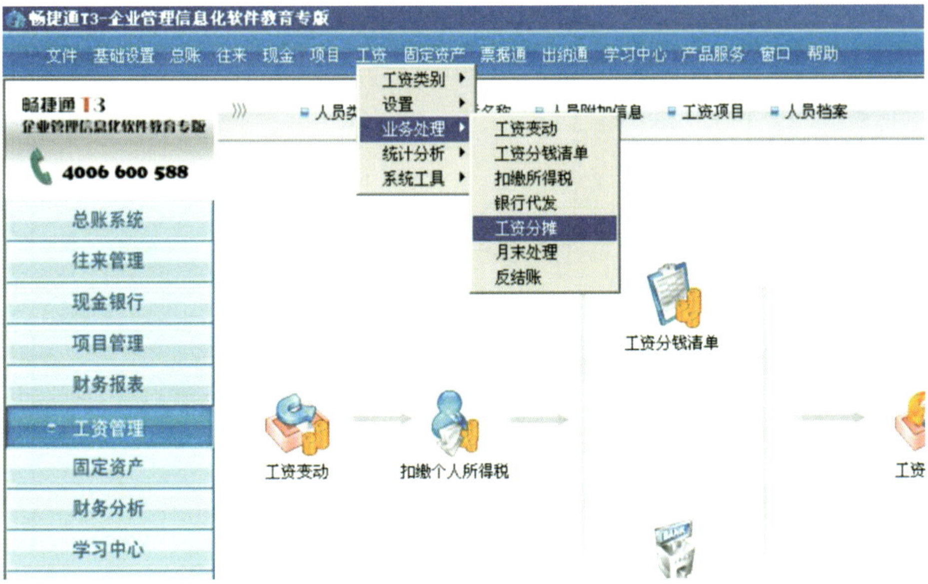

图 4-2-19

（2）在窗口中，单击“工资分摊设置”按钮，打开“分摊设置”对话框，在对话框中单击“增加”按钮，录入计提类型名称“应付工资”及分摊计提比例“100%”，单击“下一步”按钮，如图 4-2-20 所示。

（3）打开“分摊构成设置”对话框，在第一条记录中双击“部门名称”栏，如图 4-2-21 所示。

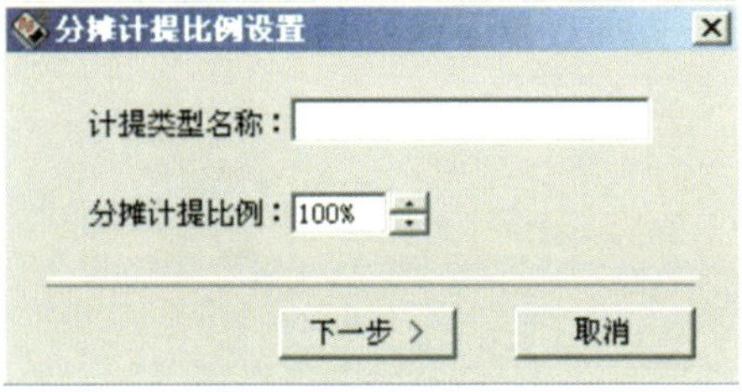

图 4-2-20

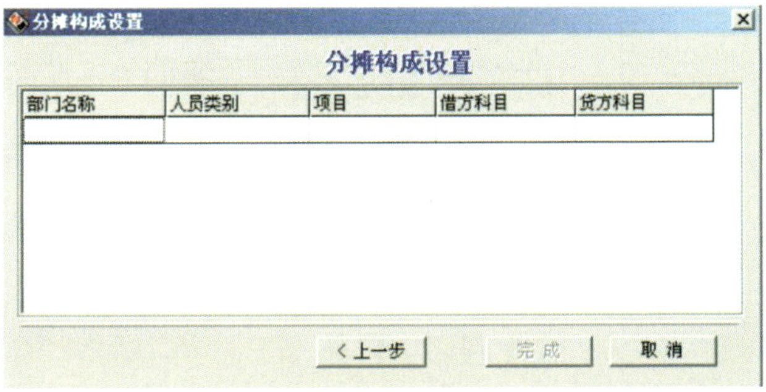

图 4-2-21

（4）参照部门名称为“办公室，财务部，采购部”，人员类别为“经理人员”，项目为“工资分摊基数”，借方科目为“560204”，贷方科目为“22110”。

录入其余信息：“办公室，财务部，采购部”“管理人员”“工资分摊基数”“560204”“22110”；“办公室，财务部，采购部”“业务人员”“工资分摊基数”“560204”“22110”；“销售一部，销售二部”“经理人员”“工资分摊基数”“560104”“22110”；“销售一部，销售二部”“管理人员”“工资分摊基数”“560104”“22110”；“销售一部，销售二部”“业务人员”“工资分摊基数”“560104”“22110”，如图 4-2-22 所示。

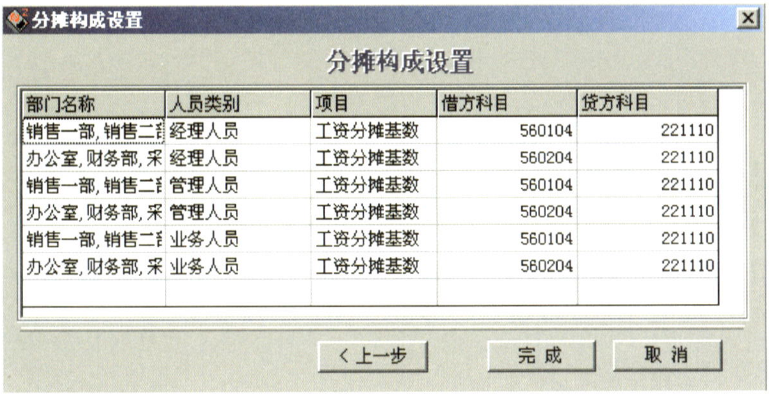

部门名称	人员类别	项目	借方科目	贷方科目
销售一部，销售二部	经理人员	工资分摊基数	560104	221110
办公室，财务部，采	经理人员	工资分摊基数	560204	221110
销售一部，销售二部	管理人员	工资分摊基数	560104	221110
办公室，财务部，采	管理人员	工资分摊基数	560204	221110
销售一部，销售二部	业务人员	工资分摊基数	560104	221110
办公室，财务部，采	业务人员	工资分摊基数	560204	221110

图 4-2-22

（5）输入计提类型名称“应付福利费”，分摊计提比例为“14%”，单击“下一步”，如图 4-2-23 所示。

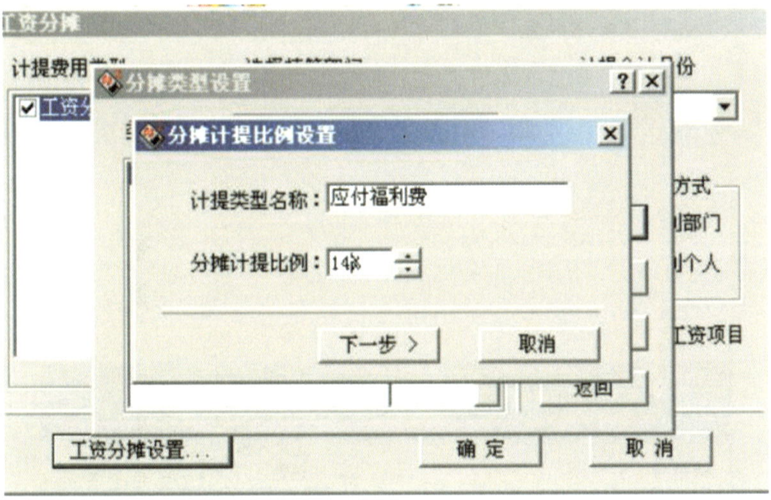

图 4-2-23

（6）照此方法，依次设置好应付福利和工会经费等费用计提类型，单击“确定”按钮，退出，如图 4-2-24 所示。

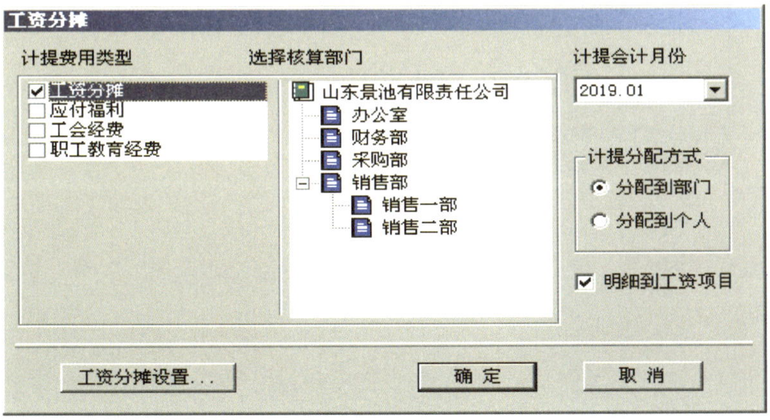

图 4-2-24

活动 2　工资日常业务处理

任务目标

【知识目标】能根据公司的各种变化生成工资表。

【技能目标】能够完成工资分摊，生成工资管理系统的会计凭证。

【素养目标】熟悉工资在日常工作中的应用，培养严谨的工作态度。

任务描述

1. 20 日，发放当月工资，据统计，上月职工王伟请事假 1 天，孟令军请病假 3 天，在工资管理系统中进行工资变动操作，生成工资表

2. 在工资管理系统中，根据工资表生成计提工资的凭证

3. 根据分摊设置计提职工福利费、教育经费和工会经费

对工资管理系统进行初始化设置。

对公司的职员工资档案、薪资构成项目和工资计算公式等进行录入。

操作指导

1. 工资变动

（1）从系统菜单中，执行“工资→业务处理→工资变动”命令，打开“工资变动”窗口，如图 4-2-25 所示。

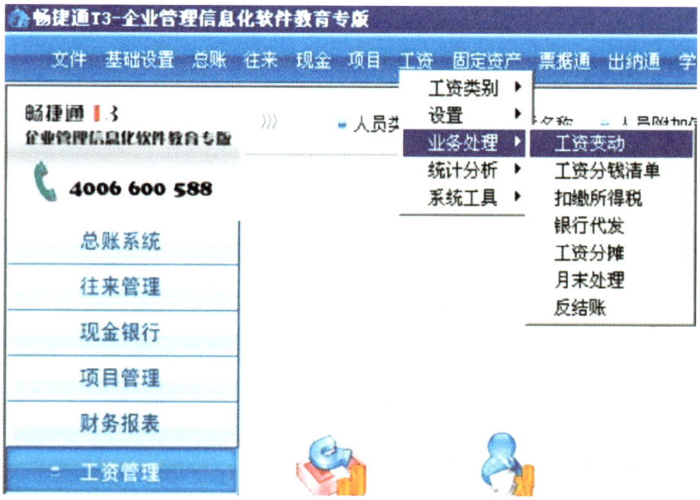

图 4-2-25

（2）输入相应的数据后，单击“汇总”按钮，系统会自动计算各项数据，并显示到相应的单元中，如图 4-2-26 所示。

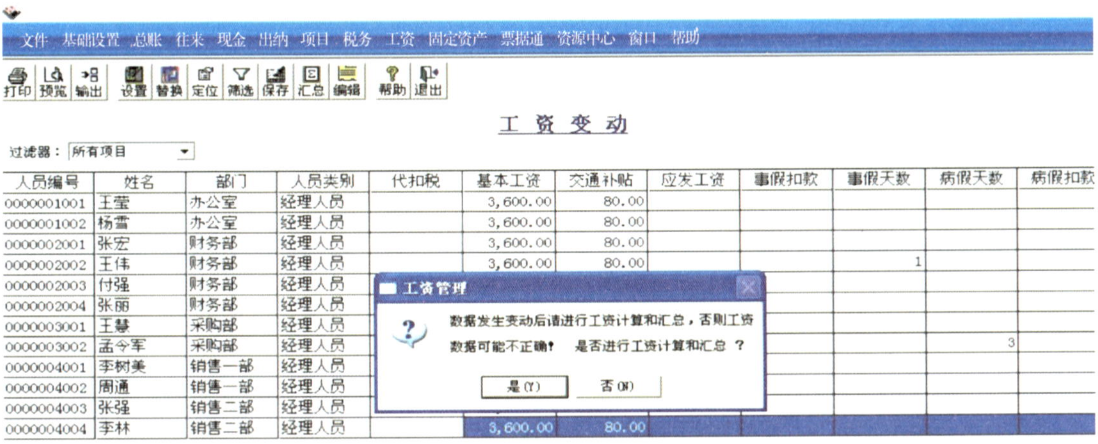

人员编号	姓名	部门	人员类别	代扣税	基本工资	交通补贴	应发工资	事假扣款	事假天数	病假天数	病假扣款
0000001001	王莹	办公室	经理人员		3,600.00	80.00					
0000001002	杨雪	办公室	经理人员		3,600.00	80.00					
0000002001	张宏	财务部	经理人员		3,600.00	80.00					
0000002002	王伟	财务部	经理人员		3,600.00	80.00			1		
0000002003	付强	财务部	经理人员								
0000002004	张丽	财务部	经理人员								
0000003001	王慧	采购部	经理人员								
0000003002	孟令军	采购部	经理人员							3	
0000004001	李树美	销售一部	经理人员								
0000004002	周通	销售一部	经理人员								
0000004003	张强	销售二部	经理人员								
0000004004	李林	销售二部	经理人员		3,600.00	80.00					

图 4-2-26

2. 计提工资，形成凭证

（1）单击“工资”，选择“业务处理”，在弹出的选项中单击“工资分摊”，如图 4-2-27 所示。

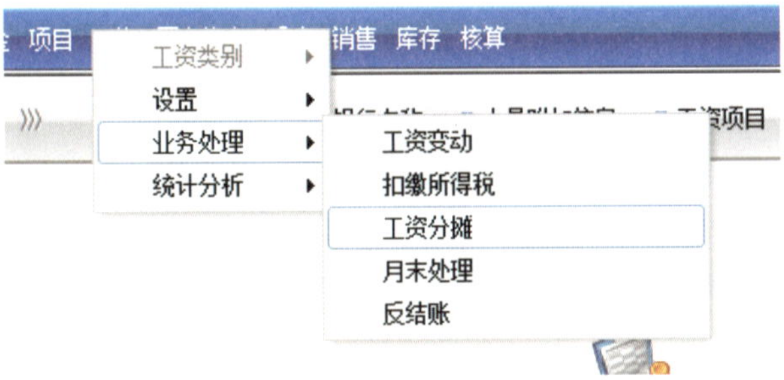

图 4-2-27

（2）在“工资分摊”窗口的左窗格中选择“工资分摊”，在右窗格中选择“分配到部门”，然后单击“明细到工资项目”，再单击“确定”，如图 4-2-28 所示。

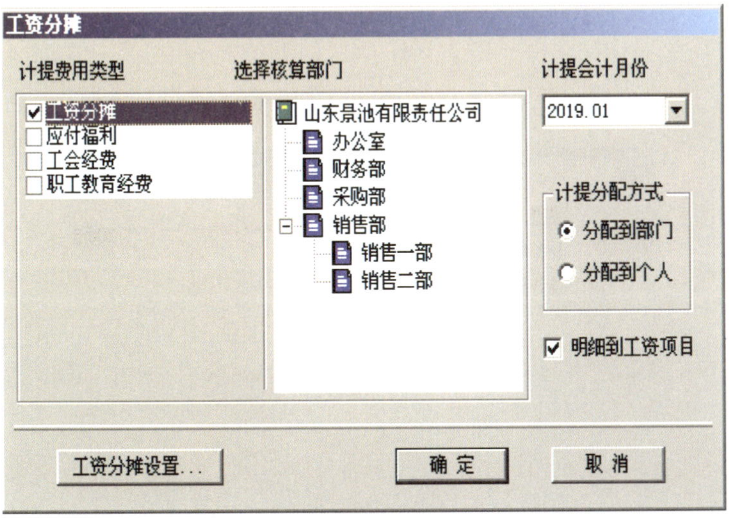

图 4-2-28

（3）单击“确定”后，单击“制单”按钮，如图 4-2-29 所示。选择“转账凭证”，单击“保存”按钮，在凭证左侧会显示“已生成”字样。

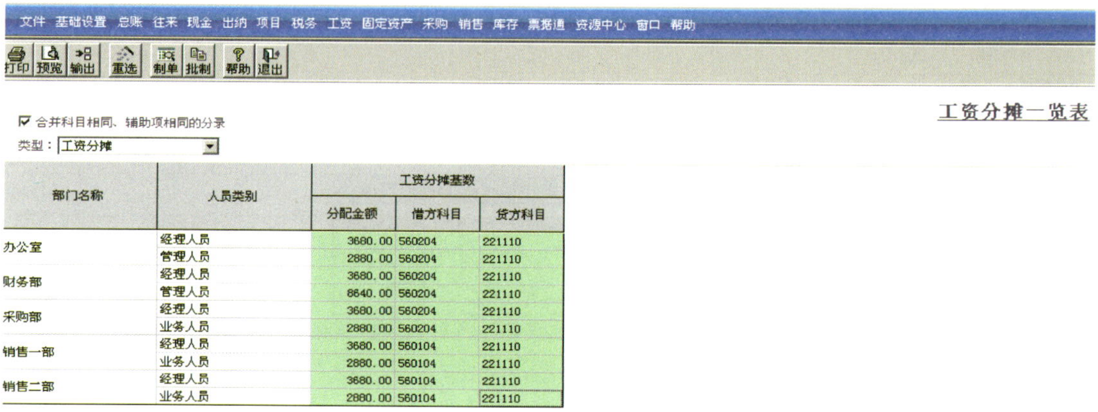

部门名称	人员类别	工资分摊基数		
		分配金额	借方科目	贷方科目
办公室	经理人员	3680.00	560204	221110
	管理人员	2880.00	560204	221110
财务部	经理人员	3680.00	560204	221110
	管理人员	8640.00	560204	221110
采购部	经理人员	3680.00	560204	221110
	业务人员	2880.00	560204	221110
销售一部	经理人员	3680.00	560104	221110
	业务人员	2880.00	560104	221110
销售二部	经理人员	3680.00	560104	221110
	业务人员	2880.00	560104	221110

图 4-2-29

活动 3　工资期末结账

任务目标

【知识目标】对企业工资管理系统有比较系统的认识，月末能够对工资管理系统进行结账处理。

【技能目标】能够对工资管理系统进行正确操作，掌握工资管理的方法。

【素养目标】培养严谨务实的职业意识，提高岗位工作效率。

任务描述

工资管理系统和总账系统一样，在日常业务处理完毕之后，需要进行月末结账处理。

对工资管理系统进行月末结账处理。

操作指导

（1）执行“工资→业务处理”命令，在弹出的窗口中单击“月末处理”，如图 4-2-30 所示。

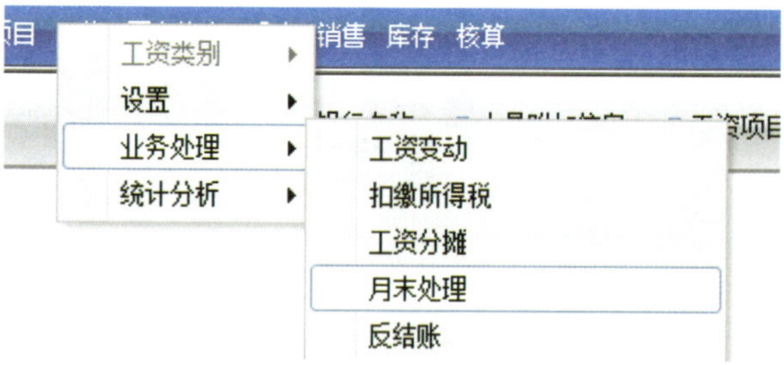

图 4-2-30

（2）确认无误后，单击“确认”，进行下一步，如图 4-2-31 所示。

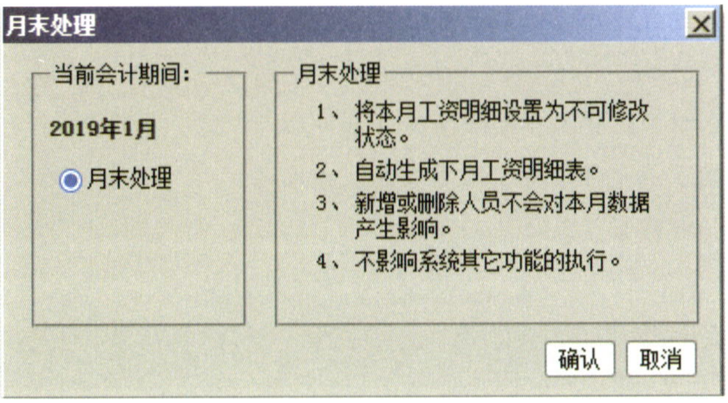

图 4-2-31

（3）在“选择清零项目”窗口的左窗口中选中要清零的项目，单击两个窗口中间的“ 〉〉”按钮把它送入右窗口，单击“确认”按钮完成操作，如图 4-2-32 所示。

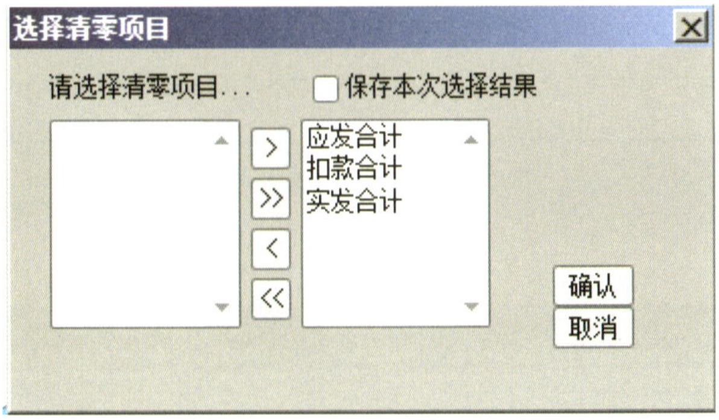

图 4-2-32

任务三　固定资产系统

活动 1　初始化工作

任务目标

【知识目标】能够对固定资产系统进行初始化设置。

【技能目标】能够对公司的固定资产类别、部门折旧对应科目进行设置，并将相关信息录入固定资产原始卡片中。

【素养目标】养成严谨、细致、规范的工作态度。

任务描述

1. 固定资产初始化设置

（1）折旧汇总分配周期：1 个月。

（2）资产类别编码规则：2-1-1-2。

（3）固定资产编码方式：自动编码，部门编码＋类别编码＋序号。
（4）序号长度：3。
（5）固定资产对账科目：1501。累计折旧对账科目：1502。
（6）对账不平情况下不允许进行固定资产月末结账。

2. 设置部门对应折旧科目（表 4–3–1）

表 4–3–1　部门对应折旧科目信息

部门编码	部门名称	折旧科目
01	办公室	管理费用—折旧费
02	财务部	管理费用—折旧费
03	采购部	管理费用—折旧费
04	销售部	销售费用—折旧费
0401	销售一部	销售费用—折旧费
0402	销售二部	销售费用—折旧费

3. 设置固定资产类别（表 4–3–2）

表 4–3–2　固定资产信息

类别编码	类别名称	使用年限	净残值率	方法
01	房屋建筑	25 年	5%	平均年限法（一）
02	办公设备	5 年	5%	平均年限法（一）
03	运输设备	10 年	5%	平均年限法（一）
04	专用设备	15 年	5%	平均年限法（一）

4. 设置固定资产的增减方式（表 4–3–3）

表 4–3–3　增减方式

增加方式	对应入账科目	减少方式	对应入账科目
直接购入	工行存款	出售	固定资产清理
投资者投入	实收资本	投资转出	长期股权投资
在建工程转入	在建工程	报废	固定资产清理

5. 录入原始卡片（表 4–3–4）

表 4–3–4　需录入的相关信息

资产名称	类别号	增加方式	原值 / 元	使用年限	使用部门	累计折旧 / 元	开始使用时间
办公楼	01	在建工程转入	4 000 000	25 年	办公室	1 520 000	2018–12–31
电脑	02	直接购入	3 000 000	5 年	销售二部	570 000	2018–12–31

续表

资产名称	类别号	增加方式	原值 / 元	使用年限	使用部门	累计折旧 / 元	开始使用时间
保险柜	02	直接购入	3 000 000	5 年	财务部	570 000	2018-12-31
汽车	03	直接购入	1 400 000	10 年	办公室	133 000	2018-12-31

注：使用状况均为在用。

知识储备

一、固定资产系统初始化

在系统管理中建立企业账套后，就可以建立一个适合企业实际情况的固定资产账套，这个过程就是固定资产系统初始化。固定资产系统初始化包括约定及说明、启用月份、折旧信息、编码方式、财务接口及其他参数。

1. 约定及说明

其内容是该账套的基本信息和系统处理的一些基本原则。

2. 启用月份

启用日期确定后，在该日期前的所有固定资产都将作为期初数据，在启用月份开始计提折旧。

3. 折旧信息

系统设定每个月均计提折旧，但折旧的汇总分配则按所选择的周期进行。一旦选定，系统将自动在相应的月末生成折旧分配表，并生成记账凭证。

二、设置固定资产核算规则

1. 设置固定资产类别

设置固定资产类别就是设置固定资产的分类编码与分类名称。

注意

固定资产的类别编码不能重复，同一级的类别名称不能相同。

类别编码、类别名称、计提属性、卡片样式不能为空。

已使用的类别不能增加下级类别。

若要设置二级及以下各级类别，需在左边列表框中先选择要添加下级的类别。

使用年限、净残值率和计量单位只对末级有效。

2. 设置部门对应折旧科目、增减方式

在部门设置中，可对单位的各部门进行设置，以便确定资产的责任对象，并可按部门进行固定资产折旧费用的分配。

已经使用过（卡片已选用过）的增减方式或非末级增减方式不能删除。

设置了对应科目，在该增减方式下，当某项固定资产发生变动时，系统自动默认采用这些科目。

三、输入固定资产原始卡片

输入固定资产原始卡片是指将固定资产原始数据输入计算机中，为以后的固定资产日常管理奠定基础。

1. 卡片编号

系统根据初始化时定义的编码方案自动设定，不能修改，如果删除某一张卡片，且它又不是最后一张时，系统将保留空号。

2. 已计提月份

系统将根据开始使用日期自动算出已计提月份，但可以修改。

3. 月折旧率、月折旧额

与计算折旧有关的项目录入后，系统会按照输入的内容自动算出并显示在相应的项目内。

4. 原值、累计折旧

录入的必须是卡片录入月月初的价值，否则将出现计算错误。

操作指导

项目四 任务三 固定资产系统

1. 固定资产初始化设置

（1）在公司账套建立后，启用固定资产系统。以账套主管的身份注册进入企业门户，选择“财务会计→固定资产管理”，进入固定资产管理子系统。

第一次登录固定资产管理子系统会出现提示信息：“这是第一次打开此账套，还未进行过初始化，是否进行初始化？”单击“是”按钮，进入固定资产初始化向导，如图 4-3-1 所示。

图 4-3-1

（2）根据提示一次录入本单位固定资产的相关核算要求，如图 4-3-2 所示。

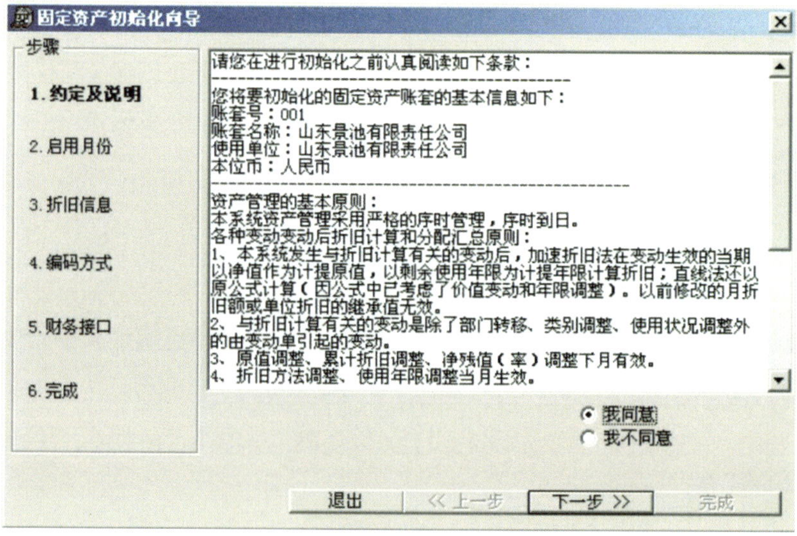

图 4-3-2

（3）确定账套启用时间，单击“下一步”，确定公司的折旧信息“须计提折旧”，折旧方法采用“平均年限法（一）”，折旧汇总分配周期为“1”个月。然后单击“下一步”，如图 4-3-3 所示。

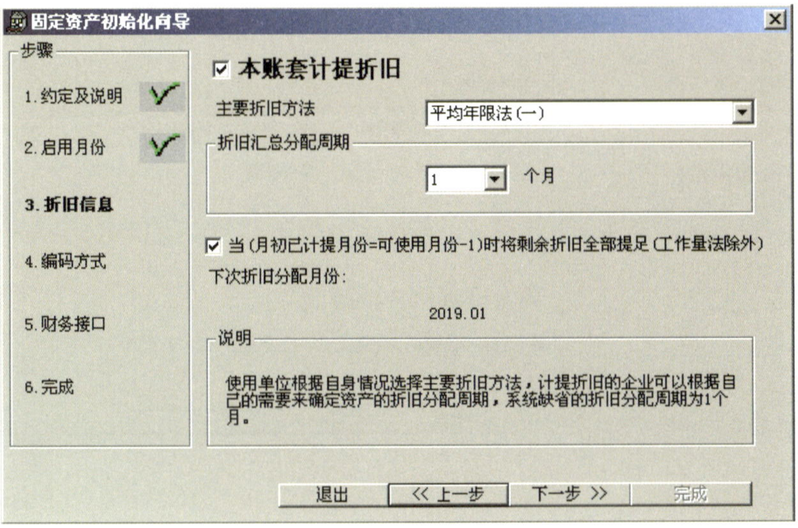

图 4-3-3

（4）在“财务接口”中，选中“与财务系统进行对账”，选择固定资产对账科目为“1601，固定资产”，累计折旧对账科目为“1602，累计折旧”，然后单击“下一步”，如图 4-3-4 所示。

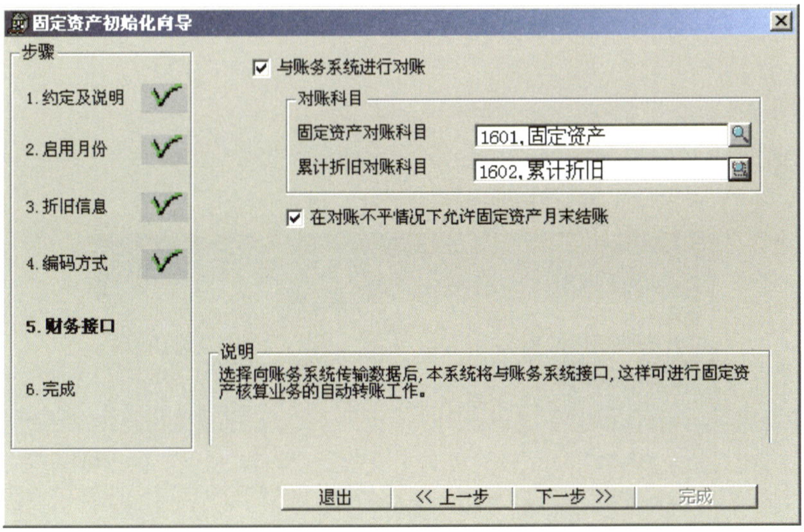

图 4-3-4

（5）设置固定资产编码方式。该公司的固定资产类别编码方式为 4 级，长度为 2-1-1-2。选择固定资产编码方式为“自动编码”“部门编号 + 类别编号 + 序号”。确定序号长度为“3”，单击“下一步”，如图 4-3-5 所示。

（6）在系统提示中单击“是”按钮，保存本次设置，系统显示“已经初始化本固定资产账套”，如图 4-3-6 所示。

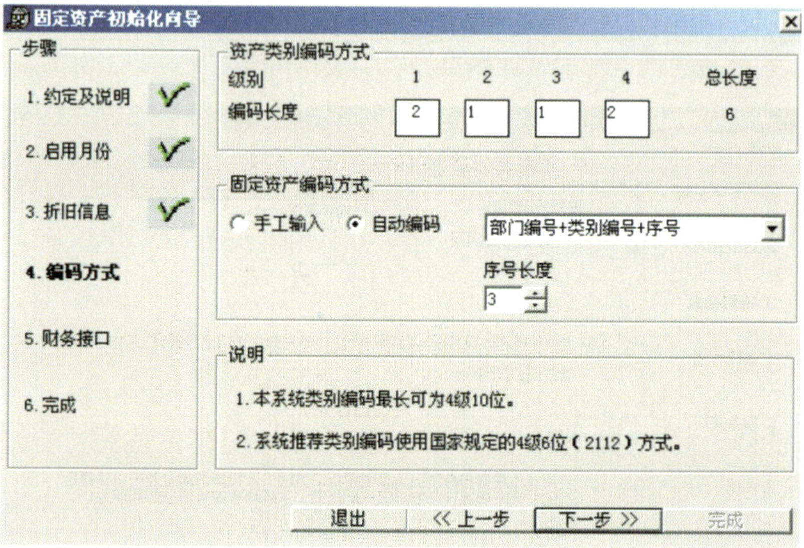

图 4-3-5

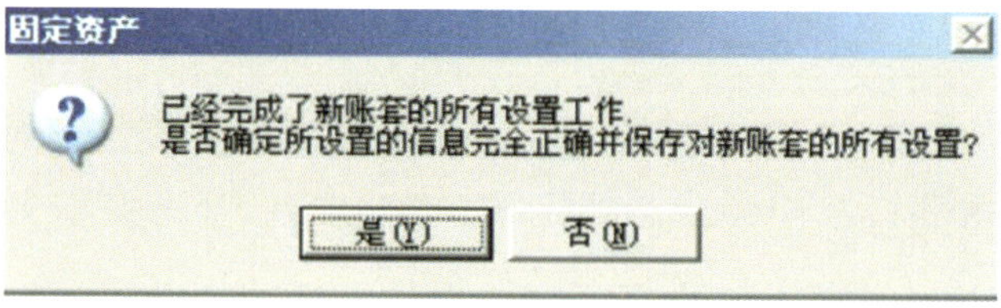

图 4-3-6

2. 设置部门对应折旧科目

单击“固定资产”“设置”，之后单击“部门对应折旧科目”，输入相关科目，如图 4-3-7 所示。

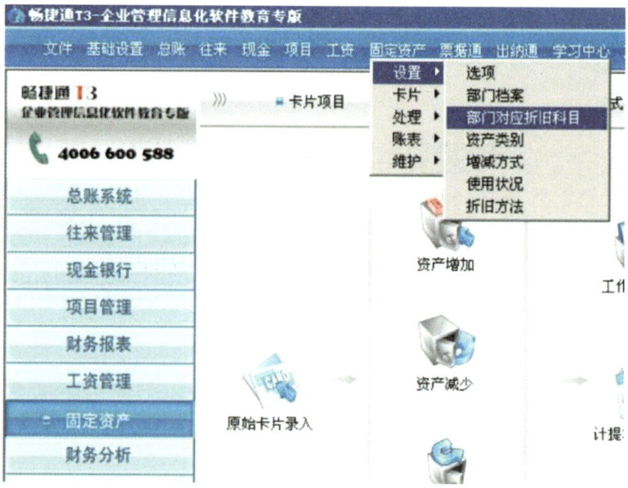

图 4-3-7

3. 设置固定资产类别

（1）公司将固定资产分为房屋建筑、办公设备、运输设备和专用设备四大类。在系统菜单中，执行“固定资产→设置→资产类别”命令，如图 4-3-8 所示。

（2）录入一条记录，单击“保存”，然后编辑下一条记录，如图 4-3-9 所示。

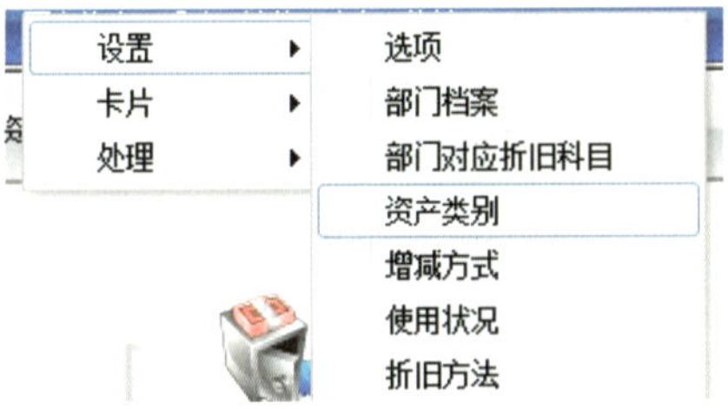

图 4-3-8

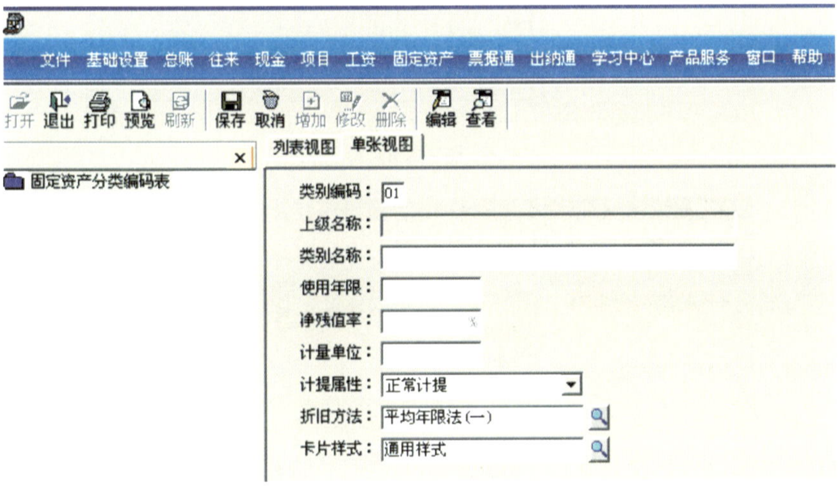

图 4-3-9

（3）完成后单击“保存”“退出”键，如图 4-3-10、图 4-3-11、图 4-3-12、图 4-3-13 所示。

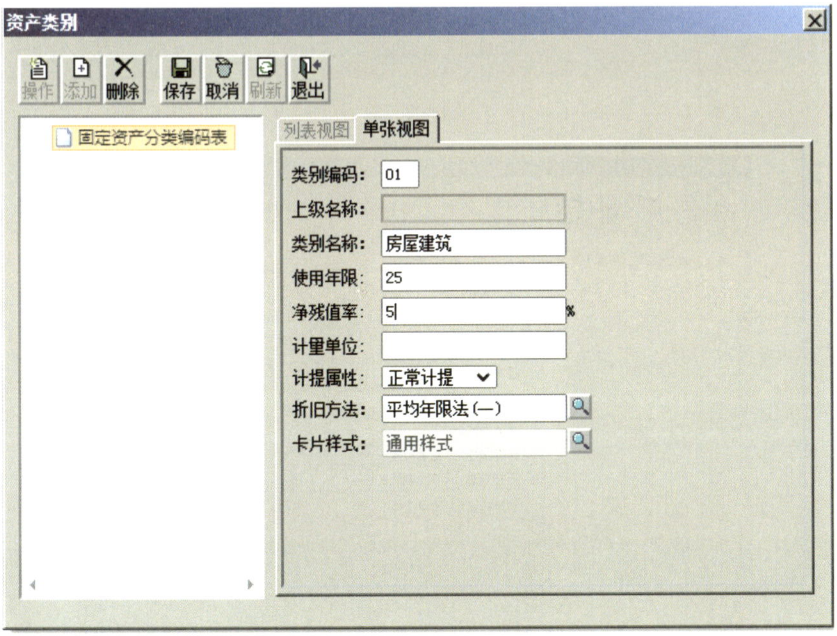

图 4-3-10

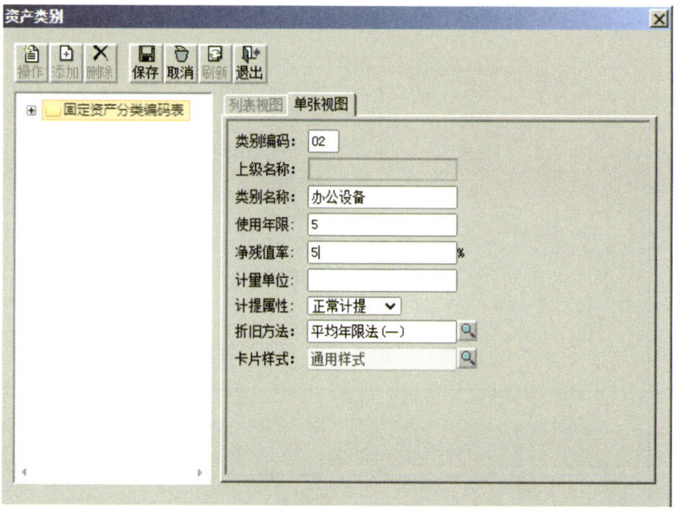

图 4-3-11

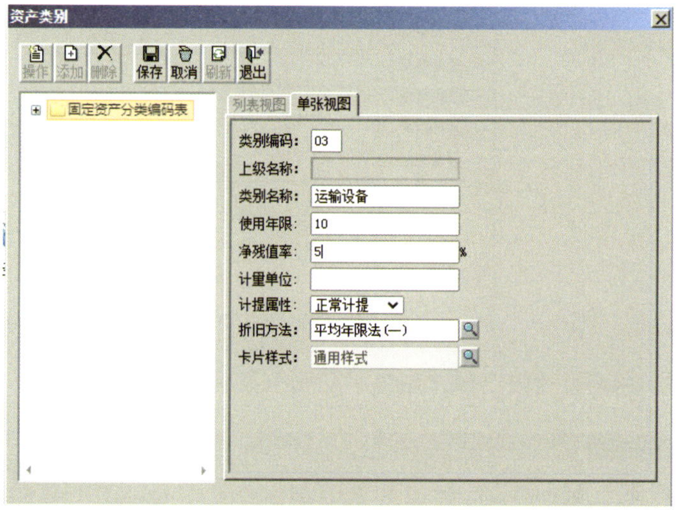

图 4-3-12

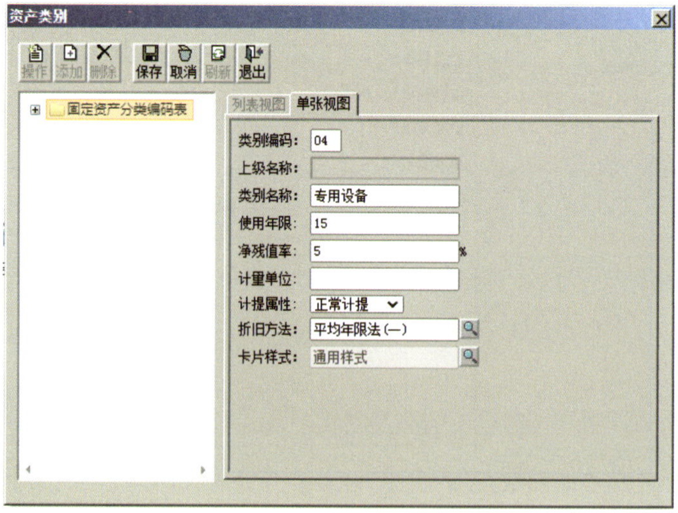

图 4-3-13

4. 设置固定资产的增减方式

（1）在系统菜单中，执行“固定资产→设置→增减方式”命令，打开固定资产的“增减方式”窗口，如图 4-3-14 所示。

（2）单击“直接购入”所在行，再单击“修改”按钮，打开“增减方式—单张视图”对话框。

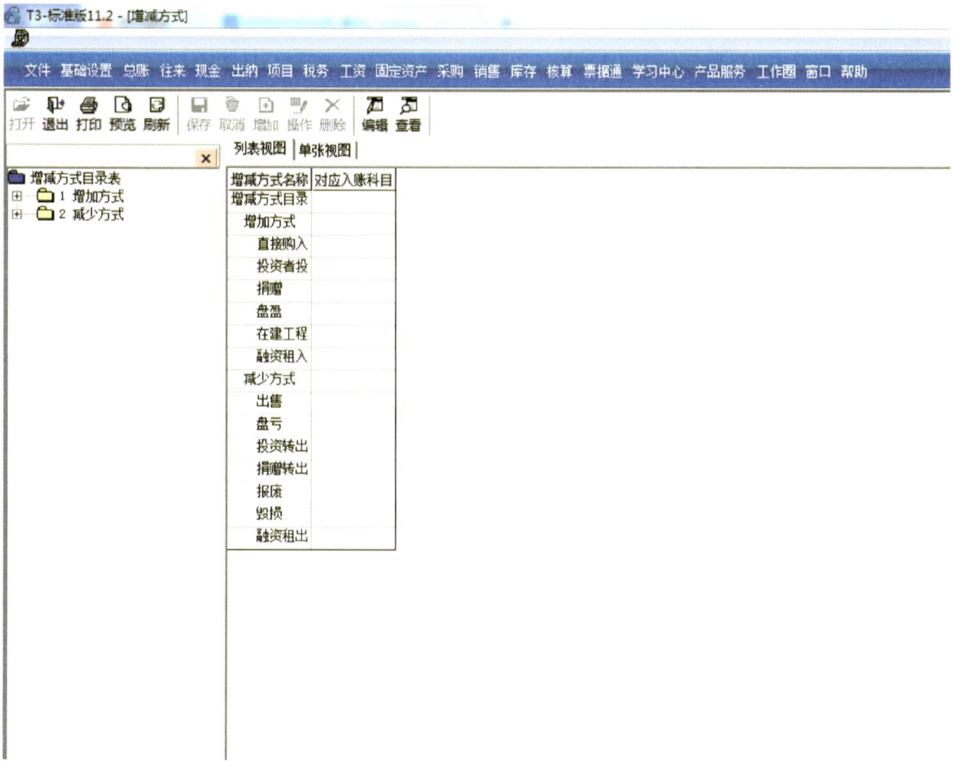

图 4-3-14

（3）单击“对应入账科目”栏参照按钮，选择“100201，工行存款”，如图 4-3-15 所示。

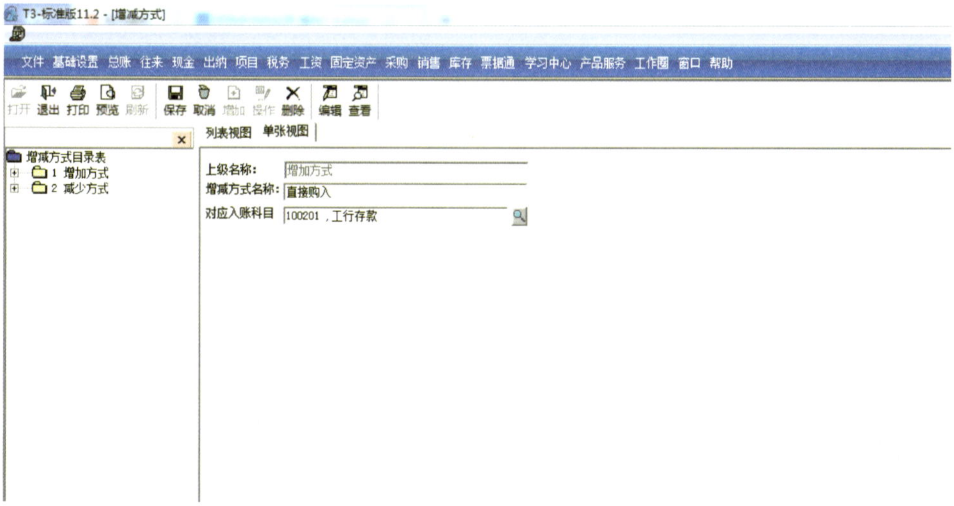

图 4-3-15

（4）单击“保存”按钮，依此方法继续录入其他的固定资产增减方式所对应的会计科目，如图 4-3-16 所示。

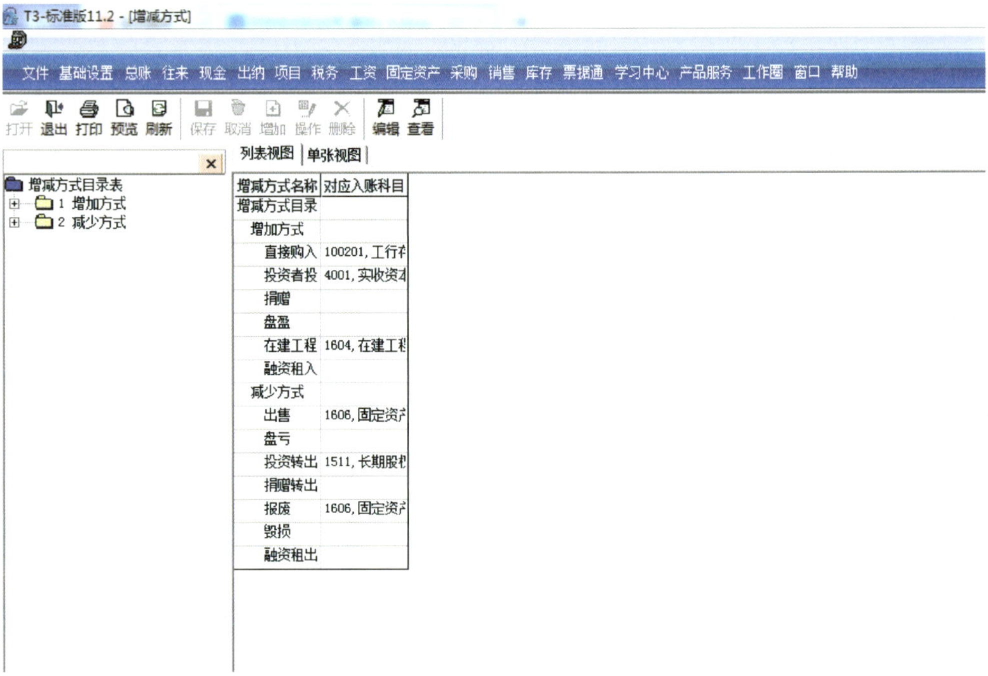

图 4-3-16

（5）单击“退出”按钮后退出。

5. 录入原始卡片

（1）在系统菜单中，执行“固定资产→卡片→录入原始卡片”命令，如图 4-3-17 所示。

（2）在弹出的“资产类别参照”窗口中选中“房屋建筑”，单击“确认”按钮，如图 4-3-18 所示。

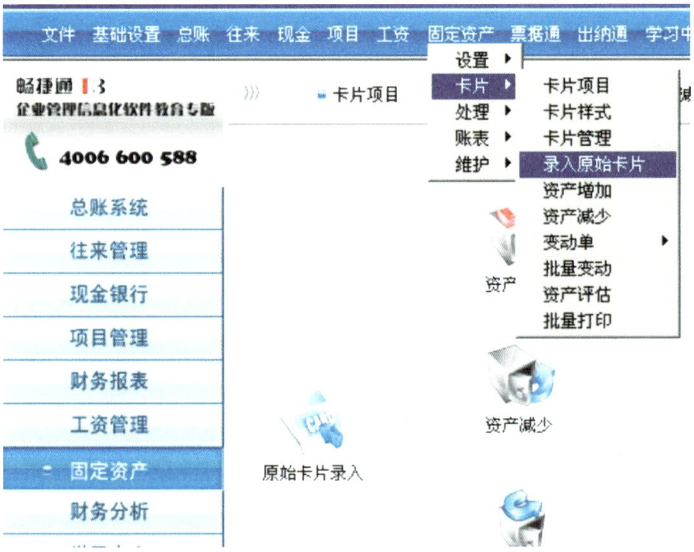

图 4-3-17

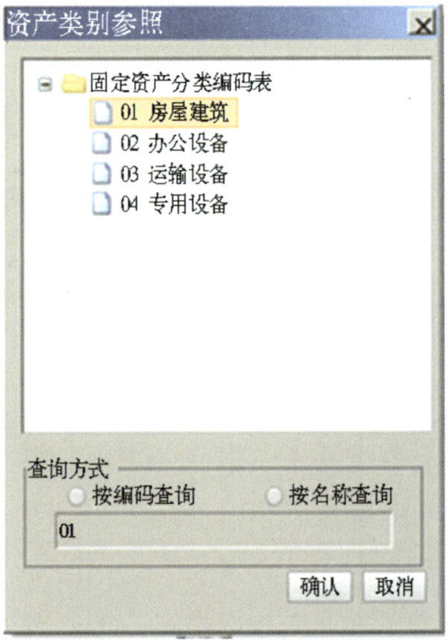

图 4-3-18

（3）在弹出的“固定资产卡片”中录入相关内容，如图 4-3-19 所示。

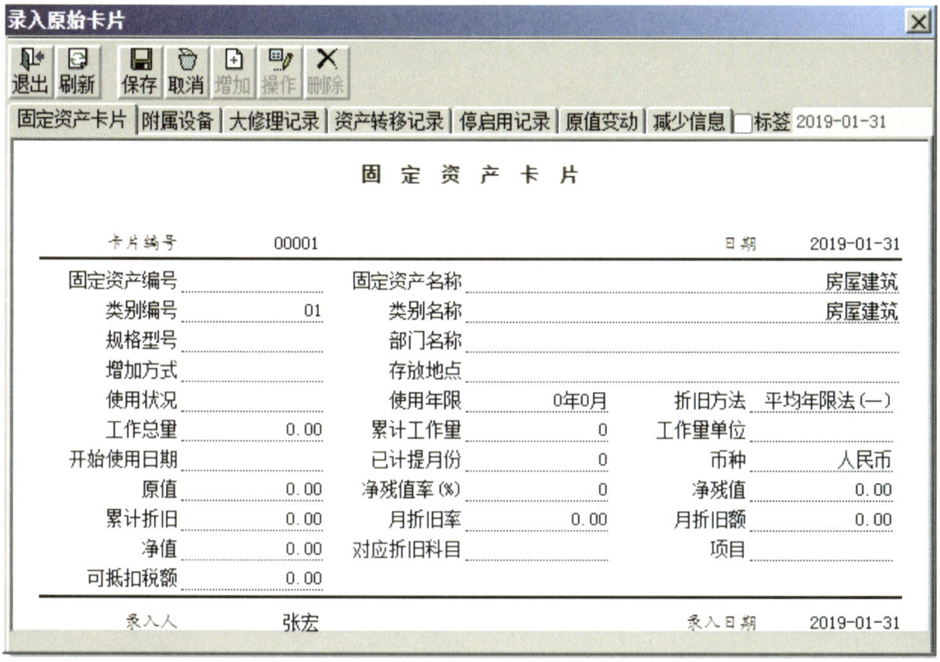

图 4-3-19

（4）录入固定资产名称“办公楼”，类别名称“房屋建筑”，部门名称“办公室”，固定资产编号“101001”，类别编号“01”，增加方式“在建工程转入”，使用状况“在用”，开始使用日期“2018-12-31”，原值“4000000”，累计折旧“1520000”，净值“2480000”，使用年限“25年”，已计提月份 0，净残值率“5%”，折旧方法“平均年限法（一）”，币种“人民币”，净残值“200000”，月折旧额“12800”，录入日期为“2019-01-31”，如图 4-3-20 所示。

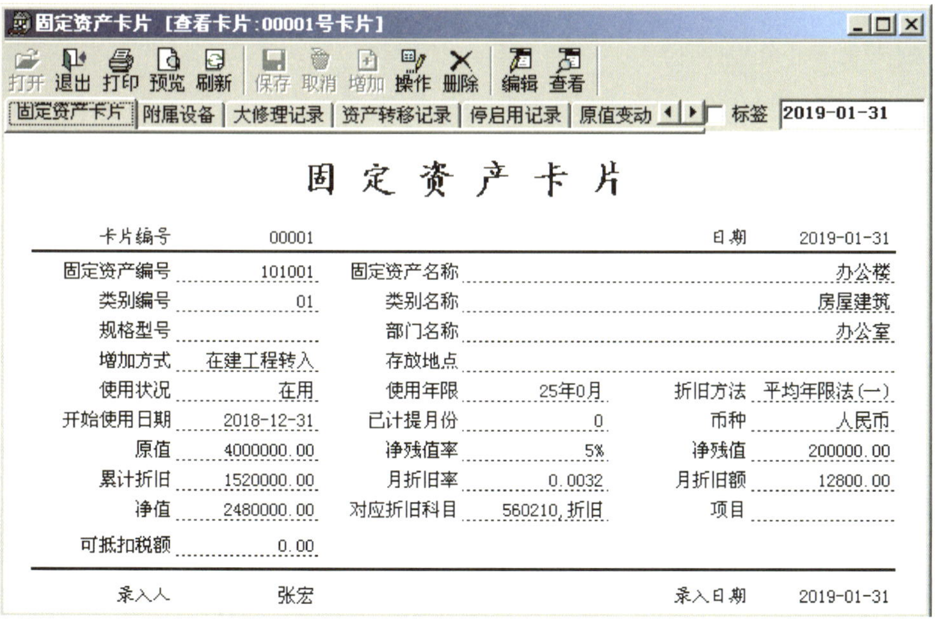

图 4-3-20

活动 2 日常业务处理

任务目标

【知识目标】熟悉固定资产的日常业务，能够进行业务处理，掌握在固定资产系统中计提固定资产折旧的方法。

【技能目标】能够对新增固定资产在系统中进行录入并编制会计分录。

【素养目标】培养认真、细致的工作态度。

任务描述

企业规定每个月 2 日计提本月折旧，对于固定资产的变化应及时进行核算。

1. 2 日，根据月初在用固定资产原值计提本月折旧

2. 13 日，企业以银行存款外购汽车一辆，价值 200 000 元，预计净残值率 5%，交付销售部门使用

知识储备

一、固定资产增加核算

固定资产增加的基本途径有购建、外单位转入、捐赠、盘盈等，核算时应该根据实际业务要求，在固定资产卡片中输入固定资产增加的信息内容。

二、固定资产减少核算

固定资产减少的基本途径有出售、报废、毁损、盘亏等。

对月内投入使用的固定资产，当月不计提折旧；对当月退出使用的固定资产，当月照提折旧，从次月开始停止计提折旧。

因此，减少固定资产时，需先进行计提折旧。

三、固定资产变动核算

固定资产变动主要包括原值变动、部门转移、使用状况变动、使用年限调整、折旧方法调整、净残值率调整、累计折旧调整、资产类别调整，以及固定资产停用、封存、启用等方面的变动。

对已经做出变动的固定资产，要求输入相应的变动单来记录固定资产调整结果。

四、固定资产折旧处理

自动计提折旧是固定资产系统的主要功能之一。当然也可以根据单位的实际情况，不进行计提折旧的处理。系统根据录入的卡片信息，通过“折旧计提”功能，对各项资产每期计提一次折旧，并自动生成折旧分配表，然后制作记账凭证，将本期的折旧费用自动登账。

当开始计提折旧时，系统将自动计提所有资产当期折旧额，并将当期的折旧额自动累加到累

计折旧项目中。计提工作完成后，需要进行折旧分配，形成折旧费用，系统除了自动生成折旧清单外，同时还生成折旧分配表，从而完成本期折旧费用登账工作。在同一个会计期间中，最后一次计提的折旧信息将自动更新上一次计提的折旧信息，系统自动以最后一次计提的折旧数据为准。

系统提供的折旧清单显示了所有应计提折旧资产每期所计提的折旧数据额。

五、固定资产折旧分配

折旧分配表是制作记账凭证，把计提折旧额分配到有关成本和费用中的依据。折旧分配表有两种类型：类别折旧分配表和部门折旧分配表。生成折旧分配表由“折旧汇总分配周期”决定，因此，制作记账凭证要在生成折旧分配表后进行。

六、固定资产账表查询

可以通过系统提供的账表管理功能，及时掌握资产的统计、汇总和其他各方面的信息。账表包括四类：账簿、折旧表、统计表、分析表。另外，如果所提供的报表种类不能满足需要，系统还提供了自定义报表功能，可以根据实际要求进行设置。

1. 账簿

系统自动生成的账簿有：（单个）固定资产明细账，（部门、类别）明细账，固定资产登记簿，固定资产总账。这些账簿以不同方式，序时地反映了资产变化情况，在查询过程中可联查某时期（部门、类别）明细及相应原始凭证，从而获得所需财务信息。

2. 折旧表

系统提供了几种折旧表：（部门）折旧计提汇总表、固定资产及累计折旧表、固定资产折旧计算明细表。通过该类表可以了解并掌握本企业所有资产本期、本年乃至某部门的计提折旧及其明细情况。

3. 统计表

出于管理资产的需要，统计表展示了按管理目的统计的数据。系统提供了七种统计表：固定资产原值一览表、固定资产统计表、评估汇总表、评估变动表、盘盈盘亏报告表、逾龄资产统计表、役龄资产统计表。

4. 分析表

分析表主要是通过对固定资产进行综合分析，来为管理决策提供依据的。系统提供了四种分析表：价值结构分析表、固定资产使用状况分析表、部门构成分析表、类别构成分析表。管理者可以通过这些表了解本单位资产计提折旧的程度和剩余价值的大小。

操作指导

1. 计提固定资产本月折旧

（1）在系统菜单中单击“固定资产”，打开子菜单，选择“处理”，如图 4-3-21 所示。

（2）在“处理”的下级子菜单中，单击“计提本月折旧”，在弹出的对话框中选择“是”，如图 4-3-22 所示。

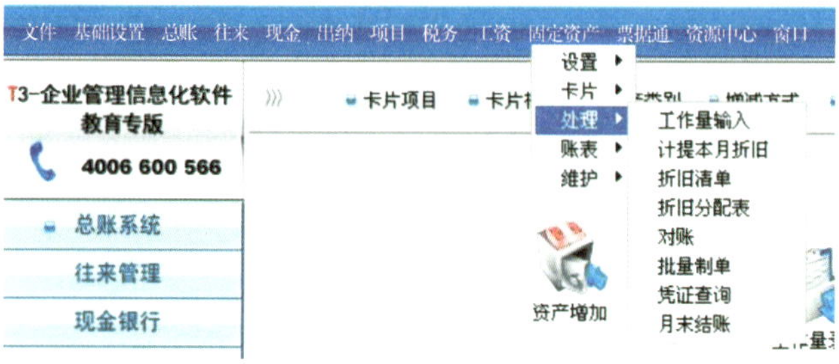

图 4-3-21

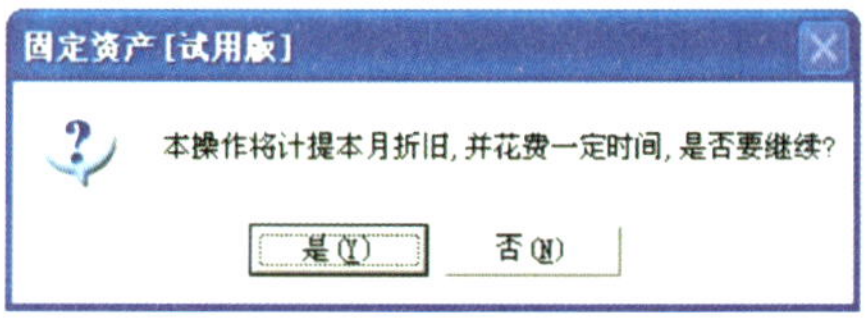

图 4-3-22

（3）弹出“折旧清单”窗口，确认无误后单击“退出”，如图 4-3-23 所示。

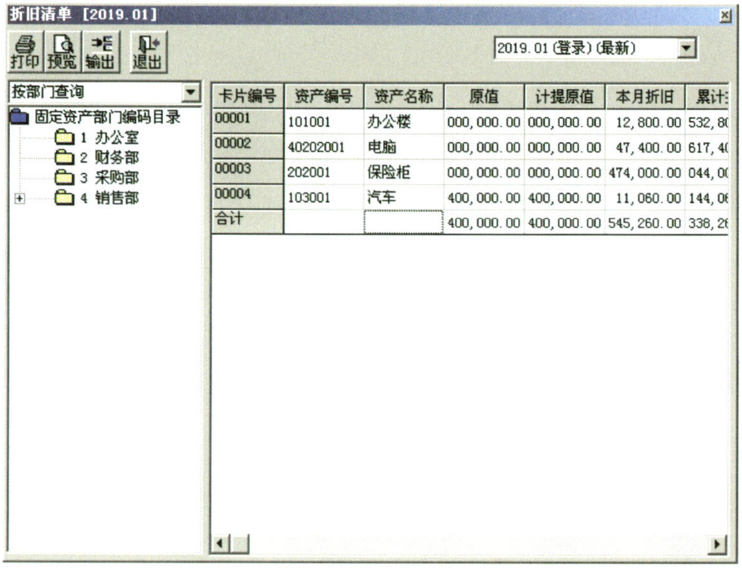

图 4-3-23

（4）退出后，会提示是否生成凭证，单击“是”，系统会自动根据信息生成凭证，单击“保存”按钮，会在“转账凭证”左方显示“已生成”字样，如图 4-3-24 所示。

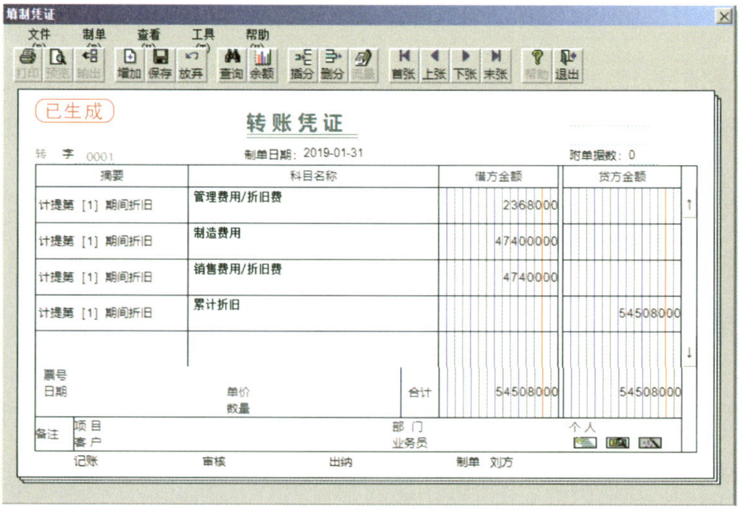

图 4-3-24

2. 资产增加的录入

（1）在系统菜单中单击“固定资产”，弹出子菜单，选择“卡片”，弹出下级菜单，单击“资产增加”，如图 4-3-25 所示。

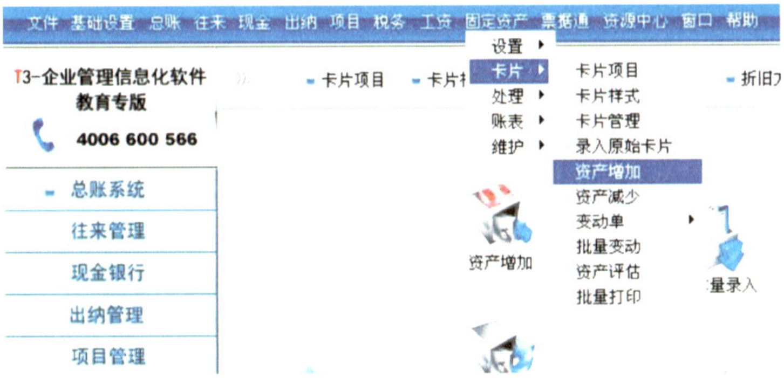

图 4-3-25

（2）在弹出的“固定资产卡片”中录入相应的卡片信息，确认无误后，单击“保存”按钮，如图 4-3-26 所示。

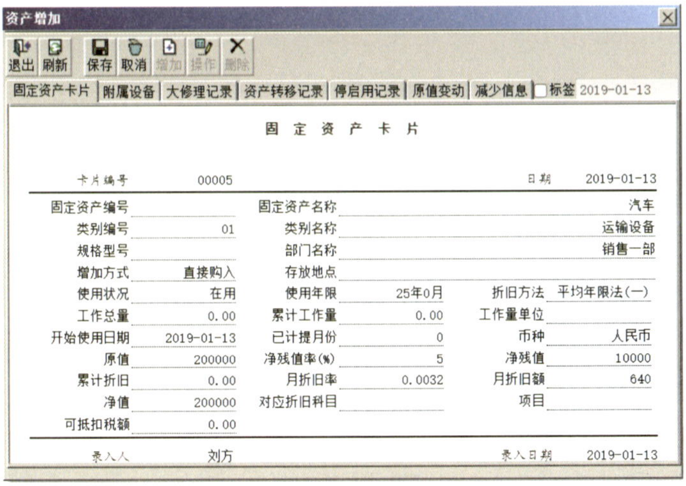

图 4-3-26

（3）在系统菜单中单击“固定资产”，找到“处理”，选择后弹出下级菜单，选择“批量制单”，如图 4-3-27 所示。

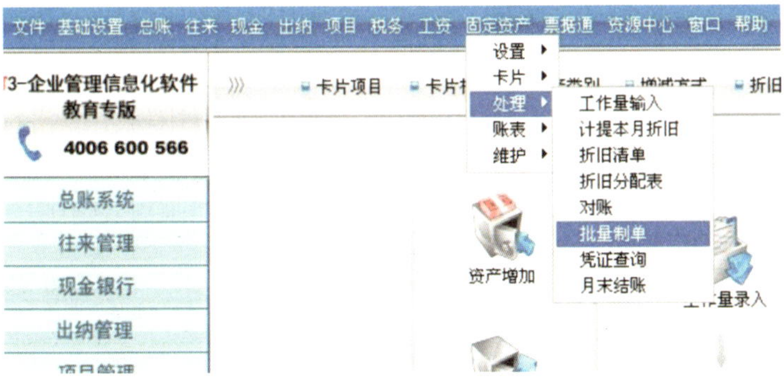

图 4-3-27

（4）在弹出的“批量制单”窗口中，在“制单选择”选项卡中，单击“制单”下的窗口，显示出“Y”的字样后，单击“制单设置”，输入会计科目和部门，确认无误后单击“制单”，如图4–3–28 所示。

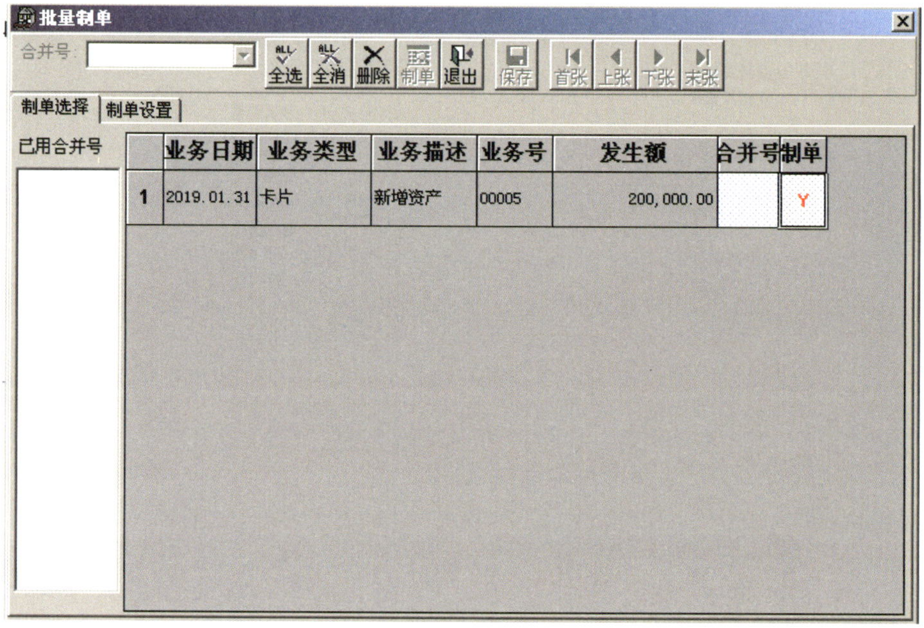

图 4–3–28

（5）弹出会计凭证，选择凭证后，单击“保存”按钮，出现“已生成”字样后即可退出，如图 4–3–29 所示。

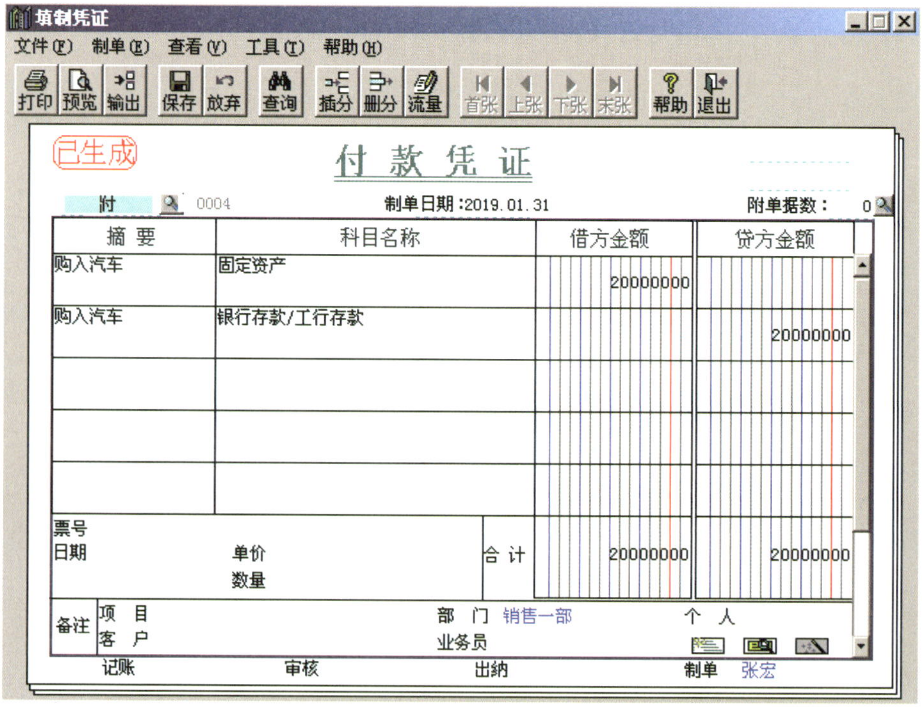

图 4–3–29

活动 3　期末处理

任务目标

【知识目标】了解企业固定资产期末业务，学会对固定资产系统进行期末处理。
【技能目标】能够对固定资产系统进行期末处理。
【素养目标】通过业务操作演练，增强学习兴趣，增加自主学习的信心。

任务描述

1. 对账
2. 月末结账

知识储备

固定资产系统生成凭证后，会将凭证自动传递到总账系统。总账系统在审核后进行记账。当总账记账完毕，将固定资产系统中的固定资产科目、累计折旧科目分别与总账系统中的固定资产科目、累计折旧科目对账平衡后，才可进行固定资产系统月末结账。

操作指导

（1）在系统菜单中单击“固定资产”，弹出子菜单，单击“处理”，在下级菜单中找到“对账”，单击后弹出后续对话框，确认无误后单击“确定”，如图 4-3-30 所示。

（2）在系统菜单中单击“固定资产”，弹出子菜单，单击“处理”，在下级菜单中找到“月末结账”，单击后弹出后续对话框，确认无误后单击“确定”，如图 4-3-31 所示。

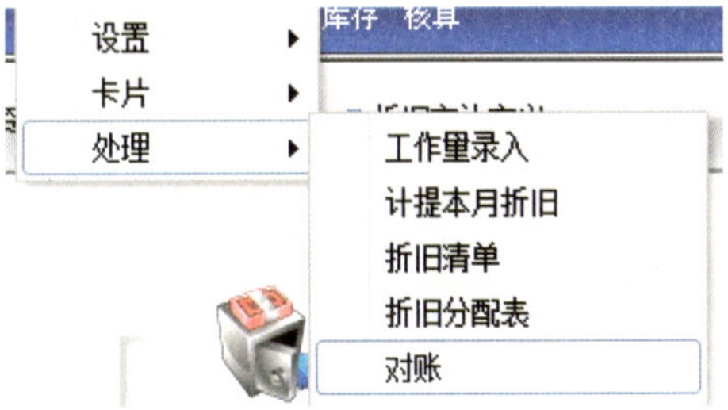

图 4-3-30

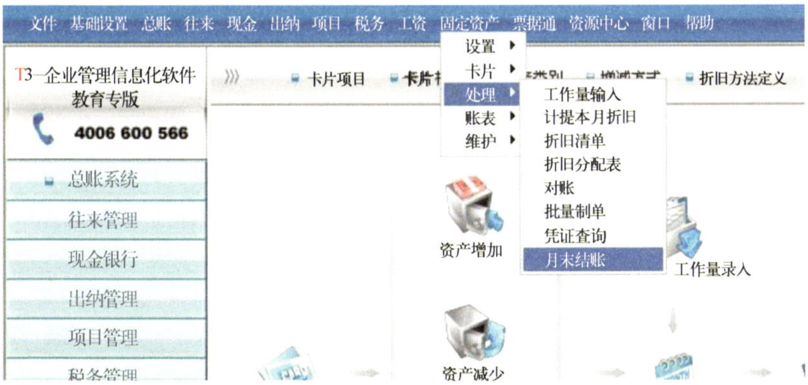

图 4-3-31

实训 4

一、采购系统

1. 输入期初采购专用发票

2019 年 1 月 5 日，采购部收到宏泰公司开具的专用发票一张，发票号为 1112，商品为 A 材料，质量为 500 千克，单价为 600 元 / 千克，增值税税率为 13%，货物在途，发票到期日为 2019 年 1 月 31 日。

2. 采购系统期初记账

3. 填制采购订单

2019 年 1 月 5 日，企业分别与宏泰公司和天一公司签订订购协议，订购信息见表 1，增值税税率均为 13%。

表 1　订购信息

供货单位	存货	质量	单价	计划到货日期
宏泰公司	A 材料	30 千克	600 元 / 千克	1 月 8 日
天一公司	B 材料	20 千克	300 元 / 千克	1 月 8 日

4. 填制采购入库单

（1）2019 年 1 月 8 日，向宏泰公司订购的 A 材料到货并验收，之后存入“原料库”。入库时发现原订购 A 材料 30 千克，实际到货 31 千克（经协商按 31 千克入库并付款）。

（2）2019 年 1 月 8 日，向天一公司订购的 20 千克 B 材料到货，验收后存入“原料库”，入库数量实际为 18 千克，发生定额内损耗 2 千克。

5. 录入采购发票并进行采购结算（自动结算）

2019 年 1 月 8 日，收到宏泰公司给予的购买 A 材料的采购专用发票 1 张，发票列明 A 材料为 30 千克，单价为 600 元 / 千克。生成“采购专用发票”（NO.34555）。

6. 收到发票后进行采购结算（手工结算）

2019 年 1 月 8 日，收到天一公司给予的购买 B 材料的采购专用发票 1 张（NO.121111），发票列明 B 材料为 20 千克，单价为 300 元 / 千克；另收到 1 张采购运费发票（NO.2310），运费共计 100 元。根据“采购入库单”生成“采购专用发票”，并填制“采购专用发票”，查看“采购结算单列表”。

二、销售系统

1. 录入应收款期初余额并与总账对账（表 2）

表 2　相关信息

单据类型	发票号	时间	客户	存货	数量	单价	税率	金额 / 元	会计科目
销售专用发票	15211	2018-12-31	卓越公司	甲产品	2 台	4 000 元 / 台	13%	9 040	应收账款
销售专用发票	15243	2018-12-31	速力公司	乙产品	2 台	4 849.6 元 / 台	13%	10 960	应收账款

2. 填制销售订单

2019 年 1 月 8 日，与天正公司和速力公司分别达成如下销售协议。(表 3)

表 3　销售协议

购货单位	存货	数量	无税单价	预发货日期
天正公司	甲产品	5 台	4 000 元 / 台	1 月 9 日
速力公司	乙产品	3 台	4 000 元 / 台	1 月 9 日

3. 填制并审核销售发货单

2019 年 1 月 9 日，将天正公司订购的 5 台甲产品按订单从“成品库”中发货。

2019 年 1 月 9 日，将速力公司订购的 3 台乙产品按订单从“成品库”中发货。

4. 填制并审核销售发票

2019 年 1 月 9 日，根据已发给天正公司的产品销售发货单，生成并审核“销售专用发票”，发票列明甲产品为 5 台，单价为 4 000 元 / 台。

2019 年 1 月 9 日，根据已发给速力公司的产品销售发货单，生成并审核“销售专用发票”，发票列明乙产品为 3 台，单价为 4 000 元 / 台。

5. 销售收款

2019 年 1 月 11 日，收到天正公司开具的 85 760 元的转账支票 1 张。

三、库存系统

1. 设置库存系统控制参数

设置库存系统控制参数为“允许零出库”“本人填制的单据允许其他人修改”，其他参数默认为系统设置。

2. 查看库存系统期初余额

3. 审核采购入库单

仓库对 1 月份采购的原材料办理入库手续，没有发现数量和质量问题，对采购系统生成的采购入库单进行审核。

4. 审核销售入库单

5. 填制并审核产成品入库单

本期的产品入库情况如下。

2019 年 1 月 14 日，产品库完工入库 A 产品 12 台；2019 年 1 月 14 日，产品库完工入库 B 产品 16 台。以上产品均办理了入库手续，没有发现质量问题。

6. 对接受捐赠的原材料进行入库处理

2019 年 1 月 15 日，企业接受上级集团捐赠的 A 材料 100 千克，原材料入库、检验后没有发现数量和质量问题，入库成本为 60 000 元。

四、工资管理系统

1. 建立工资账套

选择类别个数为“多个”；币别名称为“人民币”；代扣个人所得税；不扣零；人员编码长度

为“3”；本账套的启用日期为2019年1月1日。

2. 设置基础信息

（1）设置工资类别。

正式人员，包括全部部门，启用日期为2019年1月1日。

（2）设置人员类别。

经理人员，行政人员，业务人员，生产人员。

（3）设置银行名称。

银行名称为“中国工商银行”，账号长度为“11”位。

（4）设置人员档案。

批量增加人员，并相应地进行修改。（表4）

表4 人员信息

职员编号	职员名称	所属部门	人员类别	代发银行	账号
001	张磊	财务部	经理人员	中国工商银行	12345678901
002	刘伟	财务部	行政人员	中国工商银行	12345678902
003	李文	财务部	行政人员	中国工商银行	12345678903
004	李萍	市场部	经理人员	中国工商银行	12345678904
005	孙园	采购部	业务人员	中国工商银行	12345678905
006	刘杨	生产部	生产人员	中国工商银行	12345678906

（5）设置工资项目及计算公式。（表5）

表5 工资项目相关信息

工资项目名称	类型	长度	小数	增减项
基本工资	数字	10	2	增项
岗位工资	数字	10	2	增项
住房补助	数字	8	2	增项
交通补贴	数字	8	2	增项
应发合计	数字	10	2	增项
病假天数	数字	3	2	其他
病假扣款	数字	8	2	减项
扣款合计	数字	8	2	减项
实发合计	数字	10	2	增项

计算公式：病假扣款 = 病假天数 $\times 30 \times 0.5$。

3. 录入工资计算数据（表 6）

表 6　工资信息

姓名	基本工资 / 元	岗位工资 / 元	津贴 / 元	住房补贴 / 元	交通补贴 / 元	病假天数
张磊	4 000	800	300	200	200	
刘伟	3 500	600	200	100	100	
李文	3 500	600	200	100	100	3
李萍	4 500	1 200	400	300	200	
孙园	2 000	400	150	100	100	
刘杨	1 800	300	100	80	100	

李萍请病假 3 天，录入变动数据。

（注：哪些自动列示不需要计算）

4. 计算个人所得税

所得项目：工资。对应工资项目：计税基数。计税基数：3 500 元。

5. 设置工资分摊

在工资分摊设置里面设置计提类型名称为“应付工资”，计提比例为“100%”。（表 7）

表 7　工资分摊相关信息

部门名称	人员类别	项目	借方科目	贷方科目
财务部，市场部	经理人员	应发合计	660201	221101
财务部	行政人员	应发合计	660201	221101
采购部	业务人员	应发合计	660101	221101
生产部	生产人员	应发合计	510101	221101

6. 查询及修改凭证

7. 月末处理

以账套主管身份进行月末处理，将“病假天数”“病假扣款”设为清零项。

五、固定资产系统

1. 建立固定资产账套

账套启用月份为“2019. 01”。本账套计提折旧。

主要折旧方法：平均年限法（一）。

折旧汇总分配周期：1 个月。

当（月初已计提月份 = 可使用月份 −1）时，将剩余折旧全部提足。资产类别编码方式为“2-1-1-2”。

与财务系统进行对账；固定资产对账科目为“1601，固定资产”，累计折旧对账科目为“1602，累计折旧”；对账不符不结账。固定资产编码方式为“自动编码（"部门编码 + 类别编码 + 序号"）”，序号长度为“3”位。

2. 设置基础信息（表 8 至表 11）

表 8　部门对应折旧科目信息

部门编码	部门名称	对应折旧科目
1	财务部	660202
2	市场部	660102
3	采购部	660202
4	生产部	510102

表 9　资产类别信息

类别编码	类别名称	使用年限	净残值率	计提属性	折旧方法
01	房屋建筑	30 年	10%	正常计提	平均年限法（一）
02	专用设备	10 年	5%	正常计提	平均年限法（一）
03	交通设备	10 年	5%	正常计提	平均年限法（一）
04	办公设备	5 年	5%	正常计提	平均年限法（一）

表 10　固定资产的增减方式（1）

增加方式	对应入账科目	减少方式	对应入账科目
直接购入	银行存款	出售	固定资产清理
投资者投入	实收资本	投资转出	长期股权投资
在建工程转入	在建工程	报废	固定资产清理

表 11　固定资产的增减方式（2）

增减方式名称	对应入账科目
直接购入	中行存款
出售	固定资产清理

3. 录入原始卡片（表 12）

表 12　录入相关信息

固定资产名称	类别	所属部门	使用年限	开始使用时间	原值 / 元	累计折旧 / 元
联想电脑	04	财务部	5 年	2019-12-01	10 000	2 145
卡车	03	市场部	10 年	2019-12-01	239 000	26 710
戴尔电脑	04	采购部	5 年	2019-12-01	10 000	2 145
厂房	01	生产部	30 年	2019-12-01	3 300 000	129 000

注：增加方式均为直接购入，使用状况均为在用。

4. 增加固定资产

2019 年 1 月 20 日，购入惠普传真机一台，价值 5 000 元，供市场部使用，使用年限 5 年，采用平均年限法（一），净残值率为 10%，价款已用中行存款支付。

5. 固定资产变动

2019 年 1 月 30 日，将戴尔电脑原使用部门“采购部”变更为“财务部”。

6. 计提1月固定资产折旧

7. 查询及修改凭证

针对增加的固定资产及变动的业务生成凭证。

8. 查询账表

查询"固定资产明细账"。

六、针对实训情况完成下表

表13 会计电算化训练情况

时间		地点		训练用时	
训练内容					
重点内容					
训练情况					
学生姓名	**用时**	**练习具体情况**			**成绩**

表14 活动评价表

班级： 组别： 姓名：

项目	评价内容	评价等级（学生自评）		
		A	B	C
关键能力考核项目	遵守纪律、遵守学习场所管理规定，服从安排			
	有安全意识、责任意识			
	学习态度积极主动，能参加实习安排的活动			
	有团队合作意识，注重沟通，能自主学习并相互协作			
专业能力考核项目	按时、按要求独立完成工作页			
	操作规范，符合要求			
	学习准备充分、齐全			
	注重工作效率与工作质量			
小组评语及建议		组长签名： 年 月 日		
教师评语及建议		教师签名： 年 月 日		

项目五　期末业务处理

建议学时

8 学时：

转账定义（4 学时）；

转账生成（2 学时）；

对账工作（1 学时）；

结账工作（1 学时）。

工作情境描述

山东景池有限责任公司在期末需要对总账系统进行转账、对账并最后结账。

任务一　转账定义

活动 1　自定义转账

任务目标

【知识目标】了解企业自定义转账业务系统，学会对总账系统进行自定义转账设置。

【技能目标】能够完成软件的操作。

【素养目标】培养获取信息、处理信息、应用信息的意识。

任务描述

在进行会计处理时，每个企业会根据自身情况，采用不同的核算方法，所以对转账业务的处理方式也不尽相同。山东景池有限责任公司月末分配中有办公室负担的本期待摊费用（报纸杂志费）300 元，如何根据山东景池有限责任公司的自身情况进行自定义转账设置呢？

知识储备

一、期末业务处理

账务处理系统为期末业务处理提供了三方面的功能：一是自动转账凭证设置及转账凭证生成；二是试算并对账；三是结账。

二、自定义转账

根据企业的实际业务，定义转账凭证，包括凭证类型、摘要、分录、取数公式。

操作指导 项目五 期末业务处理

（1）在系统菜单中，执行“总账→期末→转账定义→自定义转账”命令，如图 5-1-1 所示。

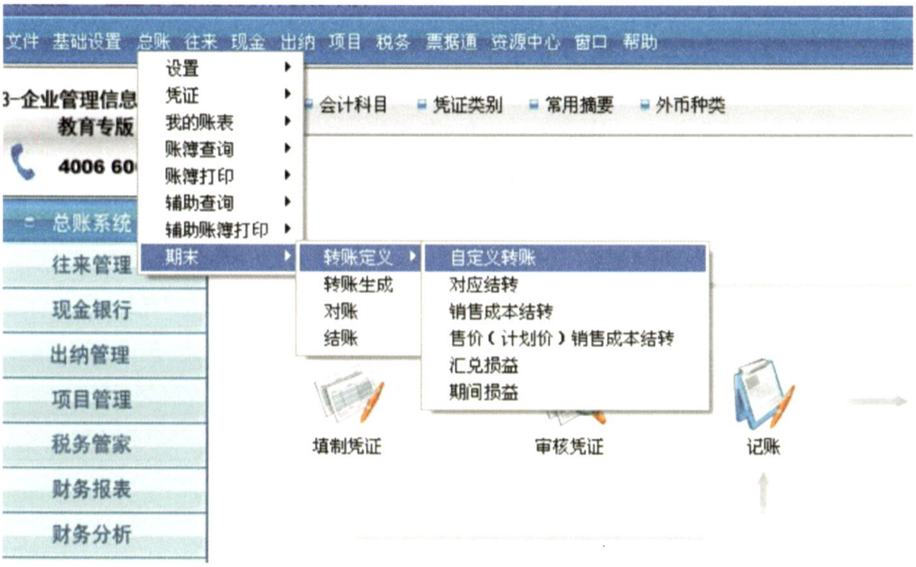

图 5-1-1

（2）在“自动转账设置”窗口中，单击“增加”按钮，如图 5-1-2 所示。

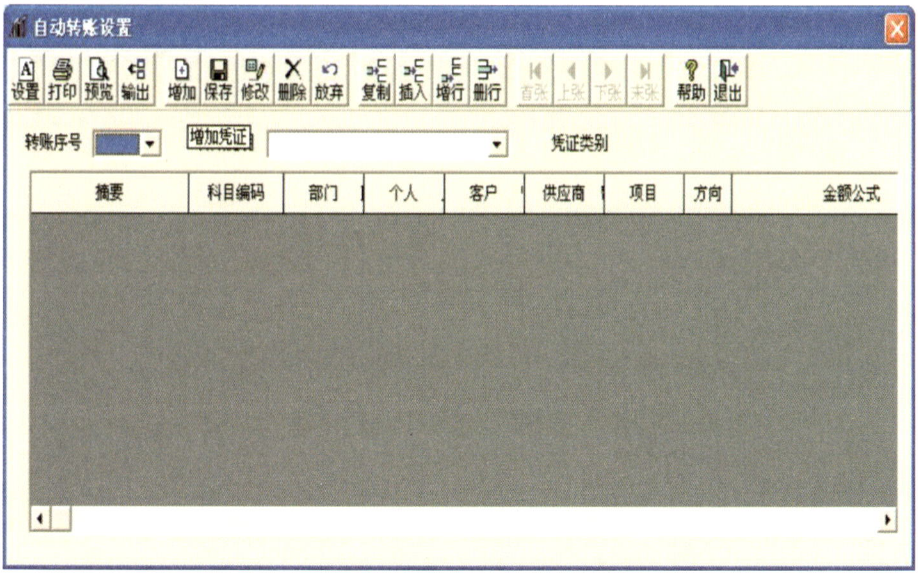

图 5-1-2

（3）在“转账目录”对话框中输入转账序号“0001”，转账说明为“待摊费用摊销”，凭证类别为“转 转账凭证”，单击“确定”按钮，如图 5-1-3 所示。

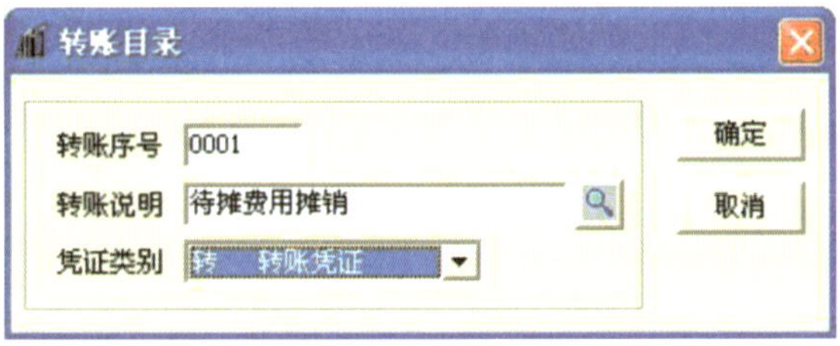

图 5-1-3

（4）在“自动转账设置”窗口中对应输入科目编码“660201”，部门选择“办公室”，方向为“借”，如图 5-1-4 所示。

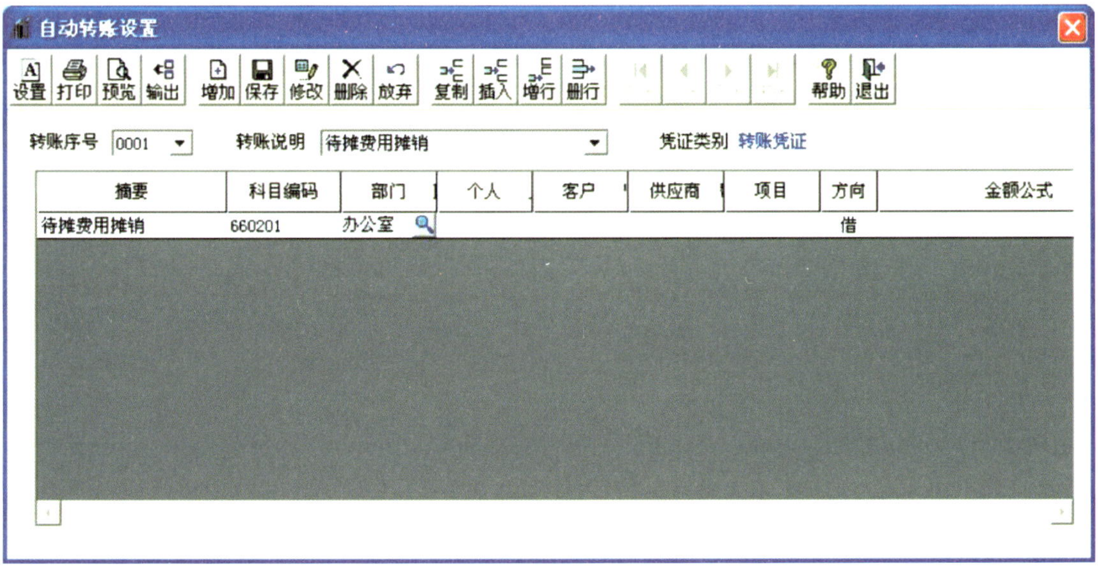

图 5-1-4

（5）双击“金额公式”栏，打开“公式向导 1”窗口。在“公式向导 1”窗口中，左侧窗口显示为“公式名称”，右侧窗口为“函数名”，如图 5-1-5 所示，分别选中“取对方科目计算结果”“JG（ ）”，单击下一步。

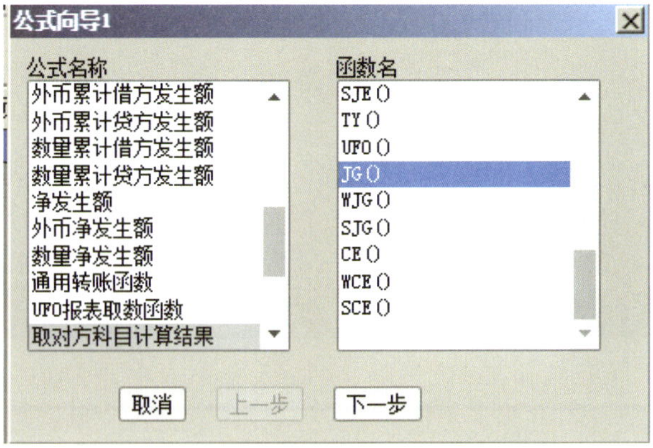

图 5-1-5

（6）在“公式向导”窗口中，需选择作为参数的科目编码，可选默认设置，单击“完成”按钮，如图 5-1-6 所示。

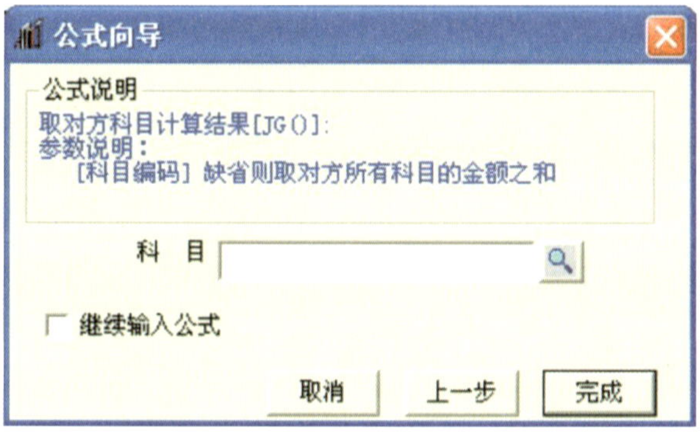

图 5-1-6

（7）返回“自动转账设置”窗口，执行“增行”命令，继续定义该转账凭证的其他分录，定义完成后，执行“保存”命令，完成自定义转账分录的定义操作，如图 5-1-7 所示。

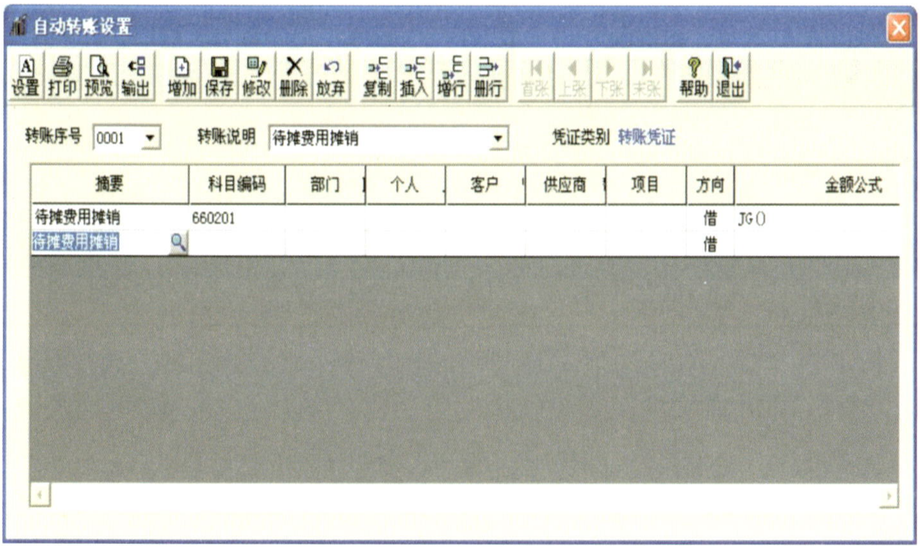

图 5-1-7

活动 2　对应结转

任务目标

【知识目标】能够进行总账系统的对应结转设置。

【技能目标】能够完成总账系统的对应结转。

【素养目标】培养认真、细致的工作态度和爱岗敬业的职业精神。

任务描述

山东景池有限责任公司月末需要对应结转销项税额，如何进行设置呢？

操作指导

对应结转的设置——销项税额的结转

在系统菜单中，执行“总账→期末→转账定义→对应结转”命令，打开“对应结转设置”对话框，依次输入转账定义的编号“0001”，凭证类别为“转 转账凭证”，摘要为“销项税额结转”，转出科目编码为“22210101”，转出科目名称为“销项税额”，如图 5-1-8 所示。

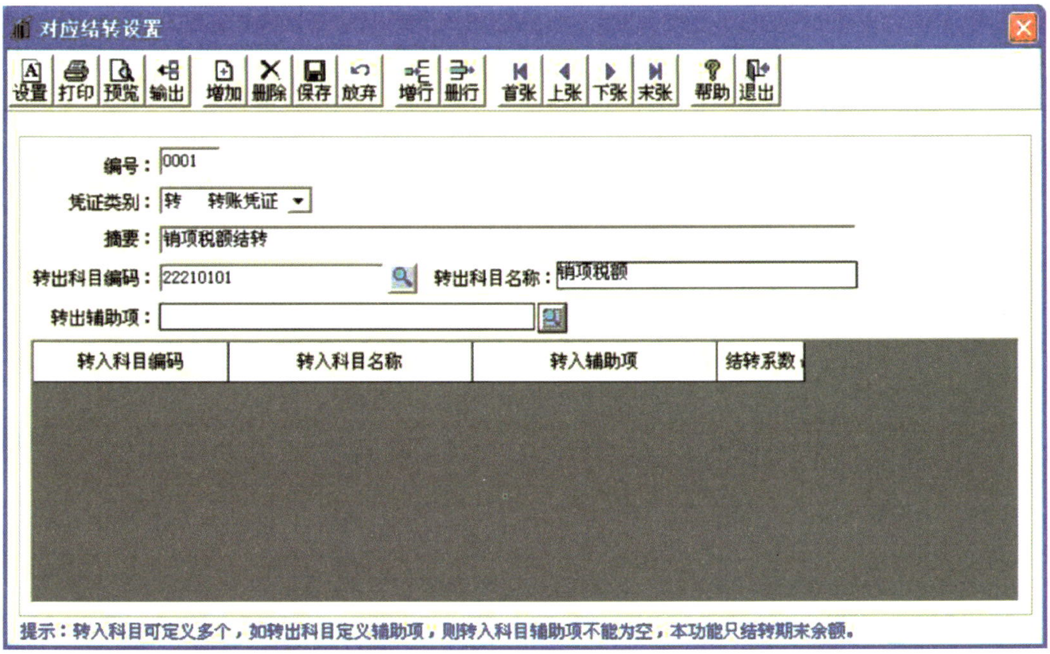

图 5-1-8

活动 3　期间损益结转

任务目标

【知识目标】熟悉企业中的期间损益内容，能够进行总账系统期间损益结转设置。

【技能目标】能够完成总账系统的期间损益结转。

【素养目标】培养获取信息、处理信息的意识，培养探索精神。

任务描述

山东景池有限责任公司月末需要将一个会计期间的损益类科目余额全部结转到本年利润，如何对期间损益的结转进行设置呢？

操作指导

在系统菜单中，执行“总账→期末→转账定义→期间损益”命令，打开“期间损益结转设置”窗口，在窗口的“凭证类别”栏中选中“转 转账凭证”，本年利润科目选择“3103”，下部窗口中将显示所有编码为“3103”的损益科目信息，单击“确定”按钮，完成设置，如图 5-1-9 所示。

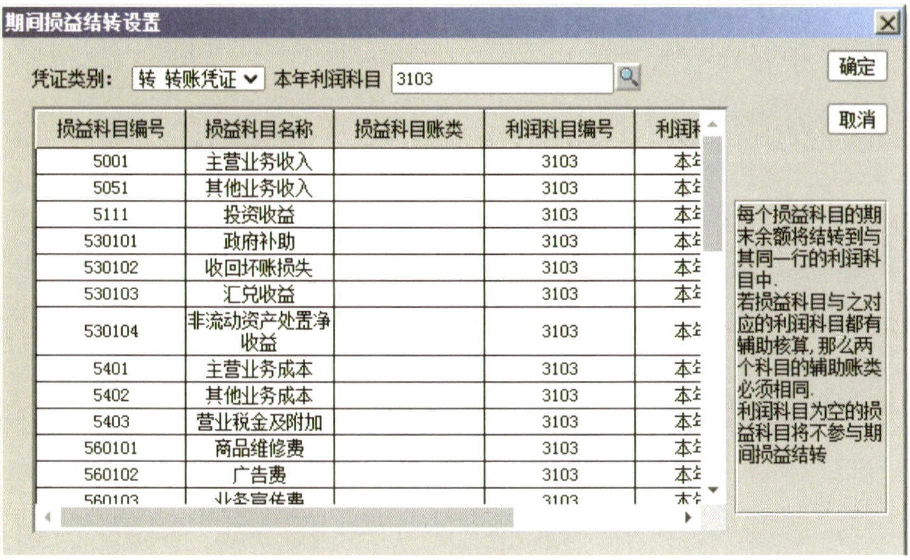

损益科目编号	损益科目名称	损益科目账类	利润科目编号	利润科
5001	主营业务收入		3103	本年
5051	其他业务收入		3103	本年
5111	投资收益		3103	本年
530101	政府补助		3103	本年
530102	收回坏账损失		3103	本年
530103	汇兑收益		3103	本年
530104	非流动资产处置净收益		3103	本年
5401	主营业务成本		3103	本年
5402	其他业务成本		3103	本年
5403	营业税金及附加		3103	本年
560101	商品维修费		3103	本年
560102	广告费		3103	本年

图 5-1-9

任务二　转账生成

活动 1　自定义转账生成

任务目标

【知识目标】掌握总账系统自定义转账凭证的生成方法。

【技能目标】能够生成总账系统自定义转账凭证。

【素养目标】培养自主探究、自主学习的意识。

任务描述

在完成自定义转账设置之后，山东景池有限责任公司月末分配应该有办公室负担的本期待摊费用（报纸杂志费）300 元，如何根据设置生成自定义转账凭证呢？

知识储备

转账生成是指系统根据已定义好的转账凭证，计算生成真正的凭证，并将其保存到未记账凭证库中。

操作指导

（1）在系统菜单中，执行“总账→期末→转账生成”命令，打开“转账生成”窗口，选择结转月份为“2019.01”，选中“自定义转账”，如图 5-2-1 所示。

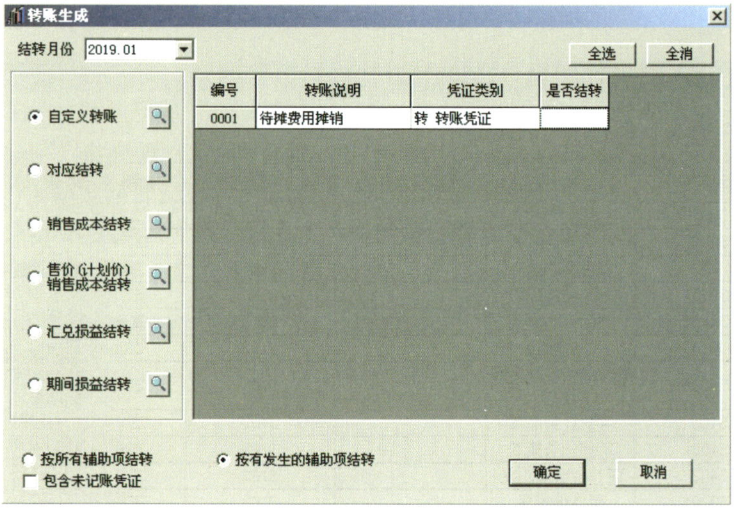

图 5-2-1

（2）双击凭证记录“0001”的“是否结转”栏，栏目内显示“Y”，表示要生成该结转转账凭证，如图 5-2-2 所示。

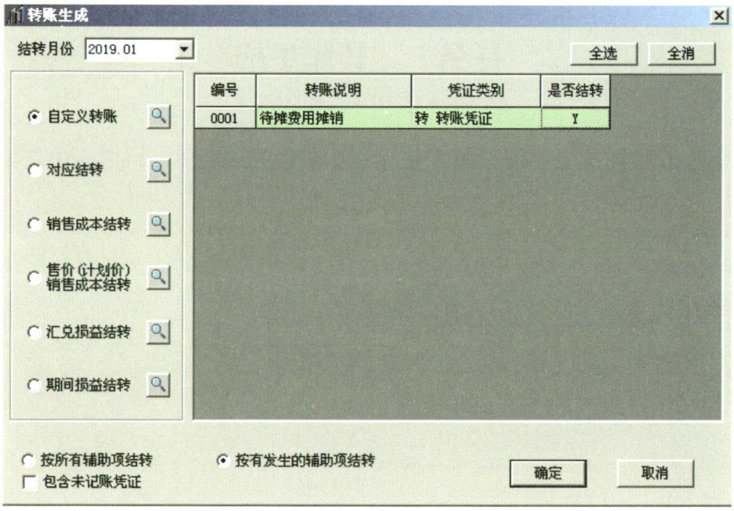

图 5-2-2

（3）在转账凭证生成之前，如还有未记账的凭证，就会出现如图 5-2-3 所示的对话框，若存在未记账凭证，必须对未记账凭证进行记账处理，才能进行相关结转；如果不影响该张凭证的取数，可以单击“是”按钮。

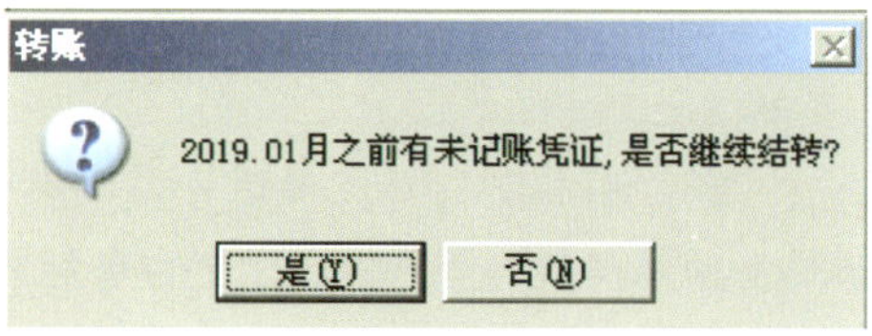

图 5-2-3

（4）凭证检查无误后，可以单击“保存”按钮，如图 5-2-4 所示。

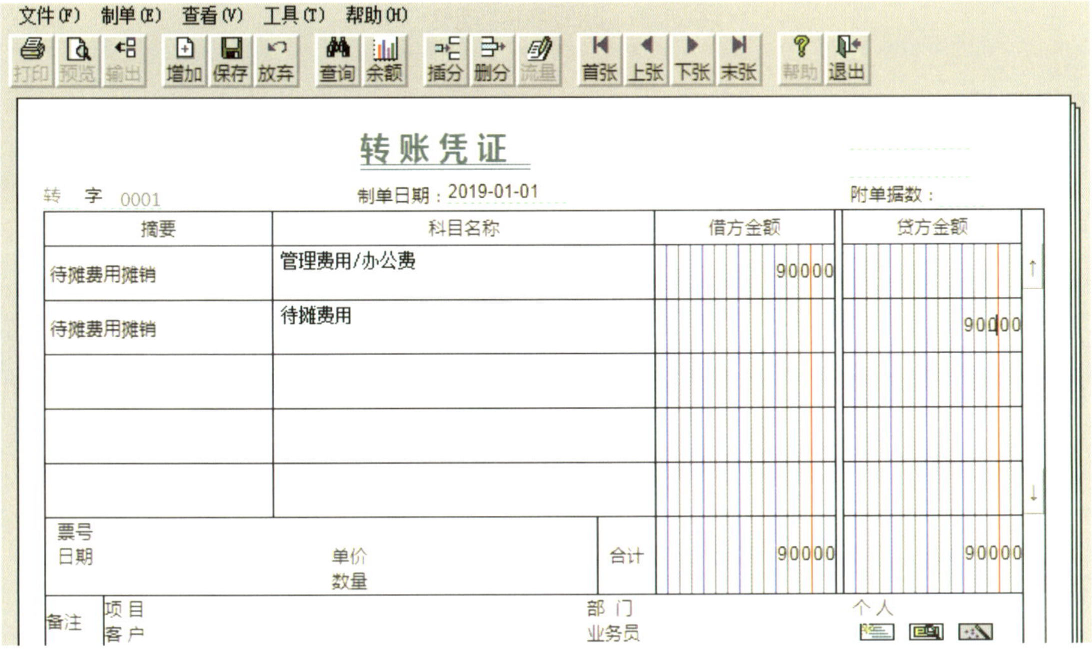

图 5-2-4

活动 2　对应结转生成

任务目标

【知识目标】掌握总账系统对应结转凭证的生成方法。

【技能目标】能够生成总账系统的对应结转凭证。

【素养目标】培养严谨、细致的职业态度。

任务描述

完成对应结转设置之后，山东景池有限责任公司如何根据设置生成对应结转凭证呢？

知识储备

对应结转是指把一个科目的期末余额对应结转到另外的一个或多个科目中。

操作指导

在系统菜单中，执行“总账→期末→转账生成”命令，打开“转账生成”窗口，选择结转月份为“2019.01”，选中“对应结转”。对应结转凭证生成的操作步骤与自定义转账凭证生成的操作步骤相同。

活动 3　期间损益结转生成

任务目标

【知识目标】熟悉企业中结转的业务，了解企业中各个环节的联系，掌握总账系统期间损益结转凭证的生成方法。

【技能目标】能够生成总账系统的期间损益结转凭证。

【素养目标】培养细致、严谨、规范的操作态度。

任务描述

山东景池有限责任公司月末需要将一个会计期间的损益类科目余额全部结转到本年利润中，如何设置生成期间损益结转凭证呢？

操作指导

在系统菜单中，执行“总账→期末→转账生成”命令，打开“转账生成”窗口，选择结转月份为“2019.01”，选中“期间损益结转”。期间损益结转凭证生成的操作步骤与自定义转账凭证生成的操作步骤相同，如图 5-2-5 所示。

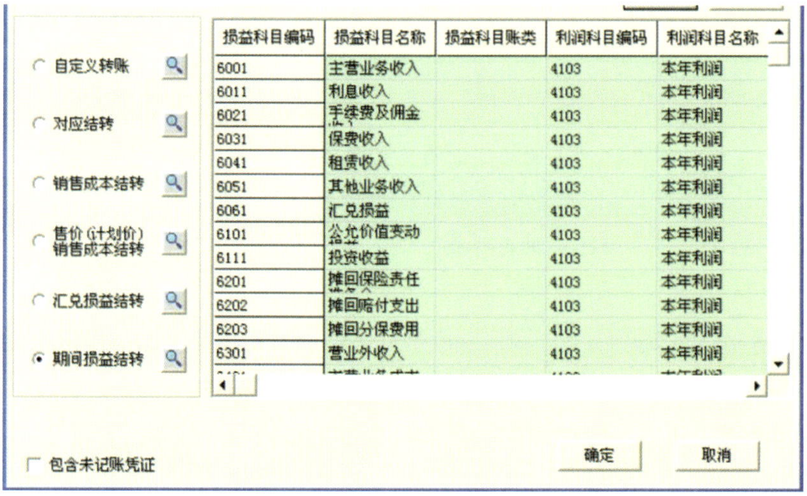

图 5-2-5

任务三　对账工作

任务目标

【知识目标】熟悉企业中的对账业务。

【技能目标】能够进行业务处理。

【素养目标】养成规范操作、认真细致的工作态度。

任务描述

所有的凭证登记完毕之后，还需要进行对账，以保证总账与明细账等相符。

知识储备

对账是对账簿数据进行核对，以检查记账是否正确，主要通过核对总账与明细账、总账与辅助账数据来完成账账核对。

对账至少一个月一次。

操作指导

（1）在系统菜单中，执行“总账→期末→对账”命令，如图 5-3-1 所示。

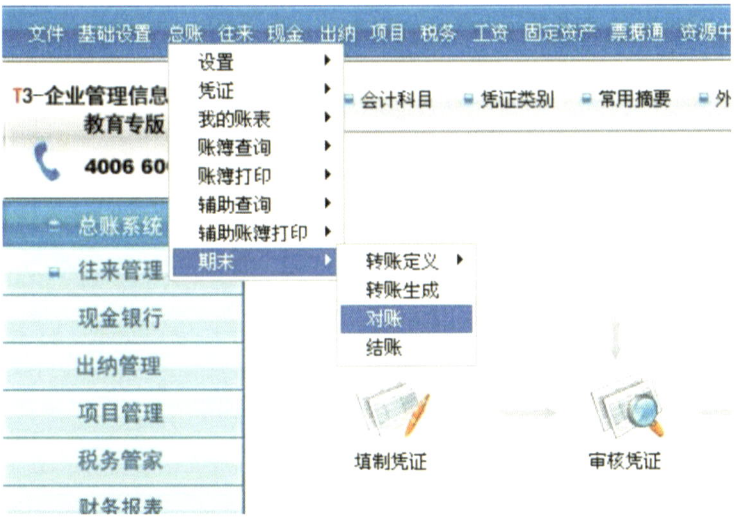

图 5-3-1

（2）打开“对账”窗口，选择核对内容，双击月份“2019.01”的“对账结果”栏，窗口显示对账日期“2019.01”，对账结果“正确”，如图 5-3-2 所示。

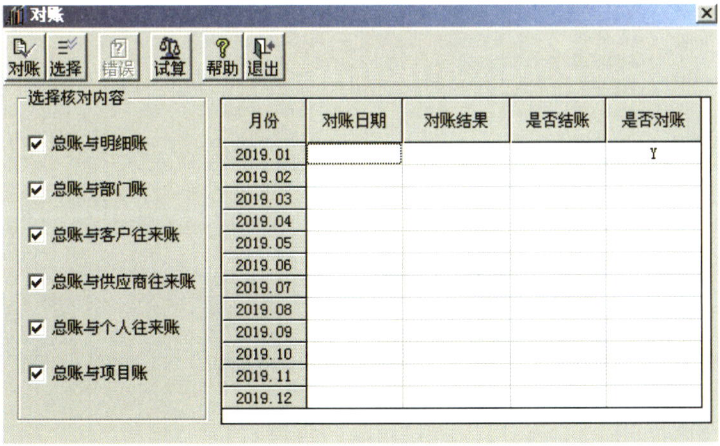

图 5-3-2

任务四　结账工作

任务目标

【知识目标】熟悉企业中的结账业务。
【技能目标】能够进行业务处理。
【素养目标】激发学习兴趣，培养严谨的工作态度。

任务描述

对总账系统进行结账。

知识储备

每月月底都要进行结账处理，结账实际上就是计算和结转各账簿的本期发生额和期末余额，并终止本期的账务处理工作。

关于结账，有几点需要注意：

（1）上月未结账，则本月不能结账。

（2）上月未结账，则本月不能记账，但可以填制、审核凭证。

（3）本月还有未记账凭证时，则本月不能结账。

（4）已结账月份不能再填制凭证。

（5）结账只能由有结账权限的人进行处理。

（6）账账核对不符，不能结账。

操作指导

（1）在系统菜单中，执行“总账→期末→结账”命令，如图 5-4-1 所示。

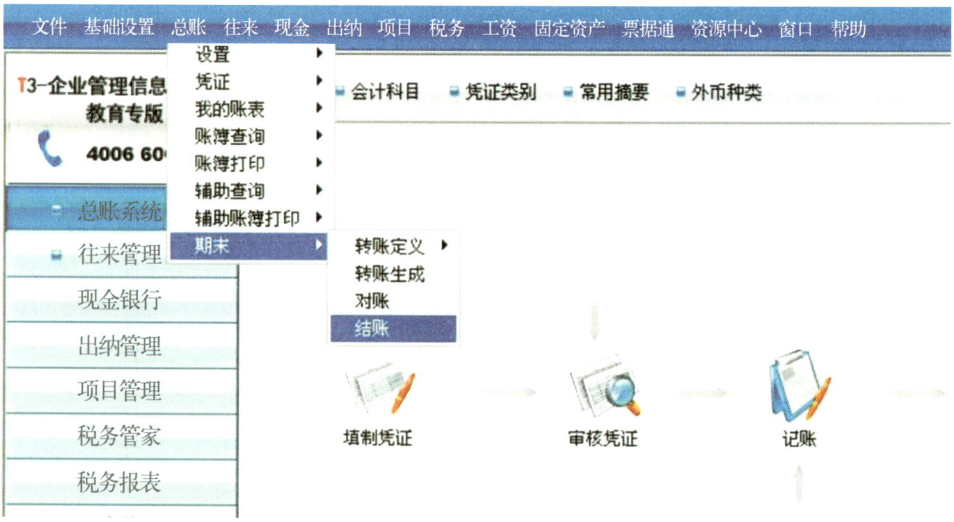

图 5-4-1

（2）打开“结账”窗口，如图 5-4-2 所示。

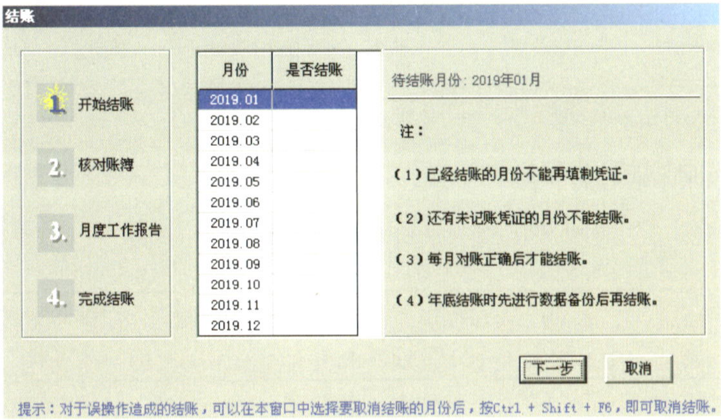

图 5-4-2

（3）按照结账向导的提示，依次完成“开始结账”→“核对账簿”→“月度工作报告”，如图 5-4-3 所示。

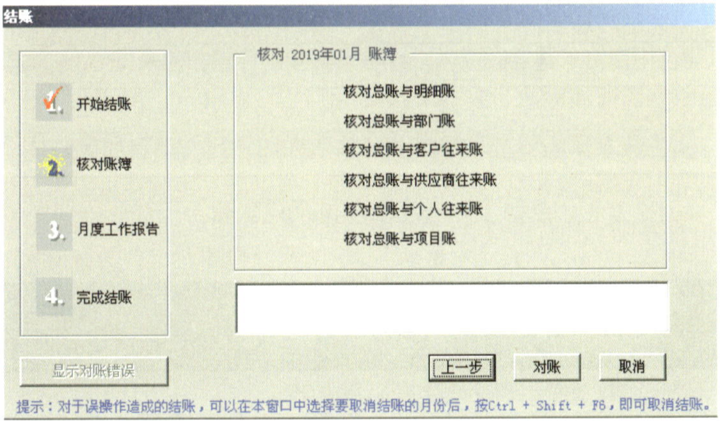

图 5-4-3

（4）最后在右侧窗口会显示“2019 年 01 月工作报告”的结果，结账完成，单击“结账”，如图 5-4-4 所示。

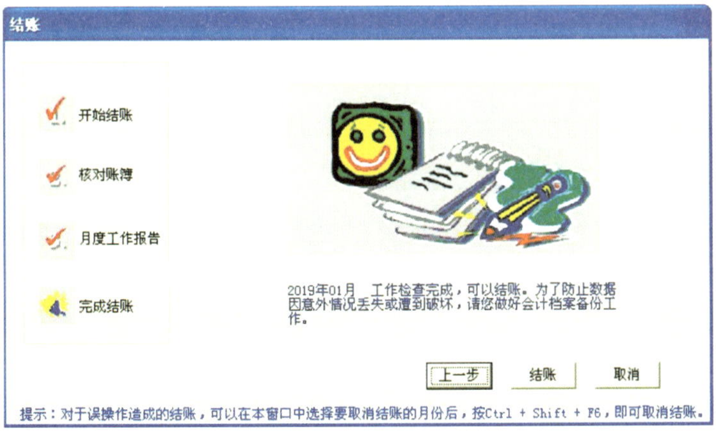

图 5-4-4

实训 5

一、结账

2019 年 1 月 31 日，完成 888 账套 2019 年 1 月的结账工作。

二、针对实训情况完成下表

表 1　会计电算化训练情况

时间		地点		训练用时	
训练内容					
重点内容					
训练情况					
学生姓名	**用时**	**练习具体情况**			**成绩**

表 2　活动评价表

班级：　　　　　　　　　　　　　　　组别：　　　　　　　　　　　姓名：

项目	**评价内容**	**评价等级（学生自评）**		
		A	**B**	**C**
关键能力考核项目	遵守纪律、遵守学习场所管理规定，服从安排			
	有安全意识、责任意识			
	学习态度积极主动，能参加实习安排的活动			
	有团队合作意识，注重沟通，能自主学习并相互协作			
专业能力考核项目	按时、按要求独立完成工作页			
	操作规范，符合要求			
	学习准备充分、齐全			
	注重工作效率与工作质量			
小组评语及建议		组长签名： 年　月　日		
教师评语及建议		教师签名： 年　月　日		

项目六　财务报表应用

建议学时

10 学时：

报表模板（4 学时）；

自定义报表模板（6 学时）。

工作情境描述

山东景池有限责任公司完成日常业务处理之后，需要通过会计电算化系统来编制本期间的财务报表，有对外的资产负债表和利润表等报表，也有供本单位使用的货币资金表等报表，那么如何通过会计电算化系统来编制符合公司要求的各种报表呢？本项目我们主要介绍财务报表的应用。

任务一　报表模板

活动 1　调用报表模板

任务目标

【知识目标】了解并掌握资产负债表的内容，学会编制资产负债表并保存。

【技能目标】能够正确编制资产负债表。

【素养目标】通过业务实操，培养勤于动手的意识。

任务描述

因为资产负债表和利润表一般采用统一的格式，所以会计报表系统会提供多种行业常用的报表格式及公式，那么如何根据山东景池有限责任公司自身的情况，编制适合本公司的资产负债表呢？

操作指导

项目六 任务一 报表模板

（1）以账套主管的身份进入畅捷通 T3 系列管理软件，单击“会计报表”进入会计报表编制界面，如图 6-1-1 所示。

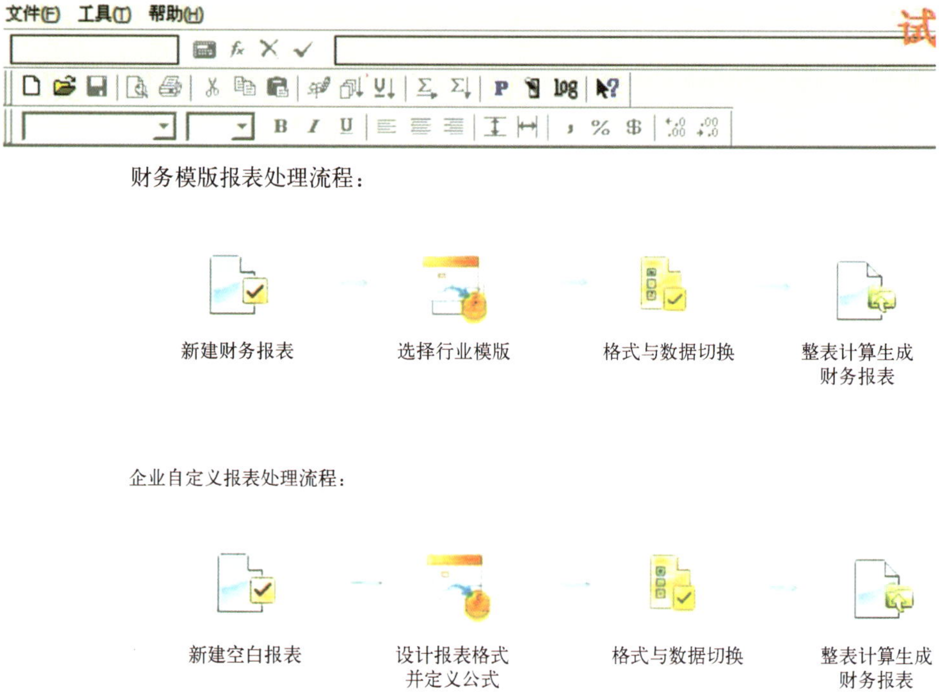

图 6-1-1

（2）单击“文件→新建”，进入“空白表”界面，如图 6-1-2 所示。

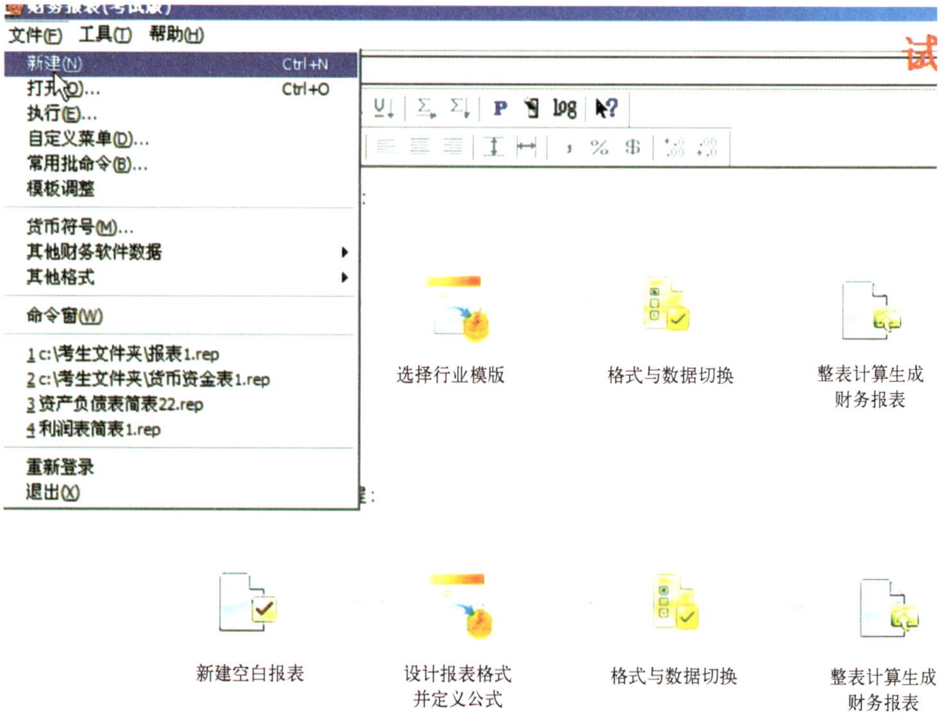

图 6-1-2

（3）单击“格式→报表模板”，在报表模板界面选择符合条件的企业类型和财务报表类型，将左下角的“格式”状态改为“数据”状态，录入关键字，生成报表之后，单击“保存”即可，如图 6-1-3、图 6-1-4 所示。

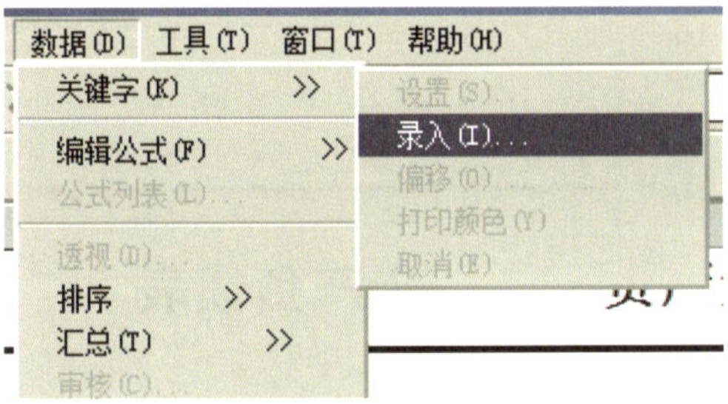

图 6-1-3

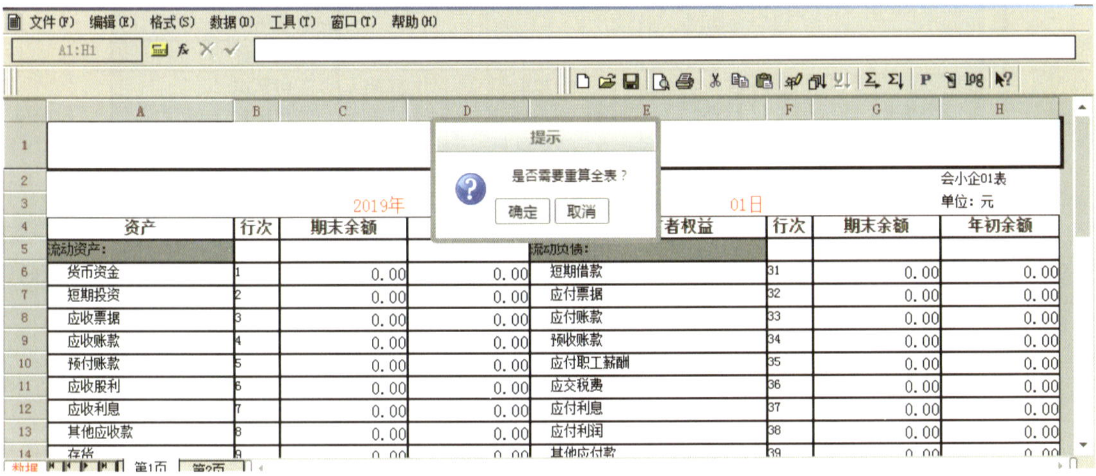

图 6-1-4

活动 2　报表输出

任务目标

【知识目标】学会将报表以文件形式输出。

【技能目标】能根据实际对报表进行输出和分析。

【素养目标】培养观察力、理解力，体验更多的实际工作过程。

任务描述

山东景池有限责任公司的报表编制完成后，如果需要对数据进行分析，那么就需要将编制的报表输出，输出时可以通过网络以文件的形式输出，也可以采用打印的形式输出，那么如何操作呢？

操作指导

在文件菜单下，选择“其他财务软件数据→导出”，输入文件名，确认输出，如图 6-1-5 所示。

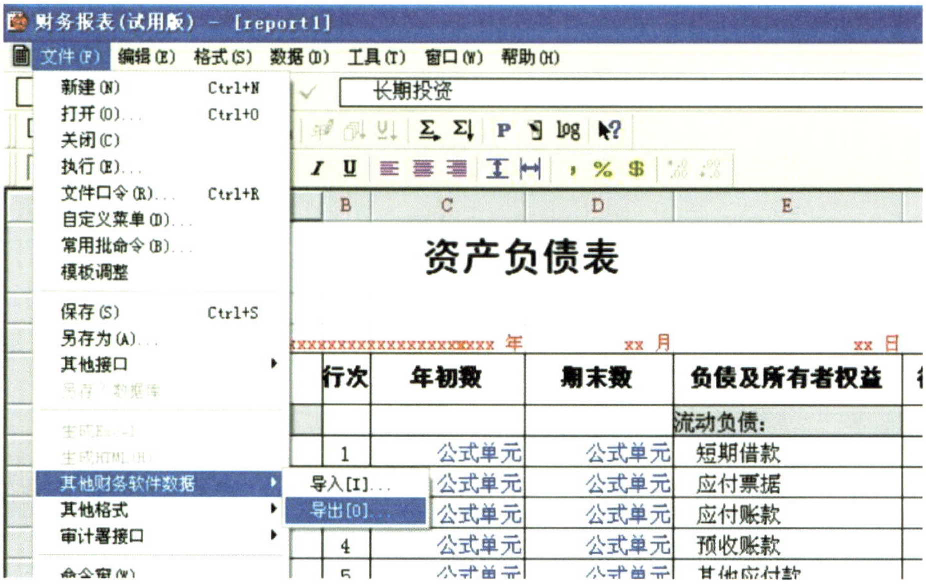

图 6-1-5

任务二 自定义报表模板

活动 1 报表格式设置

任务目标

【知识目标】能够对自定义报表的格式进行设置。

【技能目标】能够自定义报表。

【素养目标】与实际生活相联系，学有所用，培养学习兴趣和严谨的工作态度。

任务描述

山东景池有限责任公司需要编制货币资金表，报表格式如下。(表 6-2-1)

表 6-2-1 货币资金表

编制单位： 年 月 日 单位：元

项 目	行 次	期 初 数	期 末 数
现金	1		
银行存款	2		
合计	3		

要求：编制单位和年、月、日应设为关键字，字体为宋体小四。

利用会计电算化系统完成自定义报表的设置。

操作指导

项目六 任务二 自定义报表模板

（1）设置报表尺寸。货币资金表共 6 行 4 列。执行“格式→表尺寸”命令，弹出“表尺寸”对话框，修改行数为“6”和列数为“4”，并单击“确认”按钮，如图 6-2-1 所示。

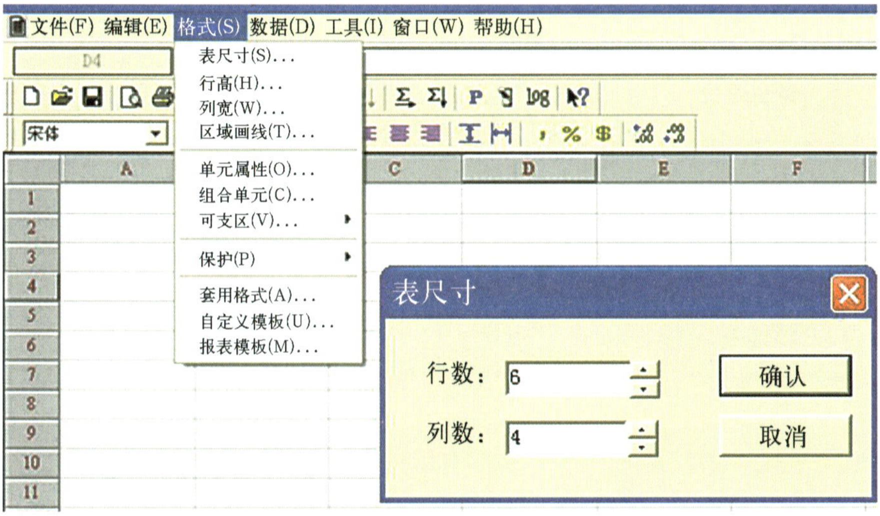

图 6-2-1

（2）选中“A1：D1”单元格区域，组合单元，录入报表标题“货币资金表”，如图 6-2-2 所示。

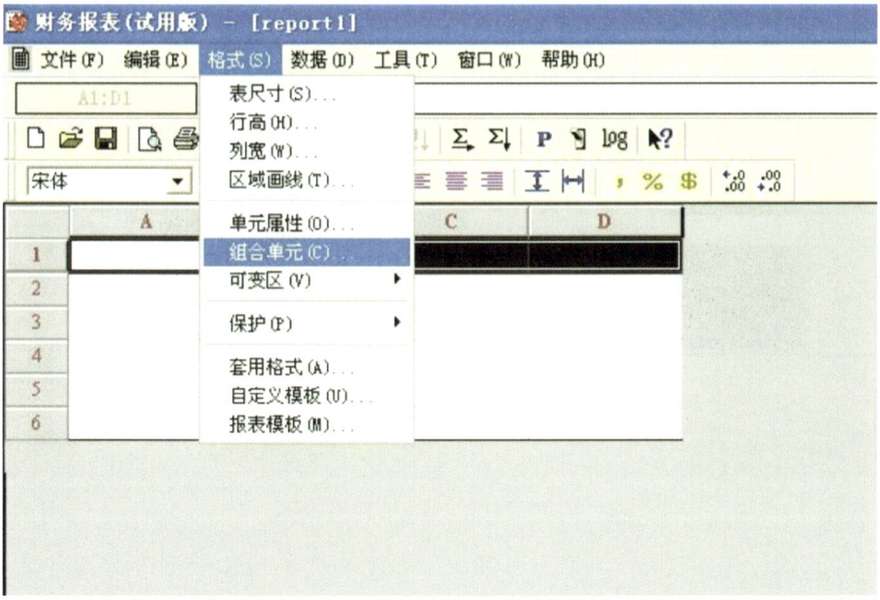

图 6-2-2

（3）选中 A2 单元格，录入“编制单位”；选中 D2 单元格，录入“单位：元”；选中 B2 单元格，执行“数据→关键字→设置”命令，完成“年”“月”“日”的设置，并进行偏移，年为“-30”，日为“30”，其余均为“0”，如图 6-2-3 所示。

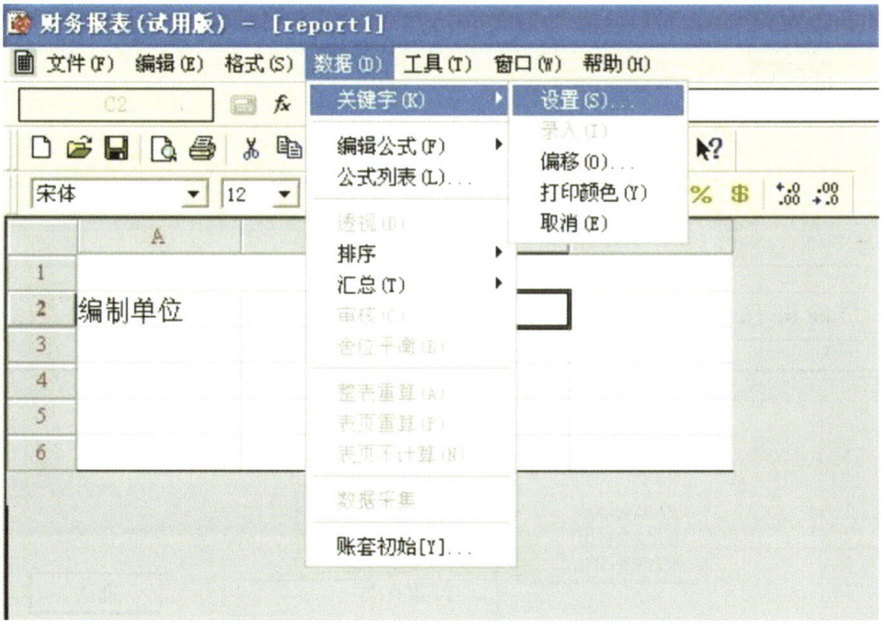

图 6-2-3

（4）选中“A3：D6”单元格区域，在“格式”菜单中选择“区域画线”，画上网格线，如图 6-2-4 所示。

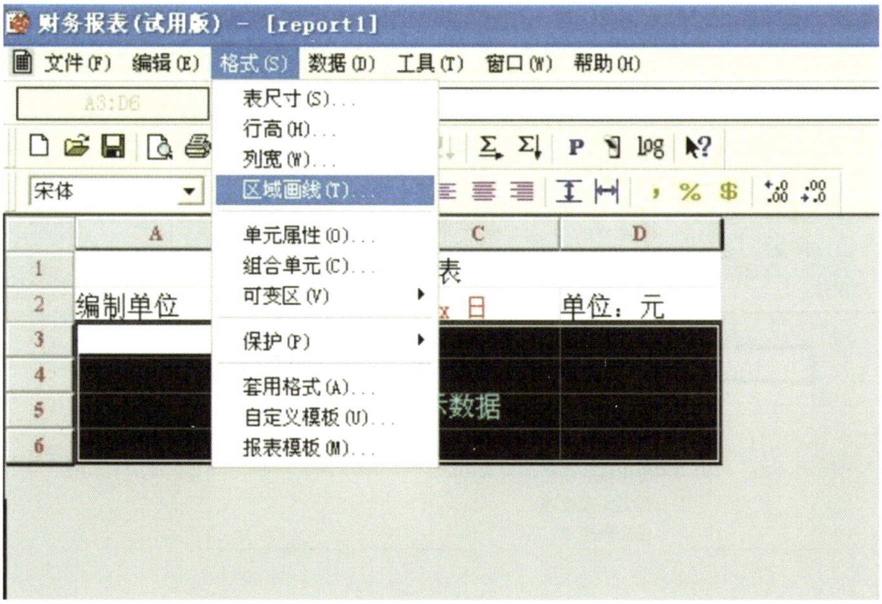

图 6-2-4

（5）输入相应的名称，如图 6-2-5 所示。

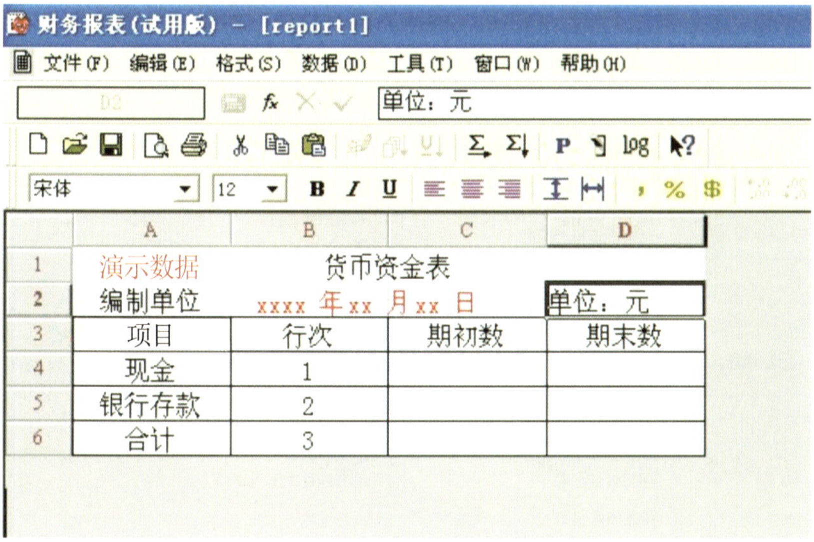

图 6-2-5

活动 2　单元公式设置

任务目标

【知识目标】能够对自定义报表的单元公式进行设置。

【技能目标】能够自定义报表的单元公式。

【素养目标】培养精确计算、严谨细致的工作态度。

任务描述

山东景池有限责任公司完成报表的格式设置之后，就需要对报表的单元公式进行设置了。那么如何对现金和银行存款的期初数和期末数进行设置呢？

操作指导

（1）单击选中 C4 单元格，然后执行“公式”命令，如图 6-2-6 所示。

（2）在弹出的“定义公式”窗口中，单击“函数向导”，弹出“函数向导”窗口，在窗口的左窗格中选择“用友账务函数”，在右窗格中选择函数名“期初（QC）”，然后单击“下一步”，如图 6-2-7 所示，弹出“账

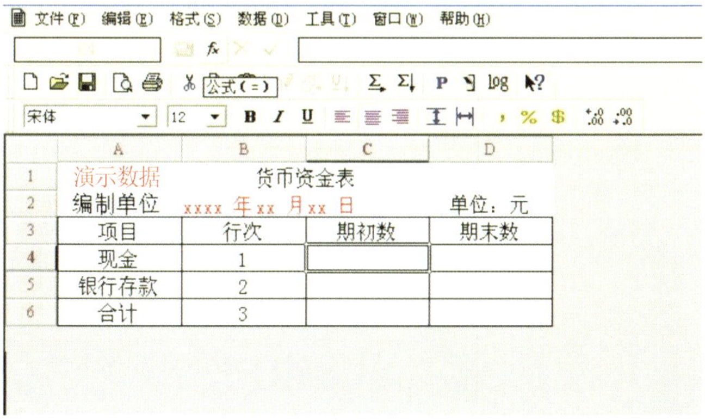

图 6-2-6

务函数”对话框。

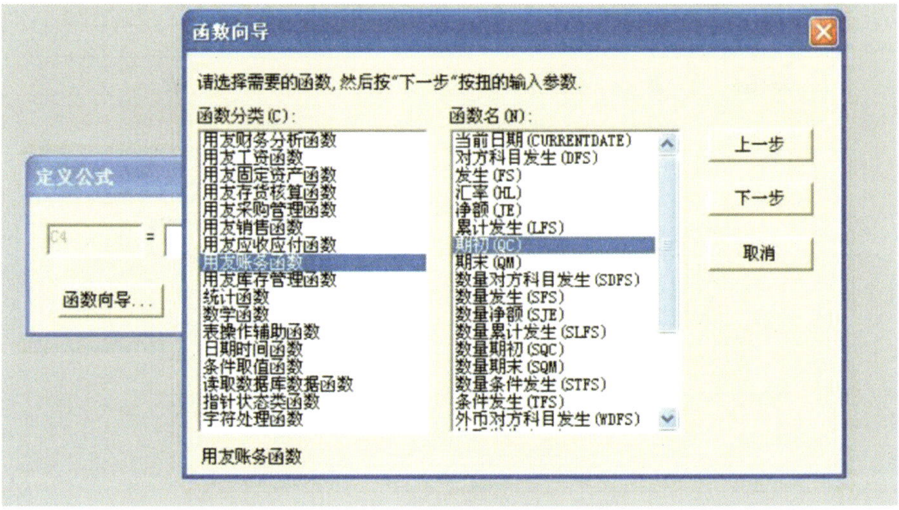

图 6-2-7

（3）在弹出的“账务函数”对话框中依次录入正确的参数内容，然后单击“确定”按钮，如图 6-2-8 所示。

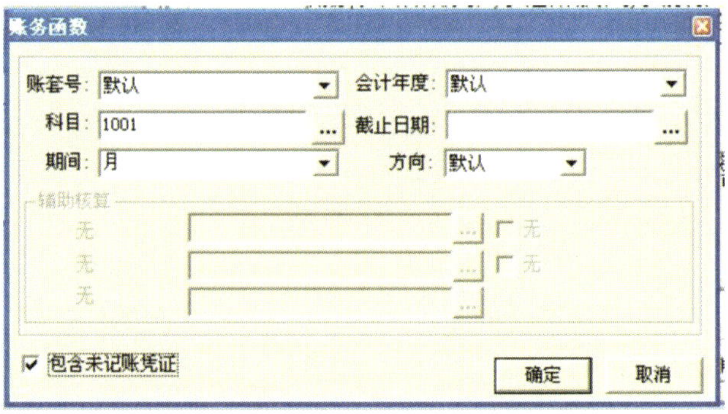

图 6-2-8

（4）单击“确定”后，设计好公式的单元格会出现“公式单元”字样，如图 6-2-9 所示。

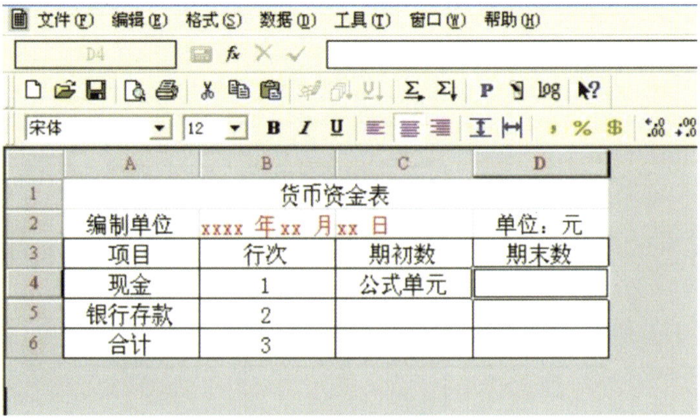

图 6-2-9

活动3　报表数据录入与输出

任务目标

【知识目标】了解数据之间的关系，明确其来龙去脉，掌握自定义报表数据的录入和输出方法。

【技能目标】能够完成相关业务操作。

【素养目标】培养数据分析能力，培养认真、细致的工作习惯。

任务描述

山东景池有限责任公司需要货币资金的相关数据，在格式和单元公式设置完整的情况下，报表数据如何录入？在录入完成之后又该以何种方式输出呢？

操作指导

（1）单击“格式”按钮，单元公式会自动计算并显示结果，如图6-2-10所示。

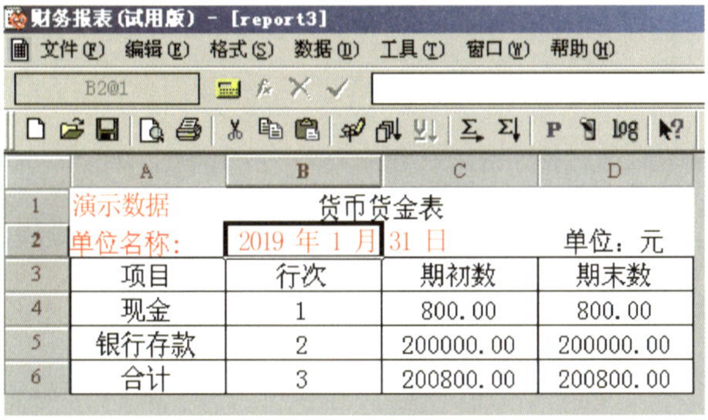

图6-2-10

（2）单击“文件”菜单，在弹出的选项中找到“另存为”，单击后在显示的对话框中输入相关内容，操作完毕后保存，如图6-2-11所示。

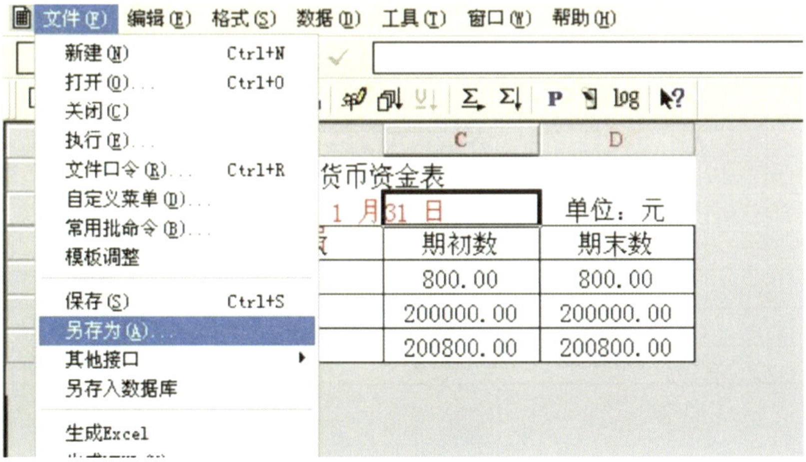

图6-2-11

实训 6

一、编制管理费用明细表

1. 建立如图 6–2–12 所示的表格

（1）单位名称、年、月设置为关键字。

（2）表中各公式单元必须通过账务取数函数或表间计算公式取得数据。

（3）列宽均为 30 毫米，行高均为 80 毫米。

（4）“管理费用明细表”在“A1：F1”的合并单元格内，字号为 18，水平方向和垂直方向均为“居中对齐”。

（5）表格中文字均为默认字体、字号，表格中所有单元格水平方向和垂直方向均为“居中对齐”。

	A	B	C	D	E	F
1	管理费用明细表					
2	单位名称：xxxxxxxxxxxxxxxxxxxxxxxxxxxxxxx　xxxx 年 xx 月　演示数据					
3	项目	财务部	市场部	采购部	生产部	合计
4	办公费	公式单元	公式单元	公式单元	公式单元	公式单元
5	差旅费	公式单元	公式单元	公式单元	公式单元	公式单元
6	合计	公式单元	公式单元	公式单元	公式单元	

图 6–2–12

2. 录入报表关键字“鑫河公司”“2019 年 1 月”，生成管理费用明细表数据

3. 将报表“管理费用明细表 .rep”保存到“D：\Zhlx\”中

二、针对实训情况完成下表

表 1　会计电算化训练情况

时间		地点		训练用时	
训练内容					
重点内容					
训练情况					
学生姓名	**用时**	**练习具体情况**			**成绩**

表 2　活动评价表

班级：　　　　　　　　　　　　组别：　　　　　　　　　　姓名：

<table>
<tr><th rowspan="2">项目</th><th rowspan="2">评价内容</th><th colspan="3">评价等级（学生自评）</th></tr>
<tr><th>A</th><th>B</th><th>C</th></tr>
<tr><td rowspan="4">关键能力
考核项目</td><td>遵守纪律、遵守学习场所管理规定，服从安排</td><td></td><td></td><td></td></tr>
<tr><td>有安全意识、责任意识</td><td></td><td></td><td></td></tr>
<tr><td>学习态度积极主动，能参加实习安排的活动</td><td></td><td></td><td></td></tr>
<tr><td>有团队合作意识，注重沟通，能自主学习并相互协作</td><td></td><td></td><td></td></tr>
<tr><td rowspan="4">专业能力
考核项目</td><td>按时、按要求独立完成工作页</td><td></td><td></td><td></td></tr>
<tr><td>操作规范，符合要求</td><td></td><td></td><td></td></tr>
<tr><td>学习准备充分、齐全</td><td></td><td></td><td></td></tr>
<tr><td>注重工作效率与工作质量</td><td></td><td></td><td></td></tr>
<tr><td>小组评语及建议</td><td></td><td colspan="3">组长签名：
年　月　日</td></tr>
<tr><td>教师评语及建议</td><td></td><td colspan="3">教师签名：
年　月　日</td></tr>
</table>

综合实训

一、建立账套

1. 账套信息

账套号：956。账套名称：山东君越有限公司。采用默认账套路径。启用日期：2019 年 1 月。会计期间：1 月 1 日至 12 月 31 日。

2. 单位信息

单位名称：山东君越有限公司。单位简称：君越公司。单位地址：山东省淄博市张店区西六路北首。税号：112233578。

3. 核算类型

本位币：人民币（RMB）。企业类型：工业。行业性质：小企业会计准则（2013 年）。账套主管：李韦伟。按行业性质预置科目。

4. 基础信息

该企业对客户、供应商进行分类。

5. 分类编码方案

科目编码级次：4-2-2-2。其他：默认。

6. 数据精度为默认值

7. 启用模块

启用总账、工资管理、固定资产模块，启用日期为 2019 年 1 月 1 日。

二、设置增加操作员，并设置权限

以系统管理员的身份登录畅捷通 T3 系列管理软件进行系统管理，设置操作员及其权限。（表 1）

表 1 操作员及其权限

编号	姓名	口令	所属部门	权限
001	李韦伟	001	财务部	账套主管
002	杨超	002	财务部	总账——现金管理、出纳签字
003	王丽丽	003	财务部	公用目录设置、总账、工资管理、固定资产、核算、购销存管理

三、基础档案设置

以 001 的身份登录畅捷通 T3 系列管理软件 956 账套，设置基础档案。

1. 设置部门档案（表 2）

表 2　部门档案信息

部门编码	部门名称
1	综合管理部
101	财务部
102	人力资源部
2	市场部
3	生产部
301	生产一部
302	生产二部

2. 设置职员档案（表 3）

表 3　职员档案信息

职员编码	职员名称	所属部门	职员属性
101	李韦伟	财务部	经理人员
102	杨超	财务部	行政人员
103	王丽丽	财务部	行政人员
104	周旭	人力资源部	经理人员
201	李锐	市场部	经理人员
301	侯晓辉	生产一部	生产人员
302	王方	生产二部	生产人员

3. 设置客户分类及客户档案（表 4、表 5）

表 4　客户分类信息

分类编码	分类名称
01	长期客户
02	中期客户
03	短期客户

表 5　客户档案信息

客户编码	客户名称	客户简称	所属分类码	开户银行	银行账号
001	淄博远胜贸易有限公司	远胜贸易	01	农业银行	6228480282666612301
002	山东新月公司	新月公司	02	农业银行	6228480282666612302
003	青岛科人电子有限公司	科人电子	03	农业银行	6228480282666612303
004	潍坊奇塞公司	奇塞公司	03	农业银行	6228480282666612304

4. 设置供应商分类及供应商档案（表 6、表 7）

表 6　供应商分类信息

分类编码	分类名称
01	本地供应商
02	外地供应商

表 7　供应商档案信息

供应商编码	供应商名称	供应商简称	所属分类码	开户银行	银行账号
001	淄博美琪公司	美琪公司	01	中国银行	4563516208013723080
002	淄博丽都公司	丽都公司	01	中国银行	4563516208013723079
003	临沂远方贸易	远方贸易	02	中国银行	4563516208013723081

5. 设置结算方式（表 8）

表 8　结算方式信息

结算方式编码	结算方式名称	票据管理方式
1	现金结算	否
2	支票结算	是
201	转账支票	是
202	现金支票	是
3	其他	否

6. 设置总账系统参数

出纳凭证必须由出纳签字；数量、单价的小数位保留 2 位；其他默认。

四、会计科目新增及修改

以 101 的身份登录畅捷通 T3 系列管理软件 956 账套，进行设置。

1. 设置相应科目的明细及辅助核算

2. 将“库存现金”科目指定为现金总账科目，将“银行存款”科目指定为银行总账科目

3. 设置凭证类别

君越公司采用收款凭证、付款凭证、转账凭证。（表 9）

表 9　会计科目余额表

科目编码	科目名称	账页格式	辅助核算	方向	期初余额 / 元
1001	库存现金		日记账	借	1 578
1002	银行存款		日记账和银行账	借	2 881 315.73
100201	工行存款			借	1 328 706.93
100202	中行存款			借	1 552 608.8
1012	其他货币资金			借	54 000
1122	应收账款		客户往来	借	450 450
1221	其他应收款		个人往来	借	2 300
1231	坏账准备			贷	378.46
1403	原材料			借	78 000
140301	A 材料	数量金额式	数量核算	借	18 000
			计量单位：千克		300
140302	B 材料	数量金额式	数量核算	借	30 000
			计量单位：千克		300
140303	C 材料	数量金额式	数量核算	借	30 000
			计量单位：千克		200
1405	库存商品			借	280 000
140501	甲产品	数量金额式	数量核算	借	150 000
			计量单位：件		100
140502	乙产品	数量金额式	数量核算	借	50 000
			计量单位：件		50
104503	丙产品	数量金额式	数量核算	借	80 000
			计量单位：件		100
1601	固定资产			借	1 366 400
1602	累计折旧			贷	55 076

续表

科目编码	科目名称	账页格式	辅助核算	方向	期初余额 / 元
1604	在建工程			借	
2001	短期借款			贷	400 000
2202	应付账款		供应商往来	贷	37 440
2241	长期借款			贷	200 000
2211	应付职工薪酬			贷	46 000
221101	工资			贷	
221102	职工福利			贷	46 000
2221	应交税费			贷	27 680
222101	应交增值税			贷	
22210101	进项税额			贷	
22210102	销项税额			贷	
22210103	未交增值税			贷	27 680
22210104	进项税额转出			贷	
222102	应交消费税			贷	
222103	应交所得税			贷	
222104	应交个人所得税			贷	
4001	实收资本			贷	3 000 000
4002	资本公积			贷	568 089.19
400202	资本溢价				
4101	盈余公积			贷	400 000
410101	法定盈余公积			贷	280 000
410102	任意盈余公积			贷	120 000
4104	利润分配			贷	600 000
410401	提取法定盈余公积			贷	
410402	提取任意盈余公积			贷	
410403	未分配利润			贷	600 000
5001	生产成本			借	
500101	甲产品			借	
500102	乙产品			借	
5101	制造费用			借	
510101	工资			借	
510102	折旧费			借	
510103	其他			借	
6601	销售费用			借	
660101	工资			借	
660102	折旧费			借	
660103	其他			借	
6602	管理费用			借	
660201	工资			借	
660202	折旧费			借	
660203	差旅费		部门核算	借	
660204	办公费		部门核算	借	
660205	其他			借	
6603	财务费用			借	
660301	手续费			借	
660302	利息收入			借	
660303	利息支出			借	

五、总账系统

以 101 的身份登录畅捷通 T3 系列管理软件 888 账套，录入期初余额、科目明细余额。

1. 录入期初余额（见表 9 会计科目余额表）

2. 录入应收账款明细余额表、其他应收款明细余额表、应付账款明细余额表（表 10 至表 12）

表 10　应收账款明细余额表

日期	凭证号	客户简称	摘要	方向	金额 / 元
2019–12–22	转 –020	新月公司	销售乙产品	借	175 500
2019–12–28	转 –025	科人电子	销售丙产品	借	187 200
2019–12–30	转 –030	奇赛公司	销售甲产品	借	87 750

表 11　其他应收款明细余额表

日期	凭证号	个人	部门	摘要	方向	金额 / 元
2019–12–27	转 –016	李锐	市场部	出差借款	借	2 300

表 12　应付账款明细余额表

日期	凭证号	供应商简称	摘要	方向	金额 / 元
2019–12–24	转 –019	美琪公司	购买 A 材料	贷	14 040
2019–12–25	转 –021	远方贸易	购买 B 材料	贷	23 400

3. 日常业务处理

以 103 的身份登录，进行操作，操作日期 2019 年 1 月 31 日。

增加凭证：

（1）1 日，财务部杨超从农业银行提取现金 10 000 元备用。附单据 1 张。

（2）4 日，以银行存款支付上月水费 500 元，电费 1 800 元。附单据 3 张。

（3）3 日，财务部王丽丽购买办公用品，以现金支付 400 元。附单据 1 张。

（4）5 日，市场部李锐报销差旅费 2 000 元，交还现金 300 元。附单据 2 张。

（5）6 日，以中行存款支付短期借款的利息 1 000 元。附单据 2 张。

（6）9 日，生产车间领用 A 材料 100 千克，共计 6 000 元，用于生产甲产品；B 材料 100 千克，共计 10 000 元，用于生产乙产品。附单据 1 张。

（7）25 日，市场部李锐收到公司转来的工行转账支票一张，以偿还前欠货款 110 000 元。（票号：zp001）附单据 2 张。

（8）26 日，以工行存款支付短期借款利息 2 500 元。附单据 1 张。

（9）26 日，接受外部捐赠的无形资产 100 000 元。附单据 3 张。

（10）27 日，财务部杨超以中行存款支付美琪公司材料款 10 000 元。附单据 1 张。

（11）28 日，收到樊星集团投资资金 200 000 元，存入农业银行。附单据 2 张。

审核凭证：

以 101 的身份登录，成批审核以填制记账凭证。

出纳签字：

以 102 的身份登录，对所有收款凭证、付款凭证进行出纳签字。

凭证记账：

对上述凭证进行记账。

六、工资管理系统

1. 建立工资账套

选择类别个数为“多个”；币别名称为“人民币”；代扣个人所得税；不扣零；人员编码长度为“3”；本账套的启用日期为“2019 年 1 月 1 日”。

2. 基础信息设置

（1）设置工资类别。

正式人员，包括全部部门，启用日期为“2019 年 1 月 1 日”。

（2）设置人员类别。

经理人员，行政人员，生产人员。

（3）设置银行名称。

银行名称为中国工商银行，账号长度为 11 位。

（4）设置人员档案。

增加并修改相应信息。（表 13）

表 13　人员信息

职员编号	职员名称	所属部门	人员类别	代发银行	账号
001	李韦伟	财务部	经理人员	中国银行	12345678901
002	杨超	财务部	普通员工	中国银行	12345678902
003	王丽丽	财务部	普通员工	中国银行	12345678903
004	周旭	人力资源部	经理人员	中国银行	12345678904
005	李锐	市场部	经理人员	中国银行	12345678905
006	侯晓辉	生产一部	普通员工	中国银行	12345678906
007	王方	生产二部	普通员工	中国银行	12345678907

（5）设置工资项目及计算公式。（表 14）

表 14　工资项目信息

工资项目名称	类型	长度	小数	增减项
基本工资	数字	10	2	增项
岗位工资	数字	10	2	增项
住房补助	数字	8	2	增项
交通补贴	数字	8	2	增项
应发合计	数字	10	2	增项
病假天数	数字	3	2	其他
病假扣款	数字	8	2	减项
扣款合计	数字	8	2	减项
实发合计	数字	10	2	增项

（6）设置工资项目计算公式。

①基本工资 =iff（人员类别 =" 经理人员 ", 3500），iff（人员类别 =" 管理人员 ", 2600, 2400）。

②病假扣款 = 病假天数 ×30×0.5。

3. 录入工资项目数据（表 15）

表 15　工资项目数据

姓名	基本工资 / 元	岗位工资 / 元	津贴 / 元	住房补贴 / 元	交通补贴 / 元	病假天数
李韦伟	4 000	800	300	200	200	
杨超	3 500	600	200	100	100	
王丽丽	3 500	600	200	100	100	3
周旭	4 500	1200	400	300	200	
李锐	4 500	12	400	300	200	
侯晓辉	1 800	300	100	80	100	
王方	1 800	300	100	80	100	

王丽丽请病假 3 天，录入变动数据。

（注：哪些自动列示不需要算）

4. 计算个人所得税

所得项目：工资。对应工资项目：计税基数。计税基数：3 500 元。

5. 工资分摊

在工资分摊设置里面设置计提类型名称为“应付工资”，计提比例为“100%”。（表 16）

表 16　工资分摊信息

部门名称	人员类别	项目	借方科目	贷方科目
财务部；人力资源部	经理人员	应发合计	660201	221101
市场部	经理人员	应发合计	660101	221101
财务部	行政人员	应发合计	660201	221101
生产部	生产人员	应发合计	510101	221101

6. 生成记账凭证

7. 月末处理

以账套主管的身份进行月末处理，将“病假天数”“病假扣款”设为清零项。查询部门工资汇总表。

七、固定资产系统

1. 建立固定资产账套

账套启用月份为“2019.01”，本账套计提折旧。

主要折旧方法：平均年限法（一）。折旧汇总分配周期：1 个月。

当（月初已计提月份 = 可使用月份 −1）时，将剩余折旧全部提足。资产类别编码方式为“2–1–1–2”。

固定资产编码方式：自动编码（“类别编码 + 部门编码 + 序号”）。序号长度为 3 位，与财务系统进行对账；固定资产对账科目为“1601 固定资产”，累计折旧对账科目为“1602 累计折旧”；对账不符不结账。

2. 基础信息设置（表 17 至表 19）

表 17　部门对应折旧科目信息

部门编码	部门名称	对应折旧科目
1	财务部	660202
2	人力资源部	660202
3	市场部	660202
4	生产部	510102

表 18　资产类别信息

类别编码	类别名称	使用年限	净残值率	计提属性	折旧方法
01	房屋建筑	30 年	10%	正常计提	平均年限法（一）
02	专用设备	10 年	5%	正常计提	平均年限法（一）
03	交通设备	10 年	5%	正常计提	平均年限法（一）
04	办公设备	5 年	5%	正常计提	平均年限法（一）

表 19　固定资产增减方式

增减方式名称	对应入账科目
直接购入	中行存款
出售	固定资产清理

3. 录入原始卡片（表 20）

表 20　相关信息

固定资产名称	类别	所属部门	使用年限	开始使用时间	原值 / 元	累计折旧 / 元
联想电脑	04	财务部	5 年	2019-12-01	19 000	3 610
卡车	03	市场部	10 年	2019-12-01	132 000	12 540
戴尔电脑	04	人力资源部	5 年	2019-12-01	15 400	2 926
厂房	01	生产部	30 年	2019-12-01	1 200 000	36 000

注：增加方式均为直接购入，使用状况均为在用。

4. 增加固定资产

2019 年 1 月 20 日，购入惠普打印机一台，价值 5 000 元，供人力部使用，使用年限 5 年，采用平均年限法（一），净残值率为 10%，用中行存款支付。

5. 固定资产变动

2019 年 1 月 30 日，将联想电脑的原使用部门“财务部”变更为“人力资源部”。

6. 计提 1 月份固定资产折旧

7. 查询及修改凭证

针对增加的固定资产及变动的业务生成凭证。

8. 账表查询

查询“固定资产明细账”。

八、日常业务处理

1. 2 日，远胜贸易公司订购甲产品 100 件，单价 1 500 元

2. 5 日，收到科人电子公司前欠货款 1 187 200 元，票号 zp010，附单据一张

3. 8 日，电汇给美琪公司 14 040 元，支付前欠货款，票号 4 579，附单据一张

4. 9 日，仓库发出远胜贸易公司 2 日订购的甲产品，并开出专用发票，价款 150 000 元，税款 25 500 元，价税合计 175 500 元

5. 10 日，收到奇赛公司 1598# 转账支票一张，是上月前欠货款 87 750 元

6. 12 日，向远方贸易公司订购 B 材料 200 千克，单价 100 元 / 千克，要求 18 日到货

7. 13 日，新月公司订购乙产品 200 千克，单价 1 000 元 / 千克

8. 15 日，收到远方贸易公司发来的 B 材料，200 千克，已验收入库

9. 16 日，仓库发出新月公司 13 日订购的乙产品，并开出专用发票，价款 20 000 元，税款 3 400 元，价税合计 23 400 元

10. 19 日，支付远方贸易公司上月货款 23 400 元，以银行存款支付

11. 20 日，收到新月公司货款 175 500 元，已存入中国银行

12. 对上述经济业务产生的发票、核销单进行制单，生成记账凭证

九、报表管理操作

1. 调用资产负债表模板，输入关键字“2019 年 1 月 31 日”，生成资产负债表

2. 调用利润表模板，输入关键字“2019 年 1 月 31 日”，生成利润表

十、针对实训情况完成下表

表 21　会计电算化训练情况

<table>
<tr><td>时间</td><td></td><td>地点</td><td></td><td>训练用时</td><td></td></tr>
<tr><td>训练内容</td><td colspan="5"></td></tr>
<tr><td>重点内容</td><td colspan="5"></td></tr>
<tr><td colspan="6">训练情况</td></tr>
<tr><td>学生姓名</td><td>用时</td><td colspan="3">练习具体情况</td><td>成绩</td></tr>
<tr><td></td><td></td><td colspan="3"></td><td></td></tr>
<tr><td></td><td></td><td colspan="3"></td><td></td></tr>
<tr><td></td><td></td><td colspan="3"></td><td></td></tr>
<tr><td></td><td></td><td colspan="3"></td><td></td></tr>
<tr><td></td><td></td><td colspan="3"></td><td></td></tr>
<tr><td></td><td></td><td colspan="3"></td><td></td></tr>
<tr><td></td><td></td><td colspan="3"></td><td></td></tr>
<tr><td></td><td></td><td colspan="3"></td><td></td></tr>
</table>

表 22　活动评价表

班级：　　　　　　　　　　　　　　组别：　　　　　　　　　　姓名：

项目	评价内容	评价等级（学生自评）		
		A	B	C
关键能力考核项目	遵守纪律、遵守学习场所管理规定，服从安排			
	有安全意识、责任意识			
	学习态度积极主动，能参加实习安排的活动			
	有团队合作意识，注重沟通，能自主学习并相互协作			
专业能力考核项目	按时、按要求独立完成工作页			
	操作规范，符合要求			
	学习准备充分、齐全			
	注重工作效率与工作质量			
小组评语及建议		组长签名： 年　月　日		
教师评语及建议		教师签名： 年　月　日		

下　篇

项目七　电子表格软件概述

建议学时

4 学时：

认识电子表格软件（2 学时）；

Excel 文件的管理（2 学时）。

工作情境描述

山东飞驰有限责任公司是一家生产制造企业，由于公司规模较小，未引入会计电算化软件，为提高信息统计分析的准确度，公司决定对人员及固定资产信息通过 Excel 文件进行记录。首先要做的就是建立相应的 Excel 文件。

任务一　认识电子表格软件

任务目标

【知识目标】认识 Excel 的用户界面，掌握 Excel 的主要功能。

【能力目标】学会 Excel 的启动与退出方法。

【素养目标】树立利用电子表格软件进行财务数据处理的意识。

任务描述

要对 Excel 进行操作，先要了解 Excel 的操作界面及 Excel 的启动和退出方法。请回答以下问题：

（1）Excel 的用户界面由哪些部分组成？各部分的功能是怎样的？

（2）请用 4 种方法启动 Excel。

（3）请用 3 种方法退出 Excel。

知识储备

一、常用的电子表格软件

电子表格，又称电子数据表，是指由特定软件制作而成的，用于模拟纸上计算的由横竖线条交叉组成的表格。

Windows 操作系统中常用的电子表格软件主要有微软的 Excel、金山 WPS 电子表格等；Mac 操作系统中则有苹果的 Numbers，该软件也可用于 iPad 等手持设备。此外，还有专业电子表格软件，如 Lotus Notes；第三方电子表格软件，如 FormulaOne 等。

微软的 Excel 是美国微软公司研制的办公自动化软件 Office 的重要组成部分，目前已经被广泛应用于会计、统计、金融、财经、管理等众多领域中。考虑到其操作简单，应用范围广泛，用户众多且与其他电子表格软件具有很好的兼容性，在未特别说明时，本教材介绍的主要是微软的 Excel 的有关内容。

Excel 2013 默认的用户界面如图 7–1–1 所示。

二、电子表格软件的主要功能

电子表格软件的主要功能有：建立工作簿；管理数据；实现数据网上共享；制作图表；开发应用系统。

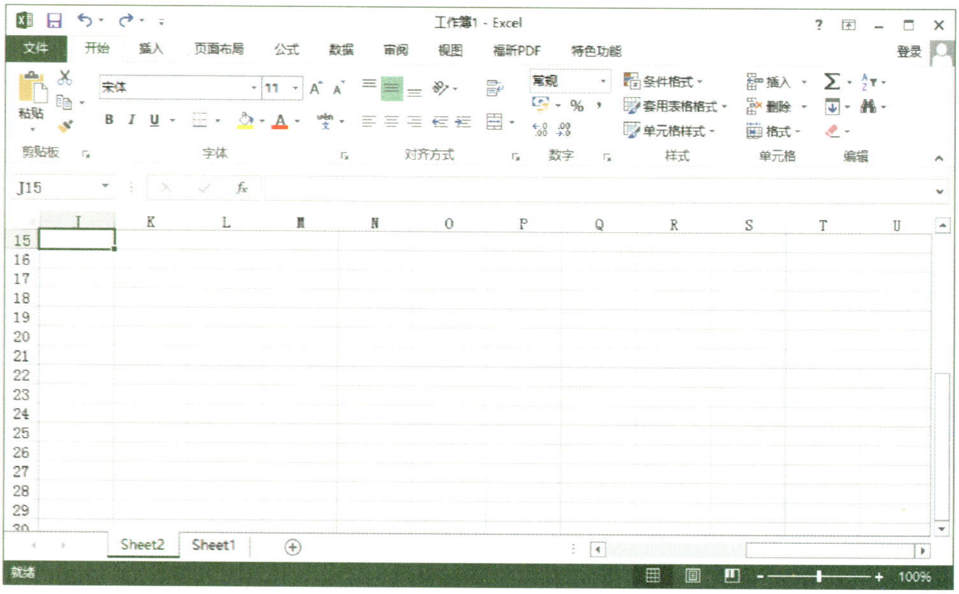

图 7–1–1

（一）建立工作簿

Excel 启动后，即可按照要求建立一个空白的工作簿文件，每个工作簿中含有一张或多张空白的表格。这些在屏幕上显示出来的默认的由灰色的横竖线条交叉组成的表格称为工作表，又称电子表格。工作簿如同活页夹，工作表如同其中的一张张活页纸，且各张工作表之间的内容相对独立。工作表是 Excel 存储和处理数据的最重要的部分。每张工作表由若干行和列组成，行和列交叉形成单元格。单元格是工作表的最小组成单位，单个数据的输入和修改都在单元格中进行，每一单元格最多可容纳 32 000 个字符。

在 Excel 2013 中，每个工作簿默认含有 1 张工作表，该工作表由 1 048 576 行和 16 384 列组成。默认的工作表不够用时，可以根据需要予以适当添加。每个工作簿含有的工作表的张数受计算机内存的大小限制。

（二）管理数据

用户通过 Excel 不仅可以直接在工作表的相关单元格中输入、存储数据，编制销量统计表、科目汇总表、试算平衡表、资产负债表、利润表以及大多数数据处理业务所需的表格，而且可以利用计算机，自动、快速地对工作表中的数据进行检索、排序、筛选、分类、汇总等操作，还可以运用运算公式和内置函数，对数据进行复杂的运算和分析。

（三）实现数据网上共享

通过 Excel，用户可以创建超级链接，获取局域网或互联网上的共享数据，也可将自己的工作簿设置成共享文件，保存在互联网的共享网站中，让世界上处于其他位置的互联网用户共享工作簿文件。

（四）制作图表

Excel 提供了散点图、柱形图、饼图、条形图、面积图、折线图、股价图、曲面图、雷达图、组合图 10 大类几十种图表样式。Excel 不仅能够利用图表向导方便、灵活地制作图表，而且可以很容易地依据同一组数据生成不同类型的图表，以便直观地展示数据之间的复杂关系；不仅能够任意编辑图表中的标题、坐标轴、网络线、图例、数据标志、背景等各种对象，而且可以在图表中添加文字、图形、图像和声音等，使精心设计的图表更具说服力。

（五）开发应用系统

Excel 自带 VBA 宏语言，用户可以根据这些宏语言，自行编写和开发一些满足自身管理需要的应用系统，有效运用和扩大 Excel 的功能。

思考

Excel 存储和处理数据最重要的部分是什么？

三、Excel 的启动与退出

（一）Excel 的启动

通常可以采用下列方法启动 Excel。

1. 单击“开始”菜单中的 Excel 快捷命令

单击桌面左下角“开始”菜单中的 Excel 2013 可启动 Excel，或按下键盘上的微软徽标键，进入“所有程序”，打开“Microsoft Office”菜单，从中选定菜单命令“Excel 2013”，即可启动

Excel，如图 7-1-2 所示。启动 Excel 的同时会建立一个新的文档，该文档在 Excel 中被默认为工作簿。启动 Excel 后建立的第一个工作簿默认名称为“工作簿 1.xlsx”，其中“工作簿 1”是文件名，“.x1sx”是扩展名，也可以通过“另存为”命令保存为其他名称和类型的文件。

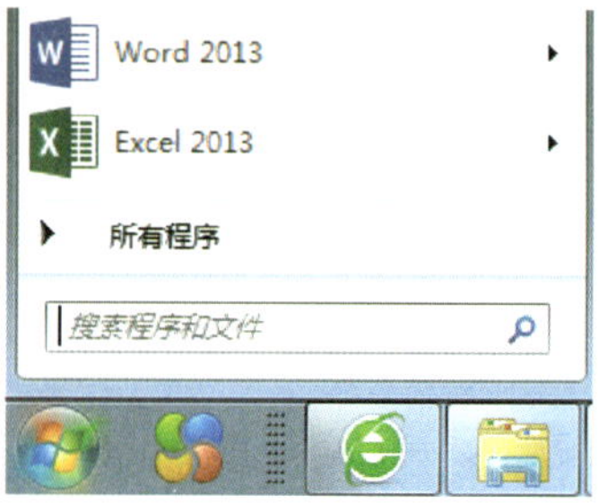

图 7-1-2

2. **单击桌面或任务栏中的 Excel 快捷方式图标**

直接双击桌面或任务栏中的 Excel 快捷方式图标，可以快速启动 Excel，同时建立一个新的空白工作簿。使用这种方法的前提是桌面或任务栏中已经创建了 Excel 快捷方式图标。

3. **通过“运行”对话框启动 Excel**

单击“开始”菜单，进入所有程序，打开“附件”后单击其中的菜单命令“运行”，单击“浏览”按钮，进入安装 Excel 的文件夹，选择“Excel.exe”文件，单击“打开”按钮后单击“确定”按钮。操作完成后，会启动 Excel 并建立一个新的空白工作簿，如图 7-1-3 所示。

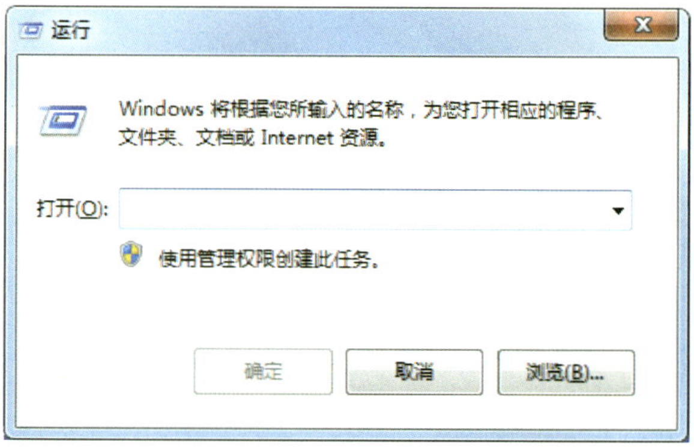

图 7-1-3

4. **打开现成的 Excel 文件**

直接双击现成的 Excel 文件，通过打开该文件来启动 Excel。

（二）Excel 的退出

通常可以采用下列方法退出 Excel。

1. **单击标题栏最右边的关闭按钮 ✕ ，将退出 Excel**

如果当前有多个工作簿文件在运行，单击标题栏最右边的关闭按钮 ✕ 后，光标所在的文件被关闭，其他处于打开状态的 Excel 文件仍在运行，只有重复单击该按钮，直至这些文件均被关闭后，才能完全退出 Excel。

2. **单击“关闭窗口”或“关闭所有窗口”命令**

右键单击任务栏中的 Excel 图标，打开菜单选项，单击“关闭窗口”或“关闭所有窗口”命令，可退出 Excel。文件被关闭后，Excel 也随之退出。

3. **按快捷键“Alt+F4”**

按快捷键“Alt+F4”键后，将退出 Excel。

使用以上三种操作方法时，如果退出前有编辑的内容未被保存，将出现提示是否保存的对话框。

需注意的是：如果当前有多个工作簿文件在运行，执行以上操作方法（除执行“关闭所有窗口”命令外）的结果将是光标所在的文件被关闭，其他处于打开状态的 Excel 文件仍在运行，并未退出 Excel。只有这些文件均被关闭后，才能完全退出 Excel。

四、Excel 的用户界面

Excel 启动后，通常会建立一个新的空白工作簿或者打开一个现有的工作簿，并在屏幕上呈现一个最大化的工作簿窗口（简称窗口）。这一窗口是用户操作 Excel 的重要平台，被称为默认的用户界面。

Excel 2013 的默认用户界面主要由标题栏、功能区、编辑区、工作表区和状态栏等组成，如图 7-1-4 所示。

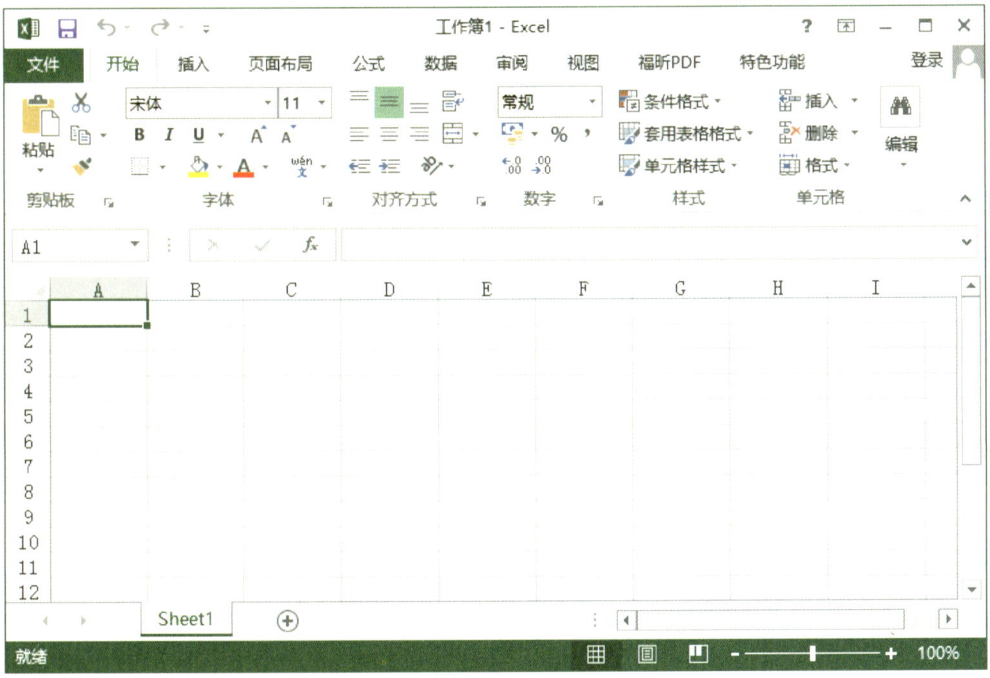

图 7-1-4

（一）标题栏

标题栏位于窗口的最上方，依次列示 Excel 的图标、快速访问工具栏、文档的标题和控制 Excel 窗口的按钮，如图 7-1-5 所示。

图 7-1-5

（二）功能区

功能区是由一系列在功能上具有较强相关性的组和命令所构成的区域，各功能区的主要功能由相应的选项卡标签予以标识，用户可以根据需要完成的操作，快速找到和调用包含当前所需命令的功能区。

Excel 2013 默认的选项卡标签有“开始”“插入”“页面布局”“公式”“数据”“审阅”“视图”等，排列在标题栏的下方，如图 7-1-6 所示。此外，用户还可以通过“自定义功能区”自定义选项卡。单击任一选项卡标签，其下方将出现一个以平铺方式展开的“带形功能区”，它由若干个功能相关的组和命令组成。

图 7-1-6

功能区的优势主要在于，它将通常需要使用菜单、工具栏、任务窗格和其他用户界面组件才能显示的任务或入口点集中在一起，便于在同一位置查找和调用功能相关的命令。

（三）编辑区

编辑区默认位于工具栏的下方，由名称框、取消输入按钮、确认输入按钮、插入函数按钮和编辑栏构成，用来显示当前单元格的名字和当前单元格的内容，取消或确认本次输入的数据或公式，如图 7-1-7 所示。

图 7-1-7

名称框用于显示、定义或更改活动单元格或单元格区域的名称，以及快速定位到所指定名称的单元格或单元格区域。

位于编辑区最右边的条形区域是编辑栏，也称编辑框或公式栏，用于显示、输入或编辑活动单元格或图标中的数据和公式。在默认情况下，编辑栏中显示活动单元格的数据和公式，单元格中显示结果和格式化之后的内容。

位于名称框和编辑栏中间的，分别用于取消输入、确认输入和插入函数。

（四）工作表区

工作表区默认位于编辑区的下方，是 Excel 用于存储和处理数据的专门区域，由工作表标签、滚动条和滚动条按钮、列标和行号、全选按钮、单元格等要素组成，如图 7-1-8 所示。

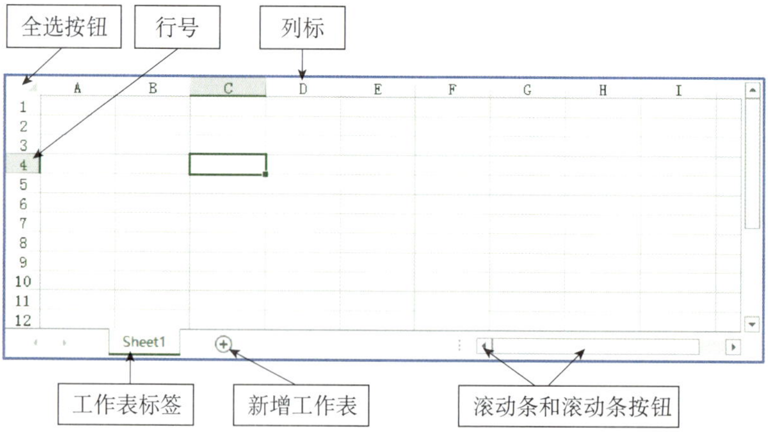

图 7-1-8

1. 工作表

一个新的工作簿默认由一张或多张工作表构成，工作表的数量可以根据需要增加或减少。

在活动工作簿中添加一张新的空白工作表的常用方法有：（1）单击“新增工作表”标签，即可插入一张新的工作表。（2）在窗口底部目标位置右边的工作表标签处单击鼠标右键，弹出快捷菜单，单击“插入”菜单命令打开“插入”对话框，单击“工作表”图标，单击“确定”后，即可在目标位置新建一张工作表。

2. 工作表标签

主要显示当前工作簿中工作表的名称和对工作表进行的各种操作，Excel 2013 默认只显示“Sheet1”一张工作表。单击“新增工作表”按钮可快速插入新的工作表，将以“Sheet2”“Sheet3”……进行命名。

3. 滚动条和滚动条按钮

当工作表的内容在一个屏幕中无法全部显示时，当前屏幕未能显示出来的部分，可通过鼠标拖动滚动条或点击滚动条按钮来显示。

4. 列标、行号和全选按钮

列标位于工作表的最上方，主要用于定位单元格的位置，它用英文字母表示，总共16 384列，如“A”标示 A 列。

行号是一组代表编号的数字，主要作用在于方便用户快速查看与编辑行中的内容，其范围为1~1 048 576。

单击列标，即可选中该列标所在的整个列，整列所有单元格均被默认加上绿色边框，列标变为浅绿色背景绿色字体显示，在该列中除当前屏幕中处于编辑状态的单元格以白底显示外，其他各单元格以及所有行号均被自动填充灰色背景以进行突出显示，名称框默认显示当前活动单元格所对应的列标和行号；同理，单击行号即可选中该行号所在的整个行。

单击全选按钮即可选中全部单元格。

5. 单元格

单元格是工作表中行与列的交叉部分，它是组成表格和存储数据的最小单位，每个单元格都有其固定的地址和名称，单元格默认按其对应的列标和行号所确定的位置进行命名，如选中 B 列和第 4 行交叉位置上的单元格时，名称框中显示该单元格的名称为 B4。

单元格区域，可以指单个的单元格，也可以指由多个单元格组成的区域等。

当前单元格是指当前正在使用的某一单元格，默认以白色显示，但其四边默认被加上一个绿色的方框，所在位置的列标和行号均被自动填充浅灰色背景以进行突出显示。Excel 启动后，默认的当前单元格为工作表 Sheet1 中的单元格 A1；打开现有工作簿，默认的当前单元格为该工作簿最近一次存储时光标所在的单元格。

活动单元格是指当前被选定的多个单元格，其外边同样默认被加上一个绿色的方框，列标和行号均被自动填充浅灰色背景以进行突出显示。当前活动单元格是指在被同时选定的多个单元格所组成的单元格区域中，当前正在使用的某一单元格。

活动单元格不一定是当前单元格，而当前单元格和当前活动单元格一定属于活动单元格。活动单元格、当前单元格和当前活动单元格以外的单元格，均称为未被激活的非活动单元格。非活动单元格的外边框默认为淡淡的灰实线，其对应的列标和行号均无突出显示。

思考

根据所学，思考不同单元格的名称有何不同。

（五）状态栏

状态栏默认位于窗口底部，可以显示各种状态信息，如单元格模式、页面布局、分页预览、缩放滑块等，如图 7-1-9 所示。

图 7-1-9

任务二　Excel 文件的管理

任务目标

【知识目标】掌握 Excel 文件的简单管理方法。

【能力目标】学会 Excel 文件的新建与保存、关闭与打开、保密与备份、修改与删除的方法。

【素养目标】养成良好的 Excel 文件管理习惯，树立对 Excel 文件的保护意识。

任务描述

为了方便对公司员工及固定资产信息进行统计和分析，作为会计主管的你决定使用 Excel 文件对相关信息进行记录。

请根据以下资料，建立“人员信息”工作簿和“固定资产核算”工作簿，并在“人员信息”工作簿中建立“人员信息表”，在“固定资产核算”工作簿中建立“固定资产清单”，最后保存。

（1）工作簿名称：人员信息、固定资产核算。

（2）工作表标题：人员信息表、固定资产清单。

（3）“人员信息表”的栏目名称：序号、部门、姓名、人员类别、性别、籍贯、银行卡号。

（4）“固定资产清单”的栏目名称：资产编号、使用部门、固定资产名称、增加方式、使用状况、可使用年限、开始使用日期、折旧方法、固定资产原值、净残值率、已计提月份、2019 年折旧额。

（5）为“人员信息”工作簿设置打开权限密码 123456。

知识储备

Excel 文件的管理主要包括新建、保存、关闭、打开、保密、备份、修改与删除等工作。

一、Excel 文件的新建与保存

（一）Excel 文件的新建

单击“开始”菜单中列示的 Excel 快捷命令，或者单击桌面或任务栏中的 Excel 快捷方式图标，

或者通过“运行”对话框等方式启动 Excel，系统将自动建立一个新的空白工作簿，或者提供一系列模板以供选择，选定其中的空白工作簿模板后，新的空白工作簿窗口将在屏幕上呈现出来，并在标题栏中显示默认的文件名。

以打开现成的 Excel 文件的方式启动 Excel 软件的，可通过以下方法建立一个新的空白工作簿：

（1）按快捷键“Ctrl+N”键；

（2）打开“文件”菜单，单击“新建”命令，选定其中的空白工作簿模板，如图 7-2-1 所示；

（3）单击快速访问工具栏，单击“新建”命令即可。

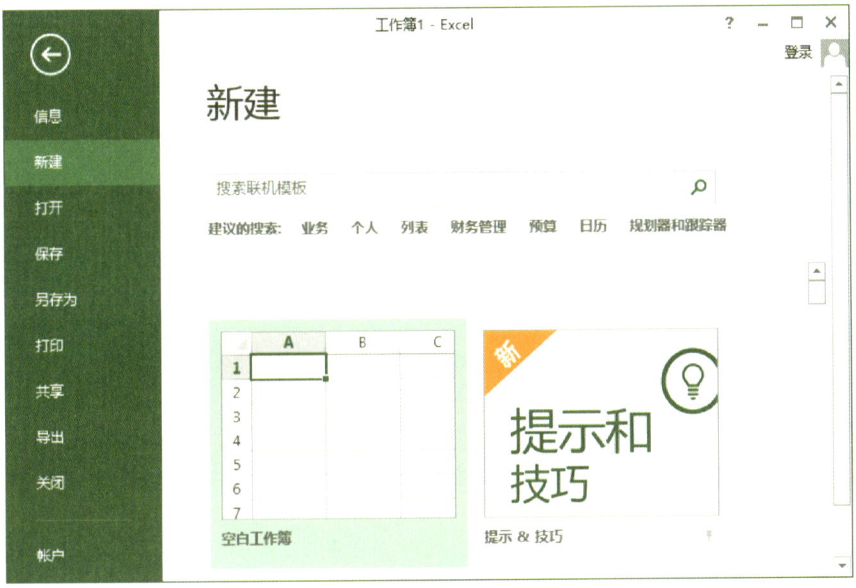

图 7-2-1

（二）Excel 文件的保存

为了继续使用新建的 Excel 文件，应当以合适的名称和类型将 Excel 文件保存在适当的位置。Excel 文件在编辑修改完毕或退出 Excel 之前，均应进行保存。保存 Excel 文件的常用方法如下。

（1）通过敲击功能键“F12”进行保存。

（2）通过按快捷键“Ctrl+S”进行保存。对于之前已经保存过的文件，按快捷键“Ctrl+S”后，将直接保存最近一次的修改，不再弹出“另存为”对话框。

（3）通过单击快速访问工具栏中的“保存”按钮进行保存。

（4）通过“文件”菜单中的“保存”或“另存为”命令进行保存。

为了避免 Excel 意外关闭而丢失大量尚未保存的信息，系统通常会默认保存自动恢复信息的时间间隔，这一时间间隔还可以自定义。

二、Excel 文件的关闭与打开

（一）Excel 文件的关闭

退出 Excel 前必须关闭打开的文件，因此，也可以采用前述三种 Excel 的退出方法来关闭处于打开状态的文件。此外，还可采用以下方法来关闭处于打开状态的 Excel 文件。

（1）单击“标题栏”中的“关闭”按钮或命令。

（2）单击“文件”菜单中的“关闭”命令。

（3）按快捷键“Ctrl+F4”。

使用上述三种方法关闭的均是当前文件，其他处于打开状态的 Excel 文件仍处于打开状态，Excel 仍在运行，可通过按快捷键“Ctrl+N”等方式创建新的工作簿。

（二）Excel 文件的打开

打开 Excel 文件的方法主要有：

（1）通过直接双击 Excel 文件打开。

（2）通过快捷菜单中的“打开”命令打开。

（3）通过“文件”菜单中的“打开”命令打开。

（4）通过快速访问工具栏中的“打开”按钮打开。

（5）通过按快捷键“Ctrl+O”（字母O的按键）打开。

三、Excel 文件的保密与备份

（一）Excel 文件的保密

对于设置了打开权限密码的 Excel 文件，只有输入正确的密码才能打开。对于设置了修改权限密码的 Excel 文件，只有输入正确的密码才能修改，否则只能以只读方式打开。文件的保护分为保护工作表和保护工作簿。

（二）Excel 文件的备份

Excel 可根据原文件自动创建备份文件，其名称为原文件名后加上“的备份”字样，图标与原文件不同。

四、Excel 文件的修改与删除

（一）Excel 文件的修改

Excel 文件的修改通常在已打开的 Excel 文件中进行，包括修改单元格内容、增删单元格和行列、调整单元格和行列的顺序、增删工作表和调整工作表的顺序等。

（二）Excel 文件的删除

删除 Excel 文件的方法包括：

（1）选中要删除的 Excel 文件，按“Delete”键进行删除。

（2）鼠标右键单击要删除的 Excel 文件，选择删除命令。

操作指导

项目七 任务二 Excel 文件的管理

1. 建立飞驰公司文件夹，如 E：\ 飞驰公司

2. 建立“人员信息”和“固定资产核算”工作簿

（1）新建一个空白工作簿，单击“文件”，选择“保存”或“另存为”按钮，如图 7-2-2 所示。

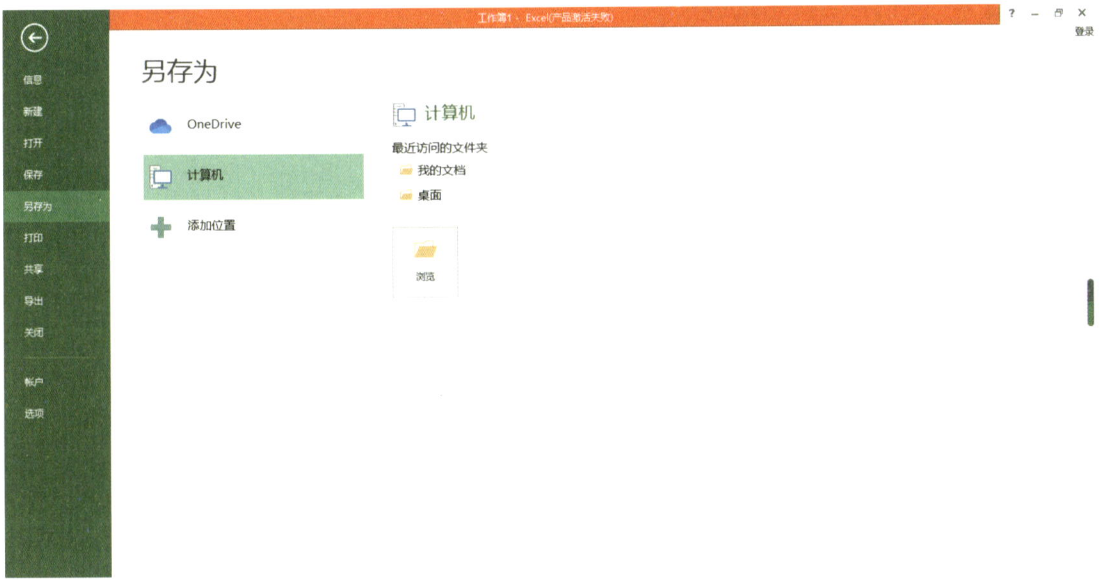

图 7-2-2

（2）单击“浏览”，在弹出的“另存为”对话框中找到“飞驰公司”文件夹，在“文件名”框中，输入新创建的工作簿的名字“人员信息”，如图 7-2-3 所示。

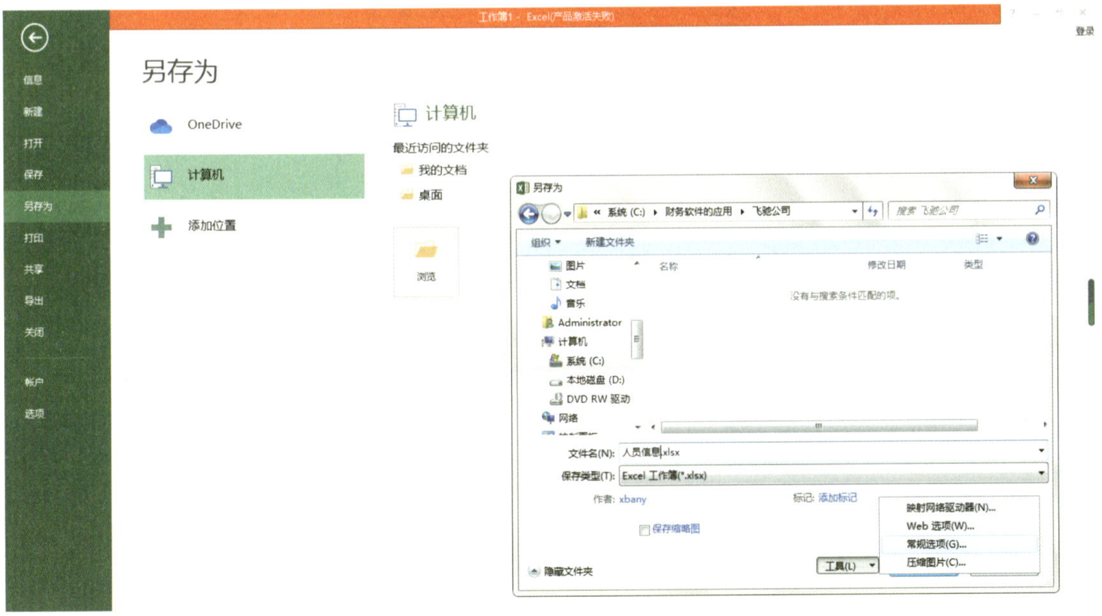

图 7-2-3

（3）单击“另存为”对话框中的“工具”，在下拉菜单中选择“常规选项”（如图 7-2-3 所示），在打开的对话框中设置打开权限密码为“123456”，如图 7-2-4 所示，单击“确定”，再次输入密码，单击“确定”，如图 7-2-5 所示。

（4）单击“保存”按钮。

（5）关闭“人员信息”工作簿。

（6）以同样的方法建立“固定资产核算”工作簿。不用设置打开权限密码。

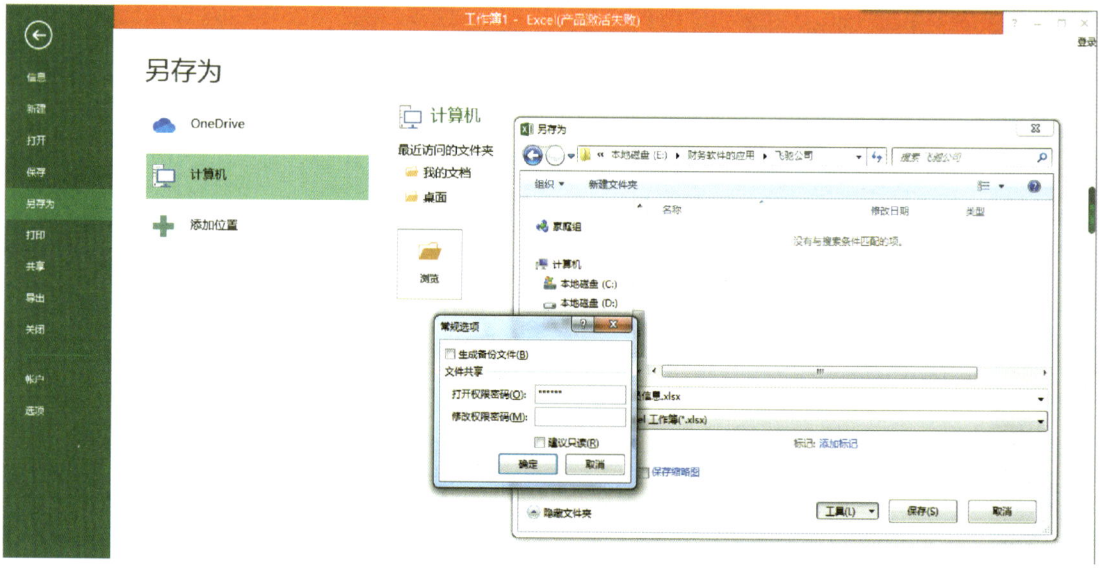

图 7-2-4

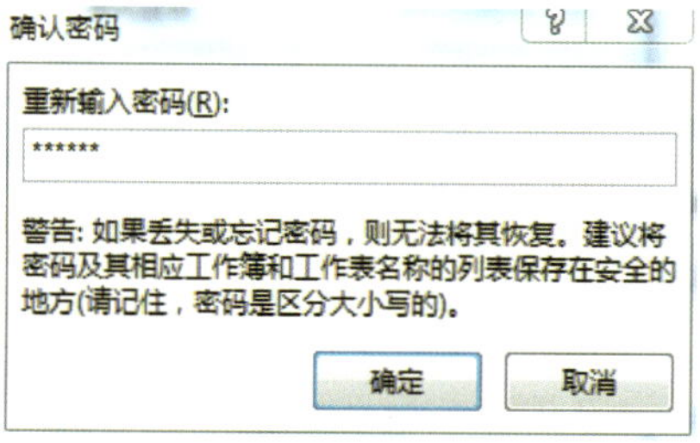

图 7-2-5

3. 建立“人员信息表”和“固定资产清单”

（1）打开“人员信息”工作簿，输入打开权限密码“123456”，如图 7-2-6 所示。

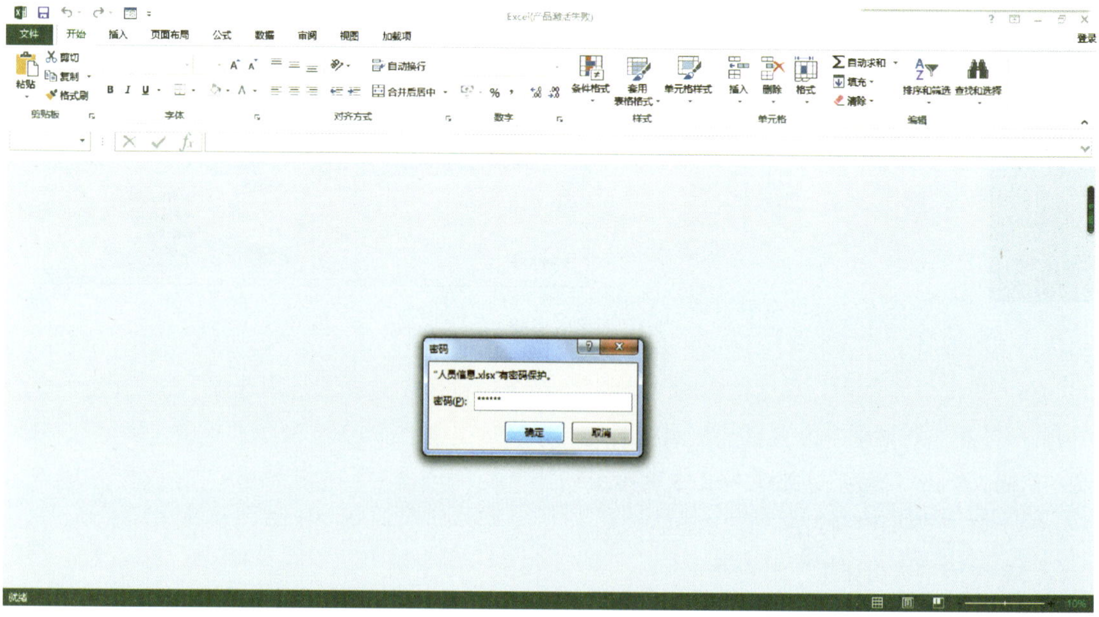

图 7-2-6

（2）双击工作表底部的“Sheet1”标签，输入工作表名“人员信息表”，如图 7-2-7 所示。

图 7-2-7

（3）在“人员信息表”工作表中输入表名及栏目名称，如图 7-2-8 所示。

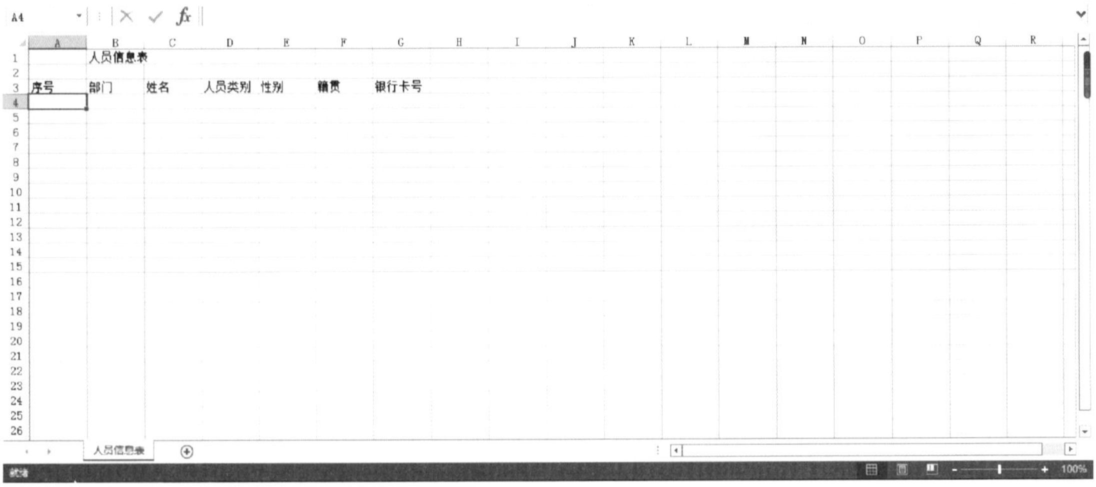

图 7-2-8

（4）单击“保存”后关闭。

（5）以同样的方式在“固定资产核算”工作簿中建立“固定资产清单”工作表，如图 7-2-9 所示。

图 7-2-9

项目八　数据的录入与编辑

建议学时

2 学时：

数据的录入（1 学时）；

数据的编辑与保护（1 学时）。

工作情境描述

在建立人员信息工作簿及工作表后，需要将人员信息数据录入 Excel 文件中，在录入过程中，有许多重复的信息，这增加了录入工作的劳动量，如何既快又准确地录入数据呢？另外，公司领导需要一季度员工的工资汇总数据，要求制作一季度员工的工资汇总表并保护其中数据不被随意修改，如何对一季度员工的工资数据进行编辑呢？

任务一　数据的录入

任务目标

【知识目标】掌握在 Excel 文件中录入数据的方法。

【能力目标】学会数据的手工录入方法、单元格数据的快速填充方法。

【素养目标】正确认识数据的概念，养成快速、准确地录入数据的习惯。

任务描述

山东飞驰有限责任公司现有人员 20 人，请将人员信息录入前一项目所建的“人员信息”工作簿—“人员信息表”中。（表 8-1-1）

表 8-1-1　人员信息表

序号	部门	姓名	人员类别	性别	籍贯	银行卡号
1	总经理办公室	王立	总经理	男	山东烟台	621785612341411411
2	财务部	刘蓓	部门经理	女	山东青岛	621785612341411424
3	财务部	李冰	管理人员	女	山东乳山	621785612341411431
4	财务部	周冲	员工	男	山东海阳	621785612341411444
5	人力资源部	方华	部门经理	女	山东蓬莱	621785612341411456
6	人力资源部	杨志	管理人员	男	山东日照	621785612341411426
7	技术部	司徒	部门经理	男	山东烟台	621785612341411447
8	技术部	宋磊	管理人员	男	山东济南	621785612341411468
9	采购部	张明	部门经理	男	山东潍坊	621785612341411499
10	采购部	王鹏	管理人员	男	山东烟台	621785612341411412
11	生产部	许云飞	部门经理	男	山东青岛	621785612341411423
12	生产部	周健	管理人员	男	山东即墨	621785612341411445
13	一车间	张新	员工	男	山东莱西	621785612341411467
14	一车间	徐明	员工	男	山东牟平	621785612341411498
15	二车间	杜江	员工	男	山东蓬莱	621785612341411410
16	二车间	马瑞祥	员工	男	山东龙口	621785612341411450
17	销售部	陈琳	部门经理	女	山东烟台	621785612341411484
18	销售部	孙涛	管理人员	男	山东烟台	621785612341411473
19	仓库	高阳	管理人员	男	山东平度	621785612341411462
20	仓库	李心	员工	女	山东栖霞	621785612341411451

要求：1. 列表题目“人员信息表”，宋体，16 号，居中。
　　2. 列表栏目名称，宋体，12 号，居中，加粗，自动换行。
　　3. 列表内容，宋体，11 号，居中。
　　4. 给列表加上表格线。

知识储备

一、数据的手工录入

在 Excel 中，数据的录入和修改都在当前单元格或者对应的编辑栏中进行。Excel 文件打开后，所有单元格均默认处于就绪状态，等待数据的录入。

1. 在单个单元格中录入数据

选定目标单元格，录入所需的数字或文本，如图 8-1-1 所示。

2. 在单张工作表的多个单元格中快速录入完全相同的数据

选定单元格区域，在当前活动单元格或者对应的编辑栏中录入所需的数字或文本，通过组合键“Ctrl+Enter”确认录入的内容，如图 8-1-2 所示。

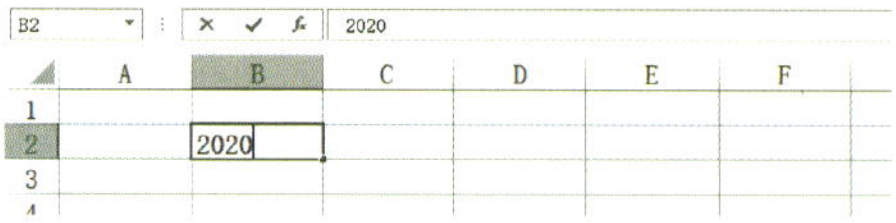

图 8-1-1

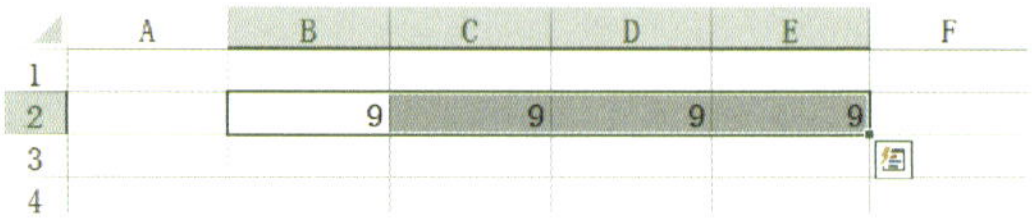

图 8-1-2

3. 在单张工作表的多个单元格中快速录入部分相同的数据

快速录入大量因系统性编码而部分重复的数据的具体步骤为：（1）选中需要录入数据的单元格区域；（2）按快捷键“Ctrl+I”或通过其他方式打开“设置单元格格式”对话框；（3）选择“分类”列表中的“自定义”，在“类型”编辑框中输入“重复的数据 @”，单击确定后完成设置，如输入重复的数字部分为“1100”，如图 8-1-3 所示。

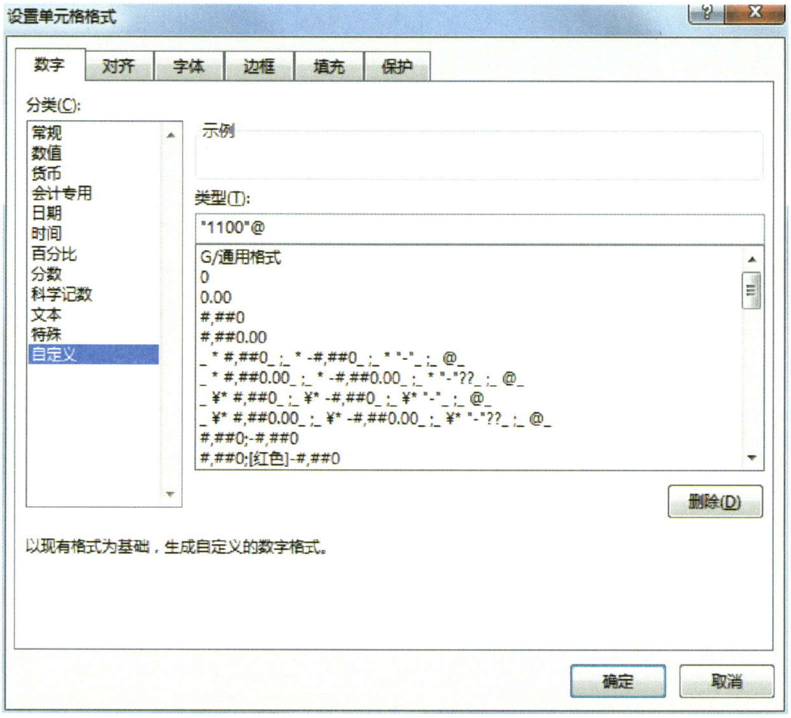

图 8-1-3

相关设置完成后，在相应的单元格输入数据时，只需要输入不重复的数字部分，系统会在输入的数字前自动加上重复部分，如图 8-1-4 所示。

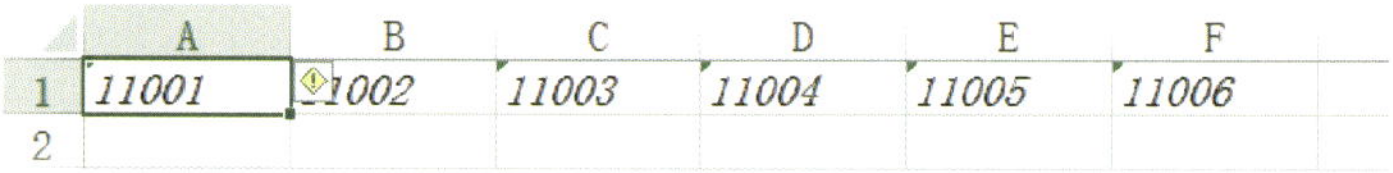

图 8-1-4

4. 在工作组的一个单元格或多个单元格中快速录入相同的数据

利用 Ctrl 或 Shift 键可将工作簿中的多张工作表组合成工作组，利用 Ctrl 键可以选中多个不连续的工作表，利用 Shift 键可以选中多个连续的工作表。在目标单元格，如同按照在单个单元格中录入数据的方法录入相关数据；在一个单元格区域，按照在单张工作表的多个单元格中录入相同数据的方法录入相关数据。

完成数据录入后，可采用以下方法取消工作组：

（1）单击所在工作簿中其他未被选中的工作表标签（组外工作表标签），如果该工作组包含工作簿中的所有工作表，则只需单击活动工作表以外的任意一个工作表标签；

（2）选中工作表标签后，单击右键，从弹出的快捷菜单中选定“取消成组工作表”。

二、单元格数据的快速填充

1. 相同数据填充

选中要复制内容的目标单元格，将鼠标放在单元格右下角的填充柄上，按下鼠标左键向某个方向拖动，直至覆盖需复制的区域，松开鼠标后目标单元格的内容即被填充到相关单元格中。

2. 序列填充

可以输入具有等差或等比等规律的数列。使用填充柄，Excel 可以自动根据已填入的数据填充序列的其他数据。以输入等差数列为例，具体步骤为：

（1）在相邻两个单元格中分别输入“1”“2”；

（2）选中这两个单元格，将鼠标放在第二个单元格右下角的填充柄上，按住鼠标左键拖动，在适当的位置释放鼠标，拖过的单元格会自动进行填充。

3. 填充序列类型的指定

利用自动填充功能填充序列后，可以指定序列类型，如填充日期时，可以指定以月填充、以年填充等。

如在连续 2 个单元格内输入“2020-1-1”和“2020-1-2”两个日期，选中这两个单元格向某一方向拖动并释放鼠标，单击“自动填充选项”按钮，在出现的下拉菜单中选中“以天数填充”，得到的结果如图 8-1-5 所示。

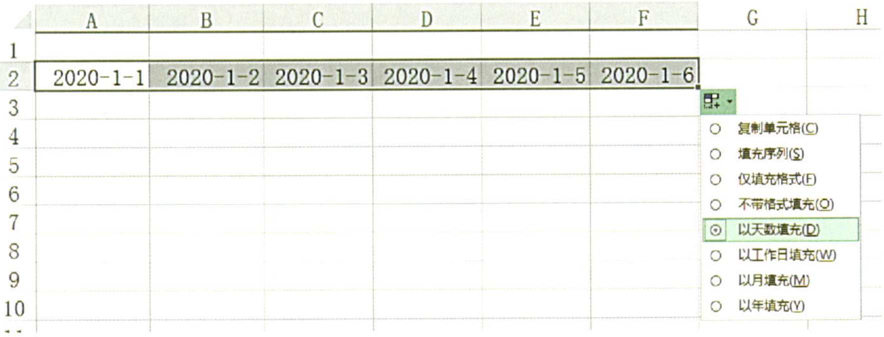

图 8-1-5

三、导入其他数据库中的数据

Excel 可以获取 SQLServer、Access 等数据库中的数据，实现与小型数据库管理系统的交互。

思考

根据所学，比较各种数据录入方式的不同。如何利用序列填充方式快速录入数字“1，3，5，7，9”？

操作指导

项目八 任务一 数据的录入

（1）打开“人员信息”工作簿—“人员信息表”。

（2）在 A4 单元格中输入“1”，将鼠标放到该单元格右下角的填充柄上，鼠标箭头随之变为黑十字形，按住鼠标左键向下拖动，拖至 A23 单元格时松开鼠标左键，单击 A23 单元格右下角出现的“自动填充选项”，选择“填充序列”，如图 8-1-6 所示。

图 8-1-6

（3）录入“部门”和“姓名”的相关内容，其中对于相同部门，可以按照步骤 2 进行操作。

（4）录入“人员类别”。按住“Ctrl”键，依次单击 D5、D8、D10、D12、D14、D20 单元格，在 D20 单元格输入“部门经理”后按“Ctrl+Enter”键，其他人员类别及人员性别可同理录入，如图 8-1-7 所示。

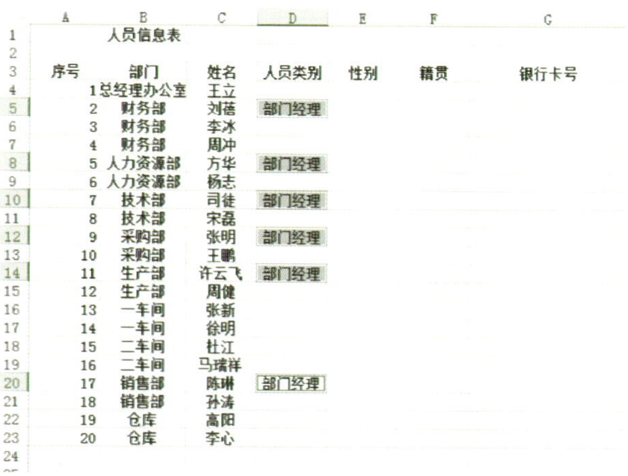

序号	部门	姓名	人员类别	性别	籍贯	银行卡号
1	总经理办公室	王立				
2	财务部	刘蓓	部门经理			
3	财务部	李冰				
4	财务部	周冲				
5	人力资源部	方华	部门经理			
6	人力资源部	杨志				
7	技术部	司徒	部门经理			
8	技术部	宋磊				
9	采购部	张明	部门经理			
10	采购部	王鹏				
11	生产部	许云飞	部门经理			
12	生产部	周健				
13	一车间	张新				
14	一车间	徐明				
15	二车间	杜江				
16	二车间	马瑞祥				
17	销售部	陈琳	部门经理			
18	销售部	孙涛				
19	仓库	高阳				
20	仓库	李心				

图 8-1-7

（5）录入“籍贯”。选中“F4：F23”单元格区域，单击鼠标右键，选择“设置单元格格式”，在“数字”选项卡的“分类”中选择“自定义”，在类型中输入“山东 @”，单击“确定”，如图 8–1–8 所示。在 F4 单元格中输入“烟台”，按“Enter”键，完成录入。其他单元格的录入方法相同，如图 8–1–9 所示。

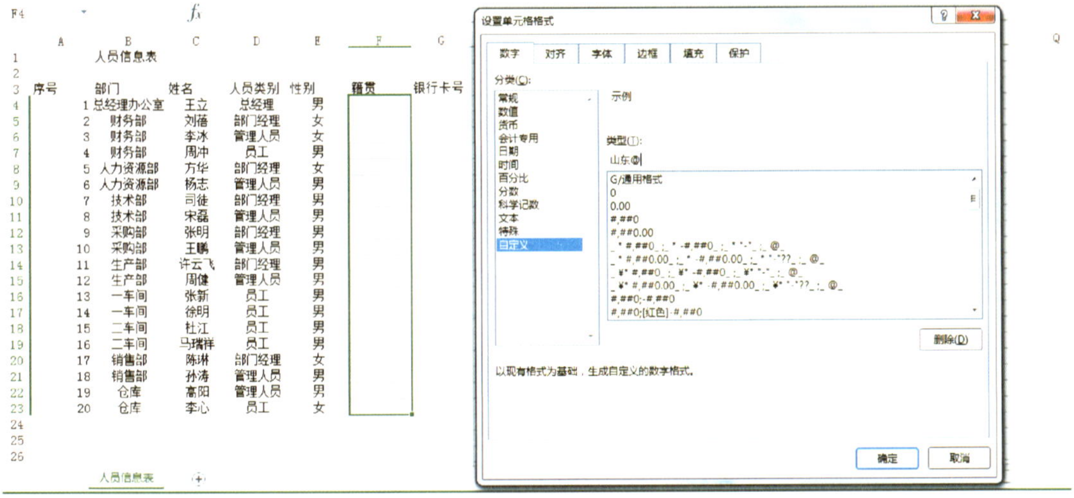

图 8–1–8

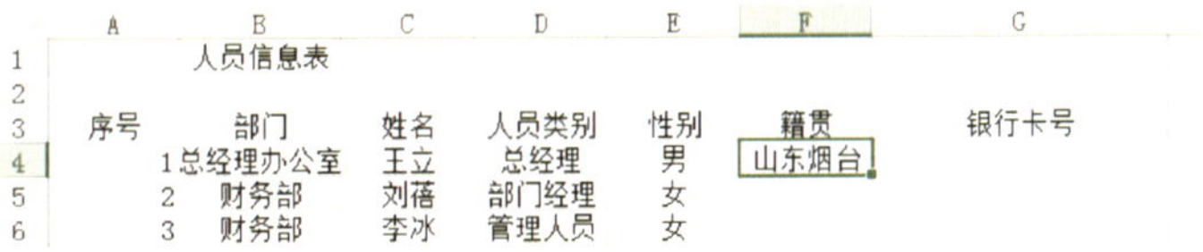

图 8–1–9

（6）录入“银行卡号”。选中“G4：G23”单元格区域，单击鼠标右键，选择“设置单元格格式”，在“数字”选项卡的“分类”中选择“自定义”，在类型中输入“"6217856123414114"@”（注：数据及符号要切换为英文状态输入），如图 8–1–10 所示，单击“确定”。在 G4 单元格中输入“11”，按“Enter”键，完成录入。其他单元格的录入方法相同。

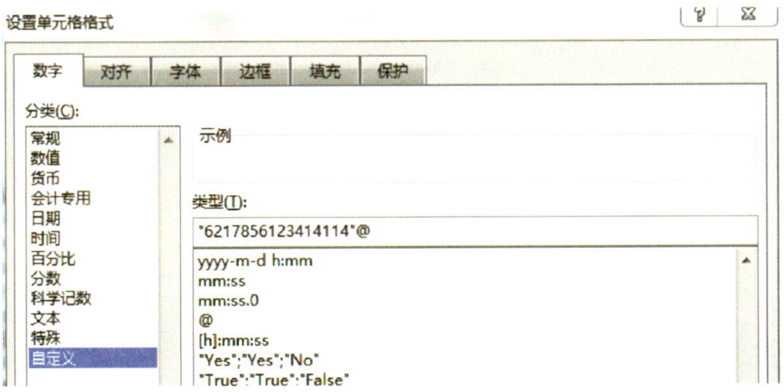

图 8–1–10

（7）选中“A1：G1”单元格区域，单击鼠标右键，选择“设置单元格格式”，单击“对齐”，在“文本对齐方式”中，“水平对齐”和“垂直对齐”选择为“居中”，在“文本控制”中选择“合并单元格”，如图 8–1–11 所示。在“字体”中选择“宋体，16 号”，如图 8–1–12 所示，单击“确定”。或者直接单击“开始”功能区里的字体进行设置，如图 8–1–13 所示。

表格中栏目名称及具体内容以类似方法设置。

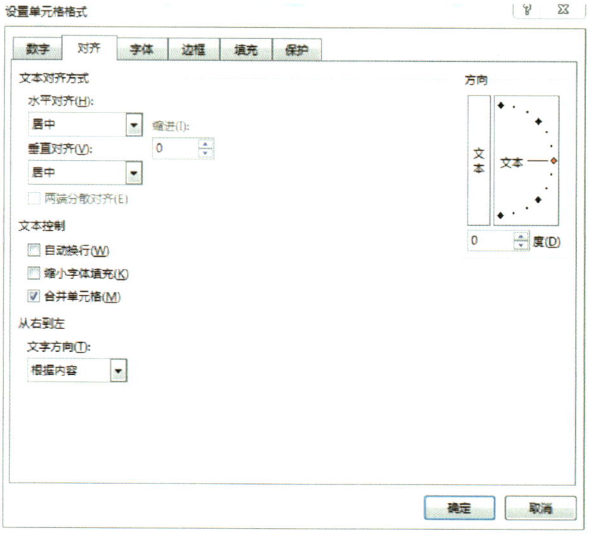

图 8–1–11

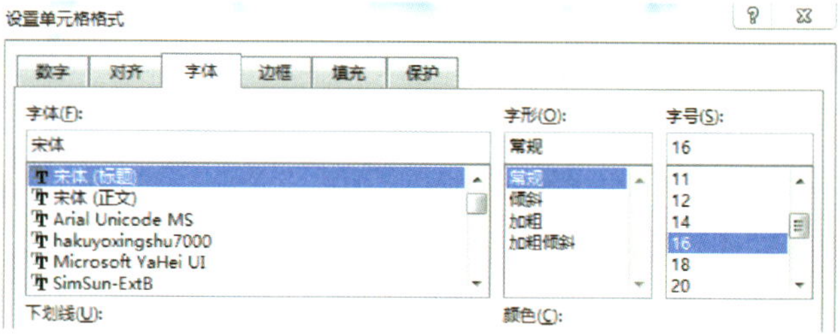

图 8–1–12

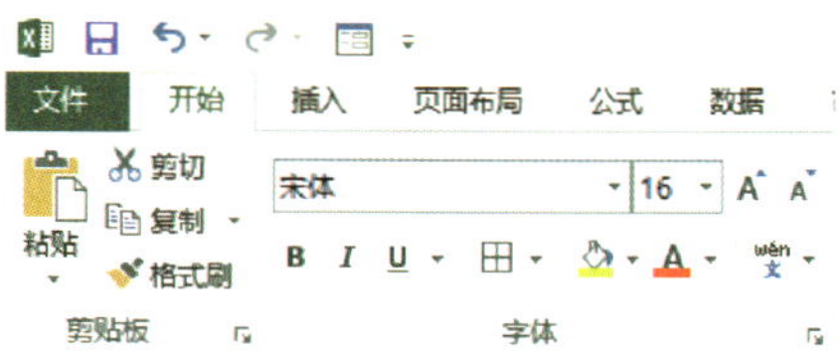

图 8–1–13

（8）选中“A3：G23”单元格区域，单击鼠标右键，选择“设置单元格格式”，在“边框”中选中“外边框”和“内部”，单击“确定”，如图 8–1–14 所示。或者单击“开始”功能区中的 田 ▾ 进行边框的设置，如图 8–1–15 所示。最终设置结果如图 8–1–16 所示。

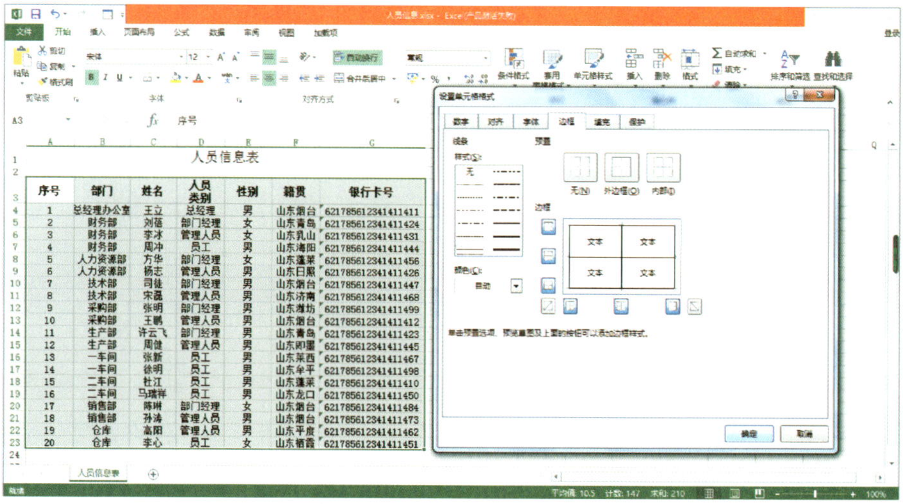

图 8–1–14

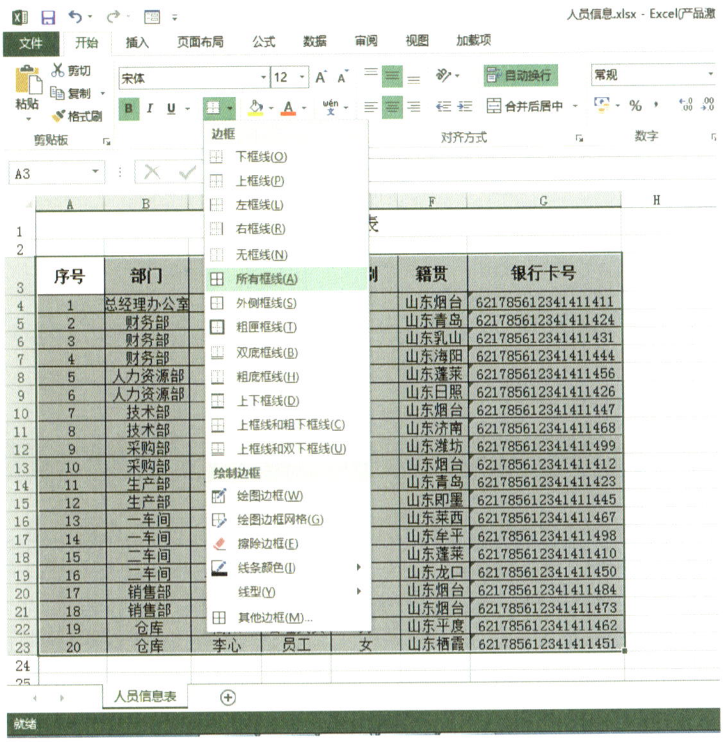

图 8-1-15

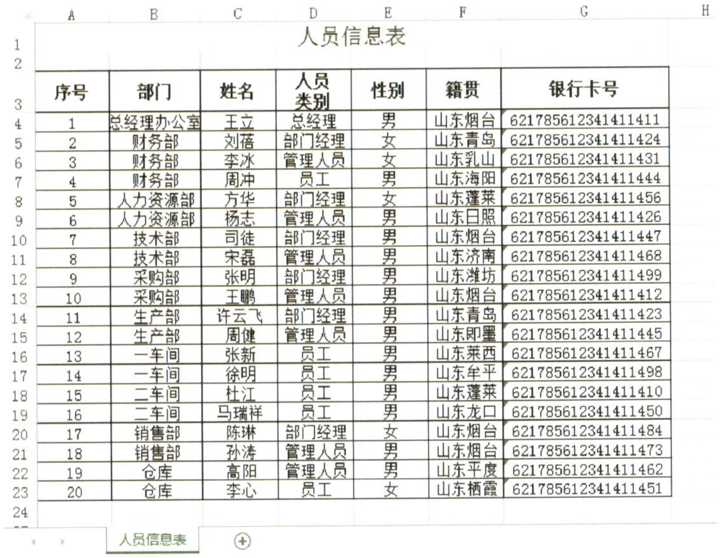

人员信息表

序号	部门	姓名	人员类别	性别	籍贯	银行卡号
1	总经理办公室	王立	总经理	男	山东烟台	6217856123411411411
2	财务部	刘蓓	部门经理	女	山东青岛	6217856123411411424
3	财务部	李冰	管理人员	女	山东乳山	6217856123411411431
4	财务部	周冲	员工	男	山东海阳	6217856123411411444
5	人力资源部	方华	部门经理	女	山东蓬莱	6217856123411411456
6	人力资源部	杨志	管理人员	男	山东日照	6217856123411411426
7	技术部	司徒	部门经理	男	山东烟台	6217856123411411447
8	技术部	宋磊	管理人员	男	山东济南	6217856123411411468
9	采购部	张明	部门经理	男	山东潍坊	6217856123411411499
10	采购部	王鹏	管理人员	男	山东烟台	6217856123411411412
11	生产部	许云飞	部门经理	男	山东青岛	6217856123411411423
12	生产部	周健	管理人员	男	山东即墨	6217856123411411445
13	一车间	张新	员工	男	山东莱西	6217856123411411467
14	一车间	徐明	员工	男	山东牟平	6217856123411411498
15	二车间	杜江	员工	男	山东蓬莱	6217856123411411410
16	二车间	马瑞祥	员工	男	山东龙口	6217856123411411450
17	销售部	陈琳	部门经理	女	山东烟台	6217856123411411484
18	销售部	孙涛	管理人员	男	山东烟台	6217856123411411473
19	仓库	高阳	管理人员	男	山东平度	6217856123411411462
20	仓库	李心	员工	女	山东栖霞	6217856123411411451

图 8-1-16

任务二　数据的编辑与保护

任务目标

【知识目标】掌握数据的编辑方法。

【能力目标】学会复制和剪切、查找和替换数据的方法。

【素养目标】树立对数据的保护意识。

任务描述

1. 2020 年 4 月，公司领导希望你在“一季度员工工资表”工作簿（见任务资源）中制作一个一季度员工工资汇总表，并通过查找和替换功能，将其中的“技术部”替换成“研发部”

2. 为了保护数据的安全，防止随意修改，你决定对“一季度员工工资表”工作簿设置保护，并对其中的工资数据设置工作表保护（表 8-2-1）

表 8-2-1 一季度员工工资汇总表

序号	部门	姓名	1 月	2 月	3 月	合计
1	总经理办公室	王立				
2	财务部	刘蓓				
3	财务部	李冰				
4	财务部	周冲				
5	人力资源部	方华				
6	人力资源部	杨志				
7	技术部	司徒				
8	技术部	宋磊				
9	采购部	张明				
10	采购部	王鹏				
11	生产部	许云飞				
12	生产部	周健				
13	一车间	张新				
14	一车间	徐明				
15	二车间	杜江				
16	二车间	马瑞祥				
17	销售部	陈琳				
18	销售部	孙涛				
19	仓库	高阳				
20	仓库	李心				

知识储备

一、数据的编辑

（一）数据的复制和剪切

1. 数据的复制和粘贴

在 Excel 中，可以使用“粘贴”命令粘贴复制的内容，还可以使用“选择性粘贴”命令有选择地粘贴剪贴板中的数值、格式、公式、批注等内容。

2. 数据的剪切与粘贴

数据的剪切与复制不同。数据复制后，原单元格中的数据仍然存在，目标单元格中同时还增加原单元格中的数据；数据剪切后，原单元格中的数据不复存在，只在目标单元格中增加原单元格中的数据。

（二）数据的查找和替换

1. 查找和替换特定数据

如果只需要查找，可单击“查找下一个”逐个查找或单击“查找全部”一次性全文查找；如果需要替换，可单击“替换”逐个替换或单击“全部替换”一次性全部替换，如图 8-2-1 所示。

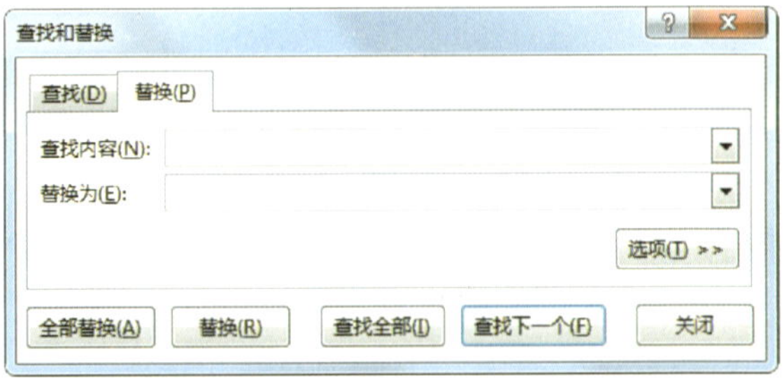

图 8-2-1

2. 选中包含公式的单元格

执行“编辑→查找和选择→公式”命令，选中工作簿中所有包含公式的单元格。

3. 替换格式

在“查找和替换”对话框中打开相应的窗口进行相应的格式设置，然后单击确定回到“查找和替换”对话框，单击“全部替换”即完成对内容和格式的批量替换。

二、数据的保护

（一）保护工作簿

Excel 可以为重要的工作簿设置保护，限制进行相应的操作。

1. 限制编辑权限

执行“审阅→保护工作簿”命令，打开“保护工作簿”对话框，输入密码，2 次后单击确定，如图 8-2-2 所示。

图 8-2-2

工作簿被保护后所有的操作都不可进行。如果要撤销保护工作簿，按设置保护工作簿的路径选择“保护工作簿”，输入正确的密码后可撤销保护。

2. 设置工作簿打开权限密码

设置密码完成后，当再次打开工作簿时需要输入正确的密码才能打开。

（二）保护工作表

执行“审阅→保护工作表”命令，打开“保护工作表”对话框，输入密码，2 次后单击“确定”，如图 8-2-3 所示。

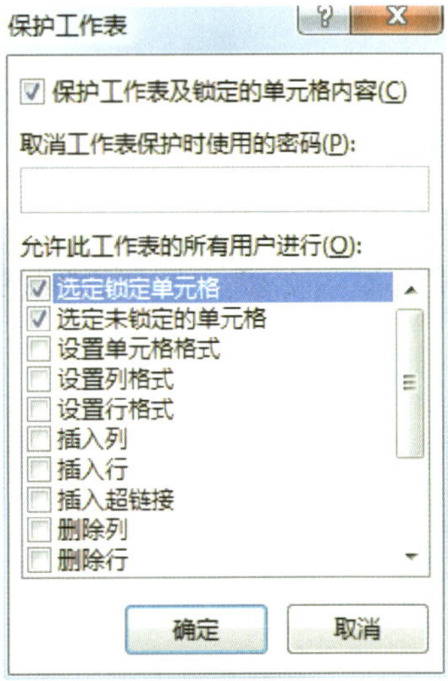

图 8-2-3

在 Excel 2013 中，可以对工作表进行编辑权限设定，限制他人对工作表的编辑权限，如插入行、插入列等。取消权限保护需输入正确的密码。

如果要撤销保护工作表，按设置保护工作表的路径选择“保护工作表”，正确输入取消工作表保护时使用的密码后可撤销保护。

（三）锁定单元格

锁定单元格可以使单元格的内容不能被修改，使用“锁定单元格”功能必须启用保护工作表功能。

思考

保护工作簿和保护工作表有什么区别?

操作指导

项目八 任务二 数据的编辑与保护

1. 数据的编辑

（1）打开任务资源中的“项目八—任务二：一季度员工工资表”工作簿，单击工作表标签“三月工资”右侧的“新增工作表”按钮 完成工作表的插入，将新工作表命名为“一季度员工工资汇总表”。在 A1 单元格中录入表标题“一季度员工工资汇总表”。

（2）单击“一月工资”工作表，选中“A3：C23”单元格区域，单击鼠标右键，单击“复制”。

（3）单击“一季度员工工资汇总表”工作表，选中 A3 单元格，单击鼠标右键，单击“粘贴选项”的第一个“粘贴” 选项，如图 8-2-4 所示。

（4）在 D3 单元格中输入“一月”，光标放在 D3 单元格的右下角上，出现黑十字形时按住鼠标左键，向右拖动至 F3 单元格。在 G3 单元格中输入“合计”，如图 8-2-5 所示。

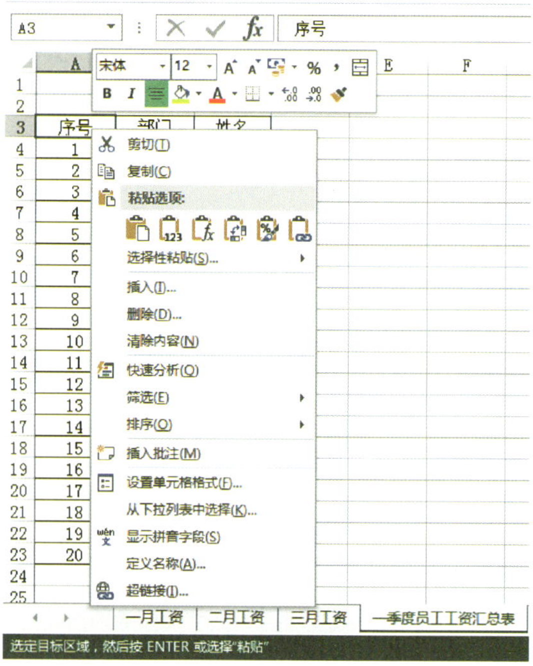

图 8-2-4

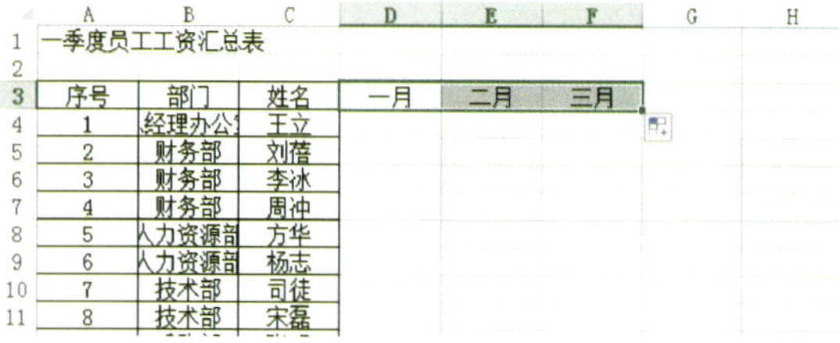

图 8-2-5

（5）单击“一月工资”工作表，选中“K4：K23”单元格区域（实发合计），单击鼠标右键，单击“复制”。

（6）单击“一季度员工工资汇总表”工作表，选中 D4 单元格，进行粘贴。

有三种方式：①单击鼠标右键，选择“粘贴选项”中的第二个“值” 选项，如图 8-2-6 所示。

图 8-2-6

②单击“选择性粘贴”，在下拉列表中选择“粘贴数值”的第一个选项，如图 8-2-7 所示。

③单击“选择性粘贴”中的“选择性粘贴”，选择“数值”，如图 8-2-8 所示。

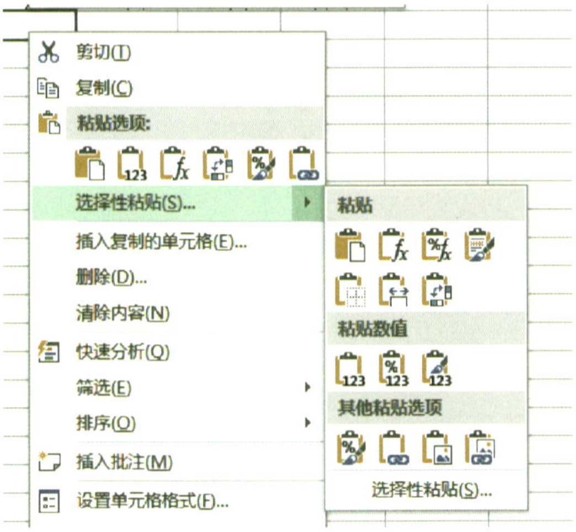

图 8-2-7

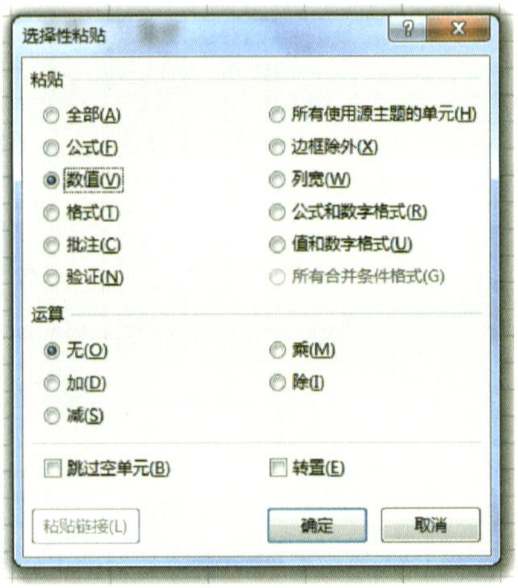

图 8-2-8

完成一月份工资的录入。以同样的方法完成二、三月份工资的录入。

（7）单击“一月工资”工作表，选择 H4 单元格，单击鼠标右键，单击“复制”；单击“一季度员工工资汇总表”工作表，选择 G4 单元格，单击鼠标右键，选择“粘贴选项”中的“公式”选项。也可以参照上一步骤中的后两种方式进行公式的粘贴。

（8）光标放在 G4 单元格右下角上，出现黑十字形时按住鼠标左键向下拖动至 G23 单元格，完成“合计”数据的录入。最终结果如图 8-2-9 所示。

（9）在“一季度员工工资汇总表”工作表中，单击“开始”功能区中“编辑”里的“查找和选择”，在下拉列表中单击“替换”按钮，如图 8-2-10 所示。

一季度员工工资汇总表

序号	部门	姓名	一月	二月	三月	合计
1	经理办公	王立	14340	14600	14200	43140
2	财务部	刘蓓	11500	11650	11320	34470
3	财务部	李冰	8700	8760	8580	26040
4	财务部	周冲	6500	6600	6310	19410
5	人力资源部	方华	11350	11650	11350	34350
6	人力资源部	杨志	7000	7320	7080	21400
7	技术部	司徒	12000	11970	11790	35760
8	技术部	宋磊	9110	9320	9080	27510
9	采购部	张明	11500	11650	11350	34500
10	采购部	王鹏	6500	6670	6580	19750
11	生产部	许云飞	11500	11650	11200	34350
12	生产部	周健	8700	8820	8580	26100
13	一车间	张新	7260	7600	7340	22200
14	一车间	徐明	7500	7510	7400	22410
15	二车间	杜江	7500	7600	7400	22500
16	二车间	马瑞祥	7470	7600	7280	22350
17	销售部	陈琳	11500	11440	11350	34290
18	销售部	孙涛	9200	9320	9080	27600
19	仓库	高阳	8700	8700	8580	25980
20	仓库	李心	6880	7100	6900	20880

图 8-2-9

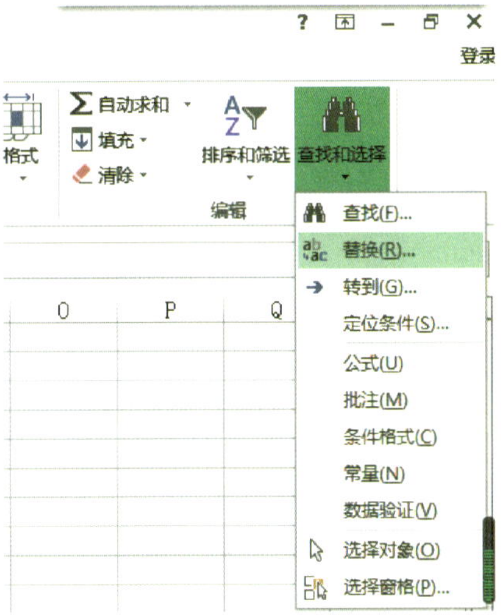

图 8-2-10

在“查找内容”中输入“技术部”，在“替换为”中输入“研发部”，单击“全部替换”，完成替换，如图 8-2-11、图 8-2-12 所示。单击“确定”后，再单击“关闭”按钮。

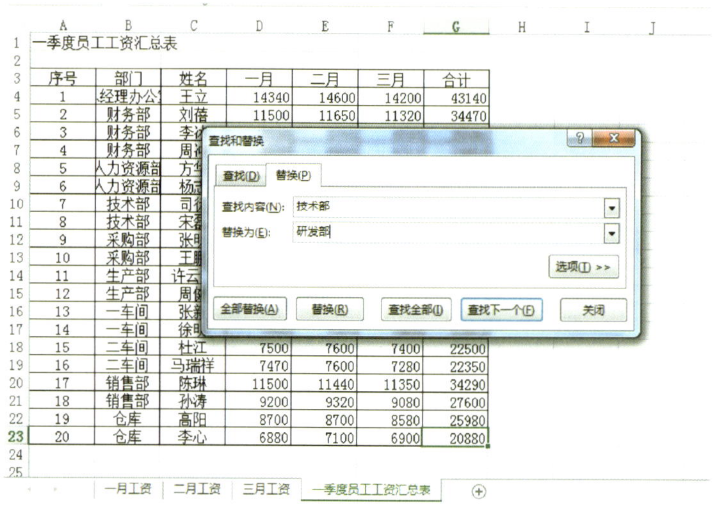

图 8–2–11

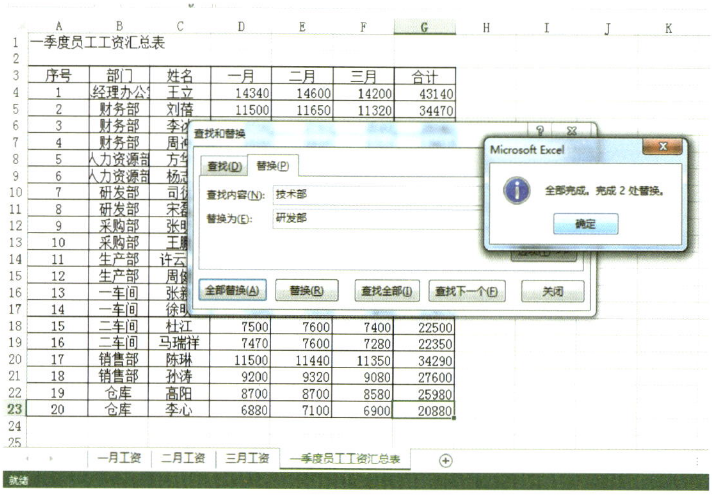

图 8–2–12

2. 数据的保护

（1）在“一季度员工工资表”工作簿中，单击“审阅”功能区中“更改”里的“保护工作簿”。

（2）勾选“结构”，输入密码（也可以不设密码），单击“确定”；再次输入密码，单击“确定”，如图 8–2–13 所示。

（3）保护工作簿后，无法对工作表进行移动、添加、删除、隐藏、重命名等操作。

（4）如果需要对被保护的工作簿进行操作，直接单击“保护工作簿”即可撤销，如果设置了密码，需要输入密码后撤销。

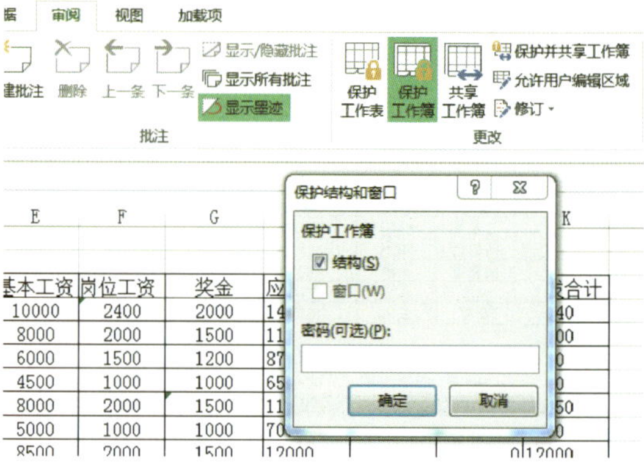

图 8–2–13

（5）选择“一月工资”工作表，选择允许修改的部分单元格，如“A3：D23”单元格区域，单击鼠标右键，选择“设置单元格格式”。

（6）在“设置单元格格式”窗口中选择“保护”，取消勾选“锁定”，如图 8-2-14 所示，单击“确定”。

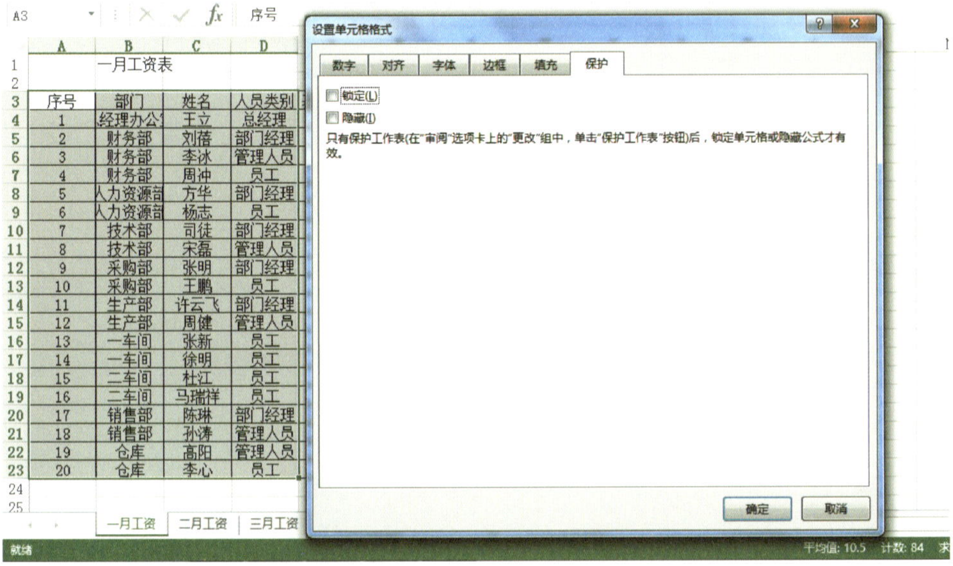

图 8-2-14

（7）执行“审阅→保护工作表”命令。

（8）在“保护工作表”窗口中输入密码（也可以不设密码），单击“确定”，如图 8-2-15 所示。在弹出的确认密码窗口，再次输入密码，单击“确定”。

（9）完成工作表的保护设置后，当要修改工作表中没有被解除锁定的单元格时，会弹出提示无法进行修改的对话框，如图 8-2-16 所示。

（10）如果需要修改被保护的单元格，可执行“审阅→撤销工作表保护”命令。

（11）对二月工资、三月工资和一季度员工工资汇总表进行相同的操作。

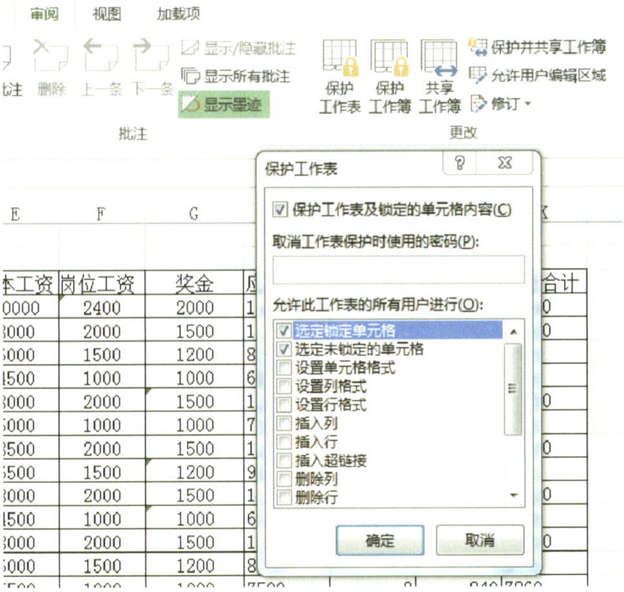

图 8-2-15

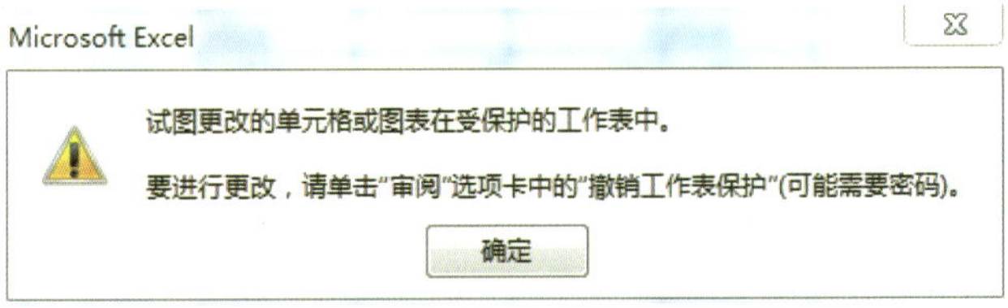

图 8-2-16

项目九　公式与函数的应用

建议学时

8 学时：

公式的应用（2 学时）；

单元格的引用（2 学时）；

函数的应用（4 学时）。

工作情境描述

2020 年 4 月，公司对工资制度进行了改革，需要设计新的工资表，其中很多数据需要用到公式和函数，另外，还需要利用函数对工资数据进行分析。那要如何设置公式，如何插入函数，如何利用合适的函数进行数据分析呢？

任务一　公式的应用

任务目标

【知识目标】掌握 Excel 中公式的概念及其构成。

【能力目标】学会进行公式的创建与修改，了解并会改变公式的运算次序，了解公式运算结果如何显示。

【素养目标】加强对 Excel 中公式编辑的重要性的认识。

任务描述

2020 年 4 月，公司对工资制度进行了改革，调整了工资项目及计算公式（其中基本工资和岗位工资数额不变），因此需要编制新的工资表。请根据以下要求编制二季度员工工资表。

（1）工作簿名称：二季度员工工资表。

（2）工作表名称：四月工资。

（3）工作表的栏目名称如下。

"四月工资"工作表栏目名称：部门、姓名、人员类别、基本工资、岗位工资、津贴、应发合计、社会保险金、住房公积金、代扣税、请假扣款、扣款合计、实发合计、应纳税所得额、缴费工资基数、请假天数。

（4）工作表各项目及公式见表 9-1-1。

表 9-1-1　项目及公式

工资项目	公式
应发合计	基本工资 + 岗位工资 + 津贴
津贴	基本工资 ×30%
社会保险金（个人负担部分）	缴费工资基数 ×10.5%
住房公积金（个人负担部分）	缴费工资基数 ×12%
请假扣款	请假天数 ×30
扣款合计	社会保险金 + 住房公积金 + 代扣税 + 请假扣款
实发合计	应发合计 − 扣款合计
应纳税所得额	应发合计 − 社会保险金 − 住房公积金 −5 000

（5）设置工作表数据格式：基本工资、岗位工资、津贴、应发合计、社会保险金、住房公积金、代扣税、请假扣款、扣款合计、实发合计、应纳税所得额、缴费工资基数、请假天数中的数据均设置为数值型，保留小数位数为 0。

（6）画表格线。

知识储备

一、公式的概念及其构成

公式是指由等号"="、运算体和运算符在单元格中按特定顺序连接而成的运算表达式。运算体是指能够运算的数据或者数据所在单元格的地址名称、函数等；运算符是使 Excel 自动执行特定运算的符号。在 Excel 中，运算符主要有四种类型：算术运算符、比较运算符、文本运算符和引用运算符。

在 Excel 中，公式总是以等号"="开始，以运算体结束的，相邻的两个运算体之间必须使用能够正确表达二者运算关系的运算符进行连接，即公式的完整表达式按以下方式依次构成：等号"="、第一个运算体、第一个运算符、第二个运算体，依此类推，直至最后一个运算体。

二、公式的创建与修改

（一）公式的创建

在 Excel 中，创建公式的方式包括手动输入和移动单击输入。

手动输入公式的具体步骤为：

（1）选定目标单元格。

（2）在目标单元格或其对应的编辑栏中输入"="。

（3）输入第一个运算体、第一个运算符，依此类推，直至最后一个运算体。

（4）确认新创建的公式。

例如，输入公式“$3\times5-2^3$”时，需要在单元格中输入“=3*5-2^3”（在键盘中可用“*”代替乘号，用“^”代替乘方），按回车键确认输入后，结果 7 将显示在单元格内，公式的完整内容会显示在编辑栏内。

手动输入公式时如有小圆括号，应注意其位置是否适当以及左括号是否与右括号相匹配。

当输入的公式中含有其他单元格的数值时，为了避免重复输入甚至出错，还可以通过移动鼠标去单击拟输入数值所在单元格的地址（引用单元格的数值）来创建公式。

移动单击输入数值所在单元格的地址后，单元格将处于“数据点模式”。

（二）公式的编辑和修改

公式编辑和修改的方法有：

（1）双击公式所在的单元格直接在单元格内修改内容。

（2）选中公式所在的单元格，按“F2”键后直接在单元格内更改内容。

（3）选中公式所在的单元格后单击公式编辑栏，在公式编辑栏中做相应更改。

需注意的是，在编辑或者通过移动单击输入公式时，不能随便移动方向键或者单击公式所在单元格以外的单元格，否则单元格内光标移动之前的位置上将自动输入所移至单元格的地址名称。

三、公式的运算次序

对于只由一个运算符或者多个优先级次相同的运算符（如既有加号又有减号）构成的公式，Excel 将按照从左到右的顺序自动进行智能运算；但对于由多个优先级次不同的运算符构成的公式，Excel 则将自动按照公式中运算符的优先级次从高到低进行智能运算。

为了改变运算优先顺序，应将公式中需要最先计算的部分使用一对左右小圆括号括起来，但不能使用中括号。公式中左右小圆括号的对数超过一对时，Excel 将自动按照从内向外的顺序进行运算。

四、公式运算结果的显示

Excel 根据公式自动进行智能运算的结果默认显示在该公式所在的单元格里，编辑栏则相应显示公式表达式的完整内容。该单元格处于编辑状态时，单元格中也将显示等号“=”及其运算体和运算符，与所对应的编辑栏显示的内容一致。

（一）查看公式中某步骤的运算结果

单元格中默认显示的运算结果是根据完整的公式表达式进行运算的结果，但可通过下述方法查看公式中某步骤的运算结果：

（1）选中公式所在的单元格，双击或按“F2”键进入编辑状态。

（2）选中公式中需要查看其运算结果的运算体和运算符，按“F9”键后，被选中的内容将转化为运算结果，该运算结果同时处于被选中状态。

在运算结果处于被选中状态下，如果按下确认键或者移动鼠标，公式中参与运算的运算体和运算符将不复存在，而被该结果替代；如果移动鼠标去单击其他单元格，公式所在单元格将由编辑状态切换成数据点状态，公式所在单元格里同时显示被选中单元格的地址或名称。

（3）按“Esc”键或者“Ctrl+Z”组合键（或单击“撤消”按钮），运算结果将恢复为公式表达式的原来内容。

（二）公式默认显示方式的改变

为了检查公式整体或者其中某一组成部分的表述是否正确，可以通过下述方法使单元格默认显示完整的公式表达式，实现公式表达式与运算结果之间的便捷切换。

（1）在单元格显示运行结果时，选中单元格，按“Ctrl+`”组合键或者单击“显示公式”命令，可切换为显示公式内容。

（2）在单元格显示公式内容时，选中单元格，按“Ctrl+`”组合键或者单击“显示公式”命令，或者单击“公式审核模式”命令，可切换为显示运行结果。

（三）将公式运算结果转换为数值

采用复制粘贴的方法将公式原地复制后，进行选择性粘贴，但只粘贴数值。

操作指导

项目九 任务一 公式的应用

（1）新建工作簿，命名为“二季度员工工资表”，保存在 E：\ 飞驰公司中。

（2）将“二季度员工工资表”工作簿中的“Sheet1”命名为“四月工资”。在 A1 单元格中输入表标题“四月份工资表”。

（3）从“任务资源→项目八→任务二”的“一季度员工工资表”中复制“部门”“姓名”“人员类别”“基本工资”“岗位工资”等对应栏，粘贴至“四月工资”工作表的 A3 单元格中，然后依次增加其他工资项目。

（4）选中 G4 单元格，输入“=”，依次单击“D4”“+”“E4”“+”“F4”，按回车键，完成公式的录入，如图 9-1-1 所示。

	A	B	C	D	E	F	G	H	I	J	K	L	M	N	O	P
1	四月份工资表															
2																
3	部门	姓名	人员类别	基本工资	岗位工资	津贴	应发合计	社会保险金	住房公积金	代扣税	请假扣款	扣款合计	实发合计	应纳税所得额	免费工资基数	请假天数
4	经理办公室	王立	总经理	10000	2400		=D4+E4+F4									
5	财务部	刘蓓	部门经理	8500	2000											
6	财务部	李沐	管理人员	6500	1500											
7	财务部	周冲	员工	5200	1000											
8	人力资源部	方华	部门经理	8100	2000											
9	人力资源部	杨志	管理人员	6000	1000											
10	技术部	司徒	部门经理	8500	2000											

图 9-1-1

（5）其他单元格的公式录入方法相似，具体公式为：

F4=D4*30%

H4=O4*10.5%

I4=O4*12%

K4=P4*30

L4=H4+I4+J4+K4

M4=G4-L4

N4=G4-H4-I4-5000

公式录入后显示结果，如图 9-1-2 所示。

图 9-1-2

（6）选中“D4：P23”单元格区域，单击右键，依次选择“设置单元格格式”→“数字”→“数值”，并将小数位数设置为“0”，如图 9-1-3 所示。选中“F3：P23”单元格区域，单击右键，依次选择“设置单元格格式”→“边框”→“外边框”→“内部”，为表格加上表格线。

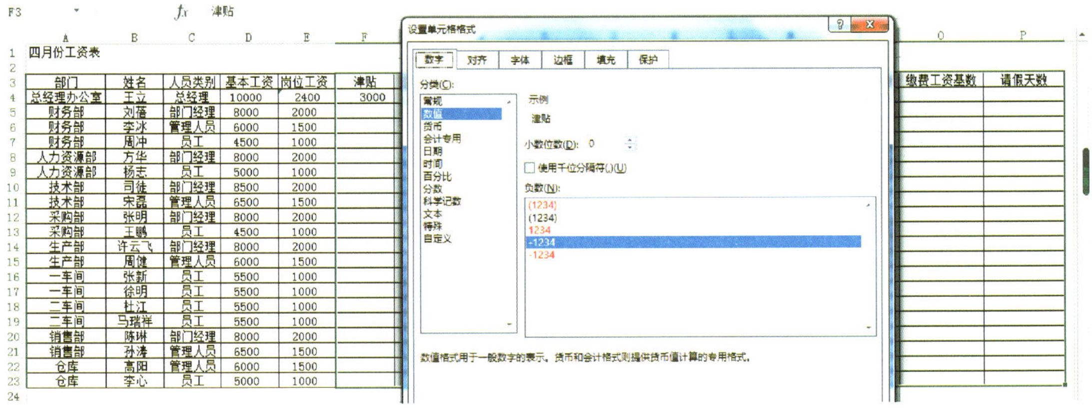

图 9-1-3

任务二　单元格的引用

任务目标

【知识目标】掌握单元格引用的三种类型。

【能力目标】学会引用单元格的方法，以及跨工作表的单元格引用方法、跨工作簿的单元格引用方法。

【素养目标】对单元格引用的重要性有所认识。

任务描述

销售部孙涛做了一个“4 月份产品销售情况表”（见任务资源），但并未做完，请按以下要求帮助其完成表格。

（1）利用相对引用和绝对引用完成“4 月份产品销售情况表”。

（2）利用跨工作表的单元格引用，在“A 产品第二季度销售情况”中输入 A 产品的 4 月份销售数量、销售金额及利润。

（3）利用跨工作簿的单元格引用，在“二季度产品销售情况表”（见任务资源）中输入 4 月份所有产品总的销售数量、销售金额及利润。

知识储备

单元格引用是指在不同单元格之间建立链接，以引用来自其他单元格的数据。引用的作用在于标识工作表上的单元格或单元格区域，并指明公式中所使用的数据的位置。

通过引用，可以在公式中使用工作表不同部分的数据，或者在多个公式中使用同一单元格的数值，常用的单元格引用分为相对引用、绝对引用和混合引用三种。此外还可以引用同一工作簿不同工作表的单元格、不同工作簿的单元格，甚至其他应用程序中的数据。

一、引用的类型

（一）相对引用

如果公式中使用的是相对引用，公式记忆的是源数据所在单元格与引用源数据的单元格的相对位置，当复制使用了相对引用的公式到别的单元格中时，被粘贴的公式中的引用将自动更新，数据源将指向与当前公式所在单元格位置相对应的单元格。在相对引用中，所引用的单元格地址的列坐标和行坐标前面没有任何标示符号。Excel 默认使用的单元格引用是相对引用。

（二）绝对引用

如果公式使用的是绝对引用，公式记忆的是源数据所在单元格在工作表中的绝对位置，当复制使用了绝对引用的公式到别的单元格中时，被粘贴公式中的引用不会更新，数据源仍然指向原来的单元格。在绝对引用中，所引用的单元格地址的列坐标和行坐标前面会分别加入标示符号“$”。如果要使复制公式时数据源的位置不发生改变，应当使用绝对引用。

（三）混合引用

混合引用是指所引用单元格地址的行标与列标中只有一个是相对的，可以发生变动，而另一个是绝对的。

二、输入单元格引用

在公式中可以直接输入单元格的地址引用单元格，也可以使用鼠标或键盘的方向键选择单元格。输入单元格地址后，通常使用以下两种方法来改变引用的类型：

①在单元格地址的列标和行标前直接输入“$”符号。

②输入完单元格地址后，重复按“F4”键选择合适的引用类型。

三、跨工作表的单元格引用

跨工作表的单元格引用是指引用同一工作簿里其他工作表中的单元格，又称三维引用，需要按照以下格式进行跨表引用：

工作表名！数据源所在单元格地址。

四、跨工作簿的单元格引用

跨工作簿的单元格引用是指引用其他工作簿中的单元格，又称外部引用，需要按照以下格式进行跨工作簿引用：

［工作簿名］工作表名！数据源所在单元格地址。

操作指导

项目九 任务二 单元格的引用

（1）打开任务资源中“项目九”—“任务二”中的“4 月份产品销售情况表”，选中 D4 单元格，将光标移至单元格右下角上，变成黑十字形后按住鼠标左键向下拖动至 D9 单元格，完成单元格的相对引用，如图 9-2-1 和图 9-2-2 所示。

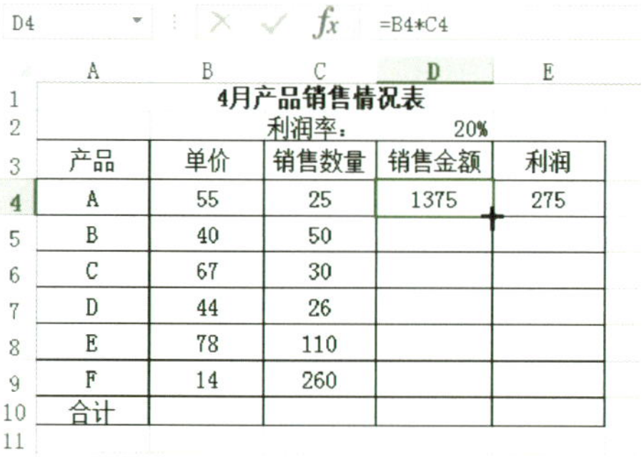

D4 =B4*C4

4月产品销售情况表				
	利润率：		20%	
产品	单价	销售数量	销售金额	利润
A	55	25	1375	275
B	40	50		
C	67	30		
D	44	26		
E	78	110		
F	14	260		
合计				

图 9-2-1

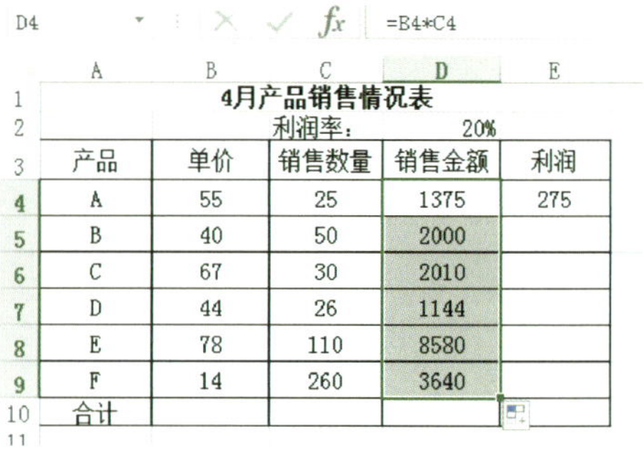

D4 =B4*C4

4月产品销售情况表				
	利润率：		20%	
产品	单价	销售数量	销售金额	利润
A	55	25	1375	275
B	40	50	2000	
C	67	30	2010	
D	44	26	1144	
E	78	110	8580	
F	14	260	3640	
合计				

图 9-2-2

（2）单击 E4 单元格，将光标定位于公式栏“=D4*D2”中的“D”和“2”之间，按“F4”键，“D2”变为“D2”，即绝对引用 D2 单元格，按回车键，将光标移至 E4 单元格右下角上，变成黑十字形后按住鼠标左键拖动至 E9 单元格，完成表格，如图 9-2-3 和图 9-2-4 所示。

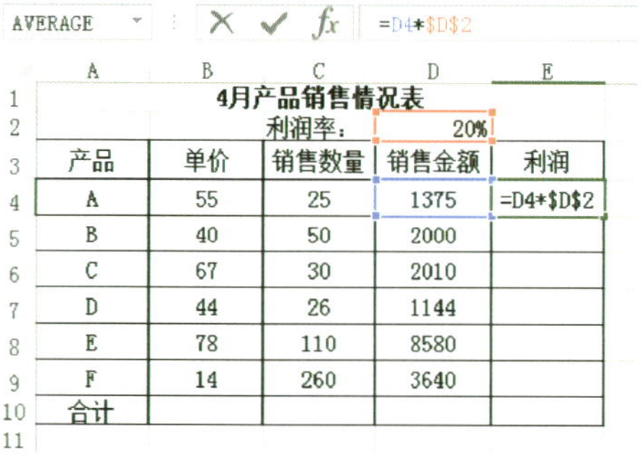

AVERAGE =D4*D2

4月产品销售情况表				
	利润率：		20%	
产品	单价	销售数量	销售金额	利润
A	55	25	1375	=D4*D2
B	40	50	2000	
C	67	30	2010	
D	44	26	1144	
E	78	110	8580	
F	14	260	3640	
合计				

图 9-2-3

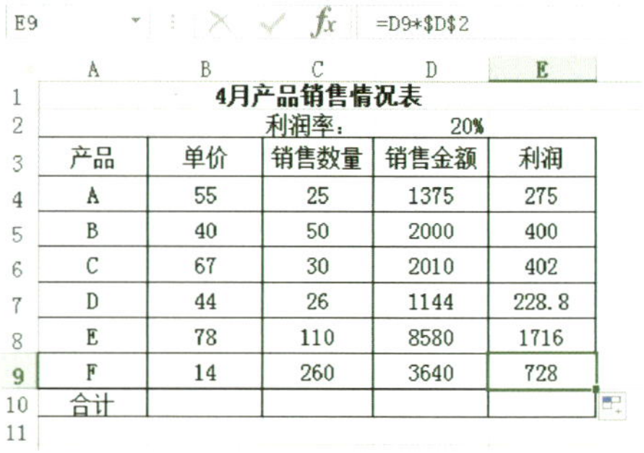

E9 =D9*D2

4月产品销售情况表				
	利润率：		20%	
产品	单价	销售数量	销售金额	利润
A	55	25	1375	275
B	40	50	2000	400
C	67	30	2010	402
D	44	26	1144	228.8
E	78	110	8580	1716
F	14	260	3640	728
合计				

图 9-2-4

（3）单击“A 产品第二季度销售情况”工作表，在 B4 单元格中输入“=”，单击“4 月份产品销售情况表”中的 C4 单元格，按回车键，结果如图 9-2-5 所示。用同样的方法录入销售金额和利润的数据。

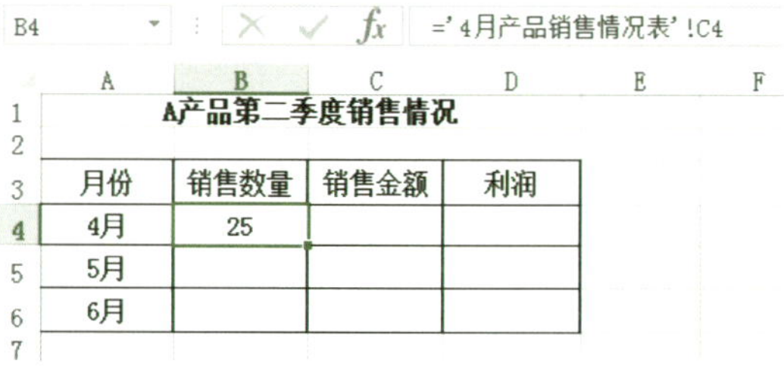

B4 ='4月产品销售情况表'!C4

A产品第二季度销售情况			
月份	销售数量	销售金额	利润
4月	25		
5月			
6月			

图 9-2-5

（4）在“4 月份产品销售情况表”工作表中，选择“C4：C10”单元格区域，单击工具栏中的“Σ”按钮，求出所有产品的销售数量合计，如图 9-2-6 和图 9-2-7 所示。以同样的方法求出销售金额合计以及利润合计。

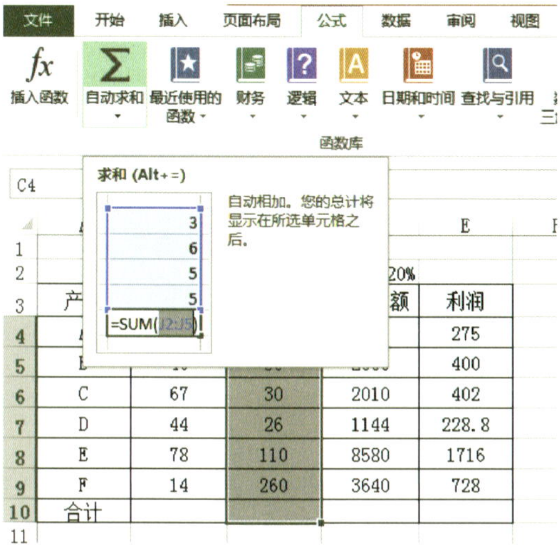

图 9-2-6

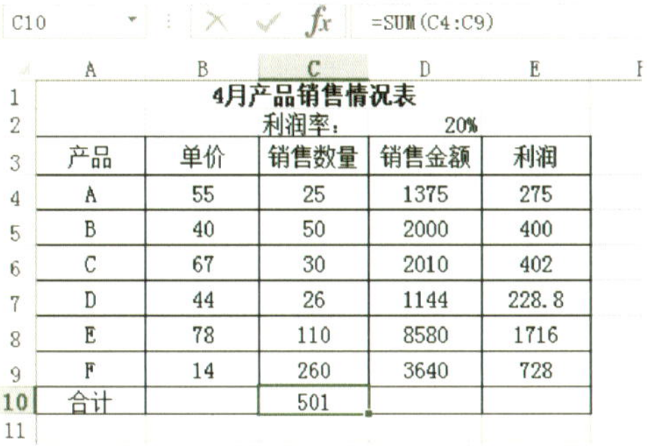

4月产品销售情况表				
	利润率：		20%	
产品	单价	销售数量	销售金额	利润
A	55	25	1375	275
B	40	50	2000	400
C	67	30	2010	402
D	44	26	1144	228.8
E	78	110	8580	1716
F	14	260	3640	728
合计		501		

图 9-2-7

（5）打开任务资源中“项目九”—“任务二”中的“二季度产品销售情况表”工作簿，在 B4 单元格中输入“=”，打开“4 月份产品销售情况表”工作表，选择 C10 单元格，按回车键，结果如图 9-2-8 所示。用同样的方法录入销售金额和利润的数据。

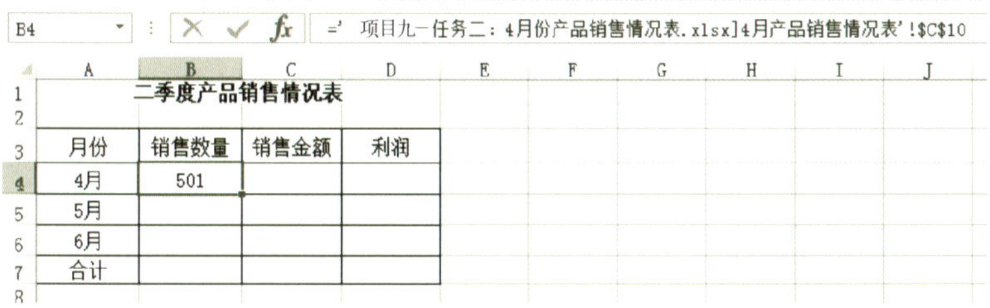

二季度产品销售情况表			
月份	销售数量	销售金额	利润
4月	501		
5月			
6月			
合计			

图 9-2-8

任务三　函数的应用

任务目标

【知识目标】掌握常用函数的使用方法。

【能力目标】学会基本财务函数的使用方法。

【素养目标】养成使用函数解决数据处理问题的习惯。

任务描述

请利用函数，按以下要求对工资、人员信息数据进行操作分析。

1. 在“二季度员工工资表”工作簿“四月工资”工作表中，利用 IF 函数，录入代扣税及缴费

工资基数的公式

（1）缴费工资基数的规定如下：假设 2019 年月平均工资为 4 403 元，基本工资在 6 000 元以上（含 6 000 元）的职工的缴费工资基数按月平均工资的 300% 计算；基本工资在 6 000 元以下的职工的缴费工资基数按月平均工资的 200% 计算。

（2）代扣税的规定如下。

①全月应纳税所得额在 3 000 元以内的（含 3 000），代扣税 = 应纳税所得额 ×3%；

②全月应纳税所得额为 3 000 至 12 000（含 12 000）元时，代扣税 = 应纳税所得额 ×10%−210；

③全月应纳税所得额为 12 000 至 25 000（含 25 000）元时，代扣税 = 应纳税所得额 ×20%−1 410。

2. 录入四月份员工请假天数，得出四月份工资数据

员工请假天数：王立 2 天，李冰 1 天，方华 3 天，张明 4 天，王鹏 1 天，许云飞 2 天，张新 3 天，杜江 1 天，高阳 5 天。

3. 利用 MAX 和 MIN 函数，找出四月份的最高工资和最低工资（此处工资表示实发工资，下同）

4. 利用 SUM 函数求出四月份员工的工资总额

5. 利用 SUMIF 函数，求出公司中人员类别是部门经理的员工的四月份工资总额

6. 利用 AVERAGE 函数求出四月份员工的平均工资

7. 利用 AVERAGEIF 函数，求出公司中人员类别是管理人员的员工的四月份平均工资

8. 在任务资源中的“人员信息表”中利用 COUNT 函数计算出单位的员工总人数

9. 在任务资源中的“人员信息表”中利用 COUNTIF 函数求出单位女员工的人数

10. 请根据任务资源中的“人员信息表”中给出的员工身份证号，进行以下操作

（1）利用 MID 函数求出前 10 位员工的出生年月。

（2）利用 RIGHT（ ）、LEFT（ ）和 LEN（ ）组合函数求出后 10 位员工的出生年月。

11. 请根据任务资源中的“二季度员工工资表”（已排序）—“四月工资”工作表（表中已按请假扣款金额排序），进行以下操作

（1）利用 LOOKUP 函数查找许云飞的请假扣款金额。

（2）利用 INDEX（ ）、MATCH（ ）组合函数查找周冲的社会保险金金额。

知识储备

在 Excel 中，利用函数可以快速执行有关运算。

函数的基本格式是：函数名（参数序列）。参数序列是用于限定函数运算的各个参数的，这些参数除中文外都必须使用英文半角字符。函数只能出现在公式中。

一、常用函数

（一）统计函数

1. MAX

MAX（number1，number2，……）用于返回数值参数中的最大值，忽略参数中的逻辑值和文本。

2. MIN

MIN（number1，number2，……）用于返回数值参数中的最小值，忽略参数中的逻辑值和文本。

3. SUM

SUM（number1，number2，……）用于计算单元格区域中所有数值的和。

4. SUMIF

SUMIF（range，criteria，sum_range）用于对满足条件的单元格求和。

5. AVERAGE

AVERAGE（number1，number2，……）用于返回参数的算术平均值。

6. AVERAGEIF

AVERAGEIF（range，criteria，average_range）用于返回某个区域内满足给定条件的所有单元格的算术平均值。

7. COUNT

COUNT（value1，value2，……）用于计算包含数字的单元格以及参数列表中数字的个数。

8. COUNTIF

COUNTIF（range，criteria）用于对单元格区域中满足指定条件的单元格进行计数。

（二）文本函数

1. LEN

LEN（text）用于返回文本字符串中的字符个数。

2. RIGHT

RIGHT（text，num_chars）用于从文本字符串中最后一个字符开始返回指定个数的字符。

3. MID

MID（text，start_num，num_chars）用于返回文本字符串中从指定位置开始的指定长度的字符。

4. LEFT

LEFT（text，num_chars）用于从文本字符串的第一个字符开始返回指定个数的字符。

（三）逻辑函数 IF

IF（logical_test，value_if_true，value_if_false）用于判断“logical_test”的内容是否为真，如果为真则返回“value_if_true”的内容，如果为假则返回“value_if_false”的内容。

（四）查找与引用函数

1. LOOKUP

LOOKUP 函数用于返回向量（单行区域或单列区域）或数组中的数值。它具有两种语法形式：向量形式和数组形式。向量形式：LOOKUP（lookup_value，lookup_vector，result_vector）用于在单行区域或单列区域（称为“向量”）中查找值，然后返回第二个单行区域或单列区域中相同位置的值。

数组形式：LOOKUP（lookup_value，array）用于在数组的第一行或第一列中查找指定的值，并返回数组最后一行或最后一列内同一位置的值。数组公式是指以数组为参数的公式，可对在行和列中排列的一组参数进行运算。数组区域共用一个公式；数组常量是用作参数的一组常量。

2. INDEX

INDEX（array，row_num，column_num）用于返回表格或数组中的元素值，此元素由行号和列标的索引值给定。

3. MATCH

MATCH（lookup_value，lookup_array，match_type）用于在单元格区域中搜索指定项，然后返回该项在单元格区域中的相对位置。

（五）日期与时间函数

1. YEAR

YEAR（serial_number）用于返回某日期对应的年份。

2. MONTH

MONTH（serial_number）用于返回某日期对应的月份，介于 1 和 12 之间。

3. DAY

DAY（serial_number）用于返回某日期对应的天数，介于 1 和 31 之间。

4. NOW

NOW（ ）用于返回当前的日期和时间。

二、基本财务函数

（一）SLN

SLN（cost，salvage，life）用于返回某项资产以直线法计提的每一期的折旧值。

cost 是必需参数，指固定资产原值。salvage 是必需参数，指固定资产的残值。life 是必需参数，指固定资产的折旧期数。

（二）DDB

DDB（cost，salvage，life，period，factor）用于使用双倍余额递减法或其他指定的方法，计算一项固定资产在给定期间内的折旧值。

cost 是必需参数，指固定资产原值。salvage 是必需参数，指固定资产的残值。life 是必需参数，指固定资产的折旧期数。period 是必需参数，指需要计算折旧值的期间。period 必须使用与 1ife 相同的单位。factor 是可选参数，指余额递减速率。如果 factor 被省略，则默认为 2，即使用双倍余额递减法。

（三）SYD

SYD（cost，salvage，life，per）用于返回某项资产按年数总和折旧法计算的在第“per”期的折旧值。

cost 是必需参数，指固定资产原值。salvage 是必需参数，指固定资产的残值。life 是必需参数，指固定资产的折旧期数。per 是必需参数，指第几期，其单位必须与 life 的相同。

操作指导

项目九 任务三 IF 函数的应用

（1）此任务中主要涉及插入函数的操作，具体操作如下。

在工作表中任选一个单元格，单击编辑栏中的“fx”按钮，弹出“插入函数”对话框，如图 9–3–1 所示。选择函数类别，单击所需要的函数，在“函数参数”中直接输入公式，或在数据列表中拖动鼠标选择单元格完成公式录入，最后单击“确定”按钮。

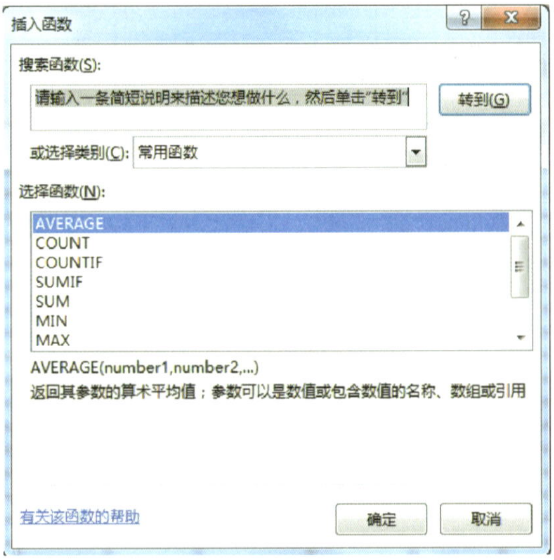

图 9–3–1

（2）打开任务一中所制作的“二季度员工工资表”工作簿中的“四月工资”工作表，录入以下公式。

缴费工资基数 =IF（D4>=6000，4403*300%，4403*200%）；如图 9–3–2 所示。这个公式的含义为当基本工资大于或等于“6000”时，缴费工资基数按“4403*300%”计算，否则按“4403*200%”计算。

代扣税 =IF(N4<0,0,IF(AND(0<N4,N4<=3000)，N4*3%，IF(AND(3000<N4, N4<= 12000)，N4*10%−210，IF（AND（12000<N4,N4<=25000），N4*20%−1410,0))))。

该公式体现了 IF 函数的嵌套功能，可直接手工录入。

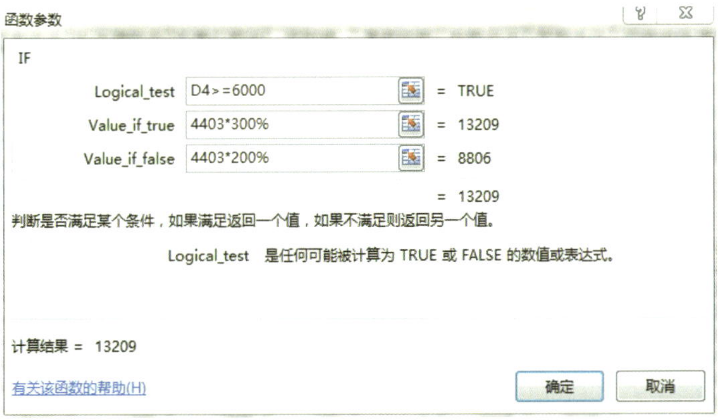

图 9–3–2

（3）用鼠标拖动选中“F4：O4”单元格，将光标移至单元格右下角，变成黑十字形后按住鼠标左键向下拖动至 P23 单元格，完成单元格公式的复制。录入请假天数，生成四月工资数据。数据列表最终结果如图 9–3–3 所示。

1	四月份工资表															
2																
3	部门	姓名	人员类别	基本工资	岗位工资	津贴	应发合计	社会保险金	住房公积金	代扣税	请假扣款	扣款合计	实发合计	应纳税所得额	缴费工资基数	请假天数
4	总经理办公室	王立	总经理	10000	2400	3000	15400	1387	1585	533	60	3565	11835	7428	13209	2
5	财务部	刘蓓	部门经理	8000	2000	2400	12400	1387	1585	233	0	3205	9195	4428	13209	
6	财务部	李冰	管理人员	6000	1500	1800	9300	1387	1585	40	30	3042	6258	1328	13209	1
7	财务部	周冲	员工	4500	1000	1350	6850	925	1057	0	0	1981	4869	-131	8806	
8	人力资源部	方华	部门经理	8000	2000	2400	12400	1387	1585	233	90	3295	9105	4428	13209	3
9	人力资源部	杨志	员工	5000	1000	1500	7500	925	1057	16	0	1997	5503	519	8806	
10	技术部	司徒	部门经理	8500	2000	2550	13050	1387	1585	298	0	3270	9780	5078	13209	
11	技术部	宋磊	管理人员	6500	1500	1950	9950	1387	1585	59	0	3031	6919	1978	13209	
12	采购部	张明	部门经理	8000	2000	2400	12400	1387	1585	233	120	3325	9075	4428	13209	4
13	采购部	王鹏	员工	4500	1000	1350	6850	925	1057	0	30	2011	4839	-131	8806	1
14	生产部	许云飞	部门经理	8000	2000	2400	12400	1387	1585	233	60	3265	9135	4428	13209	2
15	生产部	周健	管理人员	6000	1500	1800	9300	1387	1585	40	0	3012	6288	1328	13209	
16	一车间	张新	员工	5500	1000	1650	8150	925	1057	35	90	2106	6044	1169	8806	3
17	一车间	徐明	员工	5500	1000	1650	8150	925	1057	35	0	2016	6134	1169	8806	
18	二车间	杜江	员工	5500	1000	1650	8150	925	1057	35	30	2046	6104	1169	8806	1
19	二车间	马瑞祥	员工	5500	1000	1650	8150	925	1057	35	0	2016	6134	1169	8806	
20	销售部	陈琳	部门经理	8000	2000	2400	12400	1387	1585	233	0	3205	9195	4428	13209	
21	销售部	孙涛	管理人员	6500	1500	1950	9950	1387	1585	59	0	3031	6919	1978	13209	
22	仓库	高阳	管理人员	6000	1500	1800	9300	1387	1585	40	150	3162	6138	1328	13209	5
23	仓库	李心	员工	5000	1000	1500	7500	925	1057	16	0	1997	5503	519	8806	

图 9–3–3

（4）在“四月工资”工作表中任选单元格录入公式：最高工资 =MAX（M4:M23）。如图 9–3–4 所示，以下相同格式的公式与之类似。

项目九 任务三
统计函数的应用

最低工资 =MIN（M4:M23）。

工资总额 =SUM（M4:M23）。

部门经理工资总额 =SUMIF（C4:C23,“部门经理”, M4:M23），如图 9–3–5 所示，以下相同格式的公式与之类似。

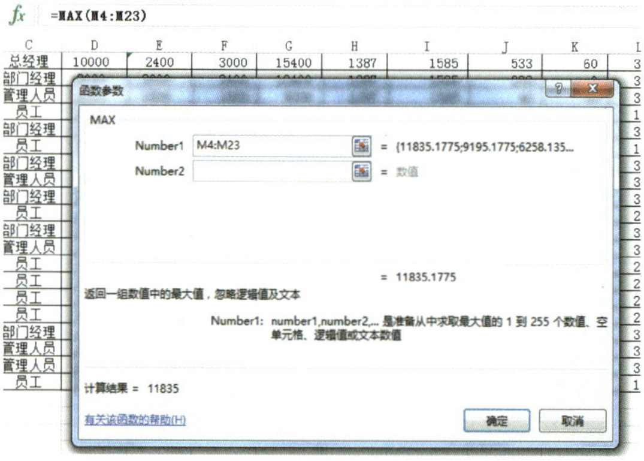

图 9–3–4

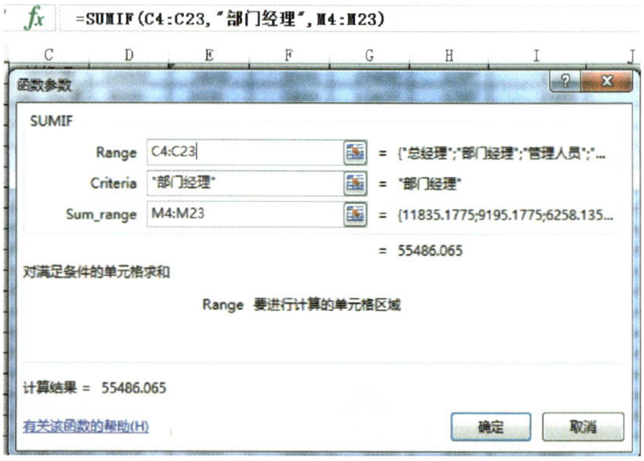

图 9–3–5

员工平均工资 =AVERAGE（M4:M23）。

管理人员平均工资 =AVERAGEIF（C4:C23,“管理人员”, M4:M23）。

以上公式最终计算结果如图 9–3–6 所示。

24		
25	最高工资	11835
26	最低工资	4839
27	工资总额	144971
28	部门经理工资总额	55486.07
29	员工平均工资	7249
30	管理人员平均工资	6504.336
31		

图 9–3–6

（5）打开任务资源中“项目九”—“任务二”中的“人员信息表”工作簿，任选单元格录入以下公式：

单位员工总人数 =COUNT（A4:A23）。

女员工人数 =COUNTIF（E4:E23,“女”），如图 9–3–7 所示。

计算结果如图 9-3-8 所示。

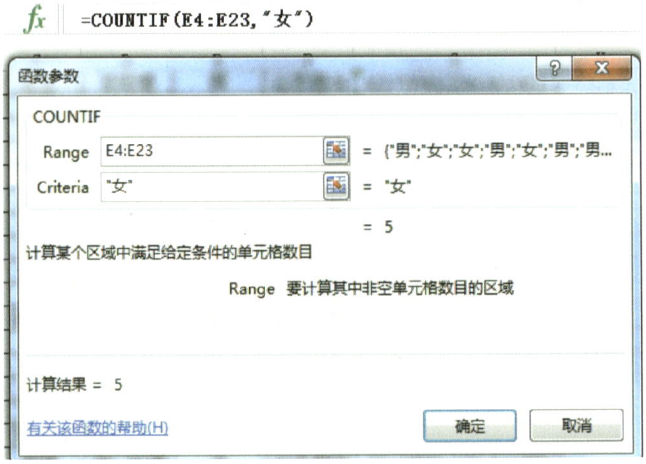

图 9-3-7

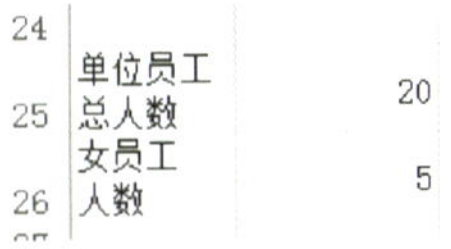

图 9-3-8

（6）打开“任务资源”中“项目九”—“任务三”中的“人员信息表”工作簿，在“出生年月”里录入以下公式：

出生年月 =MID（H4,7,8），如图 9-3-9 所示。

项目九 任务三 文本函数及查找与引用函数的应用

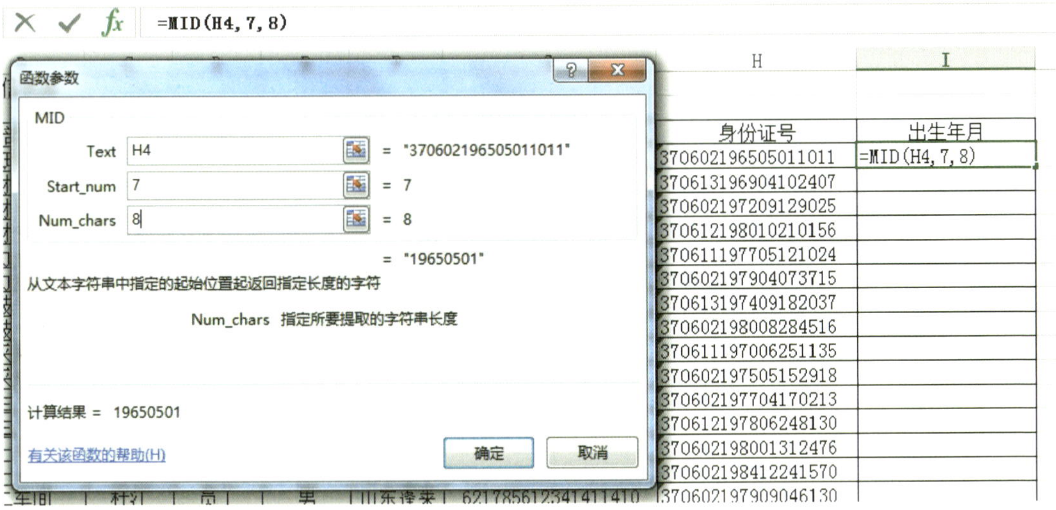

图 9-3-9

或者录入出生年月 =LEFT（RIGHT（H4,LEN（H4）−6），LEN（RIGHT（H4,LEN（H4）−6））−4）。

其中“LEN（H4）”表示 H4 单元格里身份证号的长度，即 18，所以“LEN（H4）−6”表示 18−6=12；“RIGHT（H4,LEN（H4）−6）”表示自 H4 单元格中的身份证号“370602196505011011”右边起数 12 个数，即“196505011011”；“LEN（RIGHT（H4,LEN（H4）−6））”表示这个数的长度，即 12，因此“LEN（RIGHT（H5,LEN（H5）−6））−4”表示 12−4=8，因此整个公式实际表示的意思就是 LEFT（196505011011,8），即自“196505011011”左边起数 8 个数，也就是“19650501”，即出生年月。

（7）打开任务资源中“项目九”—“任务三”中的“二季度员工工资表（已排序）”中的“四

月工资”工作表（已按照请假扣款金额进行升序排列），任选一空白区域，如“D25：E26”，构建查询条件，如图 9–3–10 所示。

姓名	请假扣款
许云飞	

图 9–3–10

（8）在 E26 单元格中录入公式。

E26=LOOKUP（D26,B4:B23,K4:K23），如图 9–3–11 所示。

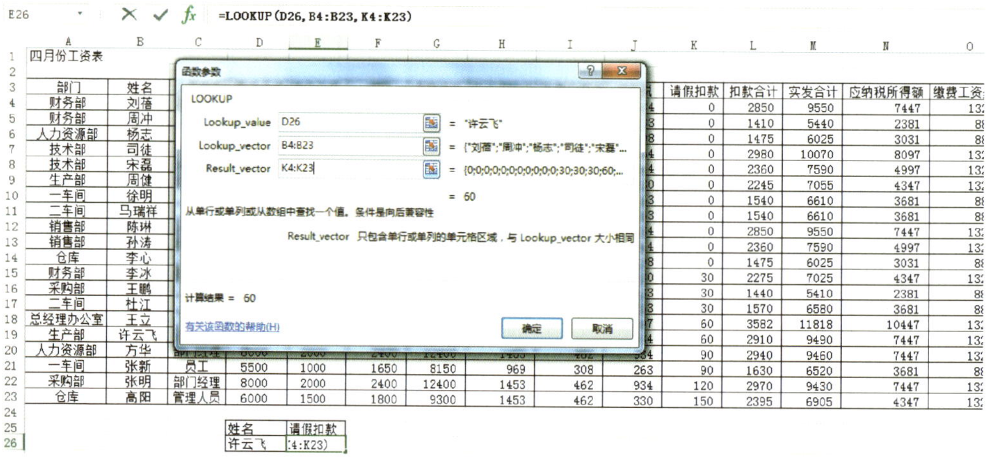

图 9–3–11

得到结果如图 9–3–12 所示。

姓名	请假扣款
许云飞	60

图 9–3–12

姓名	社会保险金
周冲	

图 9–3–13

（9）在“四月工资”工作表中任选一空白区域，如“H25：I26”，构建查询条件，如图 9–3–13 所示。

（10）在 I26 单元格中录入公式。

I26=INDEX（H4:H23,MATCH（H26,B4:B23,0））。其中 MATCH（）函数确定“周冲”所在的行数“2”，INDEX（）函数确定第 H 列第 2 行中所显示的结果。按回车键得到结果，如图 9–3–14 所示。

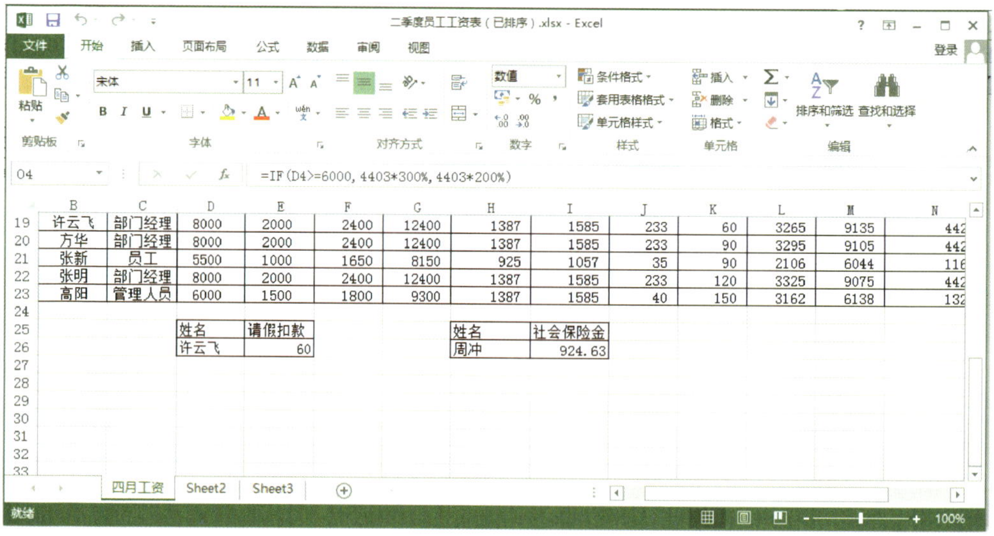

图 9–3–14

项目十　数据清单及其管理分析

建议学时

6 学时：

数据清单的构建及记录单的使用（1 学时）；

数据的排序（1 学时）；

数据的筛选（1 学时）；

数据的分类汇总（1 学时）；

数据透视表的插入（1 学时）；

图表的插入（1 学时）。

工作情境描述

公司的日常工作中，会有许多对数据的管理和分析工作，如将工资按多少进行排序，查找符合某种条件的工资数据，或者汇总部门工资总额，利用图表进行数据分析等，这都要通过 Excel 包含的数据管理功能来实现。

任务一　数据清单的构建及记录单的使用

任务目标

【知识目标】掌握数据清单和记录单的概念。

【能力目标】学会数据清单的构建方法、记录单的使用方法。

【素养目标】增强对数据清单和记录单的重要性的认识。

任务描述

打开项目七建立的“固定资产核算”工作簿，利用记录单构建固定资产清单，并使用日期函数计算“已使用月份”，使用基本财务函数计算“年折旧额”。（表 10-1-1）

表 10-1-1　固定资产清单

资产编号	使用部门	固定资产名称	增加方式	使用状况	可使用年限	开始使用日期	折旧方法	固定资产原值 / 元	净残值率	已计提月份	2019 年折旧额
1001	总经理办公室	办公楼	在建工程转入	在用	50 年	2017-07-01	平均年限法	1 500 000	5%		
6011	一车间	生产线 1	直接购入	在用	30 年	2017-07-05	双倍余额递减法	80 000	4%		
6021	二车间	生产线 2	直接购入	在用	30 年	2017-07-05	双倍余额递减法	75 000	4%		
6012	一车间	生产线 3	直接购入	在用	10 年	2018-01-10	年数总和法	90 000	4%		
6022	二车间	生产线 4	直接购入	在用	10 年	2018-01-10	年数总和法	100 000	4%		
8001	仓库	原料库	在建工程转入	在用	30 年	2017-07-01	平均年限法	500 000	5%		
8002	仓库	成品库	在建工程转入	在用	30 年	2017-07-01	平均年限法	500 000	5%		
5001	采购部	轿车	直接购入	在用	5 年	2017-08-01	工作量法	90 000	4%		
2001	财务部	电脑	直接购入	在用	5 年	2017-07-30	平均年限法	6 500	3%		
2002	财务部	打印机	直接购入	在用	5 年	2017-7-30	平均年限法	7 000	3%		

注：轿车的工作量总额为 500 000 千米，2019 年实际完成的工作量为 9 000 千米。

知识储备

一、数据清单的构建

（一）数据清单的概念

在 Excel 中，数据库是通过数据清单或列表来实现的。数据清单是一种包含一行列标志和多行数据且每列数据的类型和格式完全相同的 Excel 工作表。数据清单中的列对应数据库中的字段，列标志对应数据库中的字段名称，每一行对应数据库中的一条记录。

（二）构建数据清单的要求

为了使 Excel 自动将数据清单当作数据库，构建数据清单的要求主要有：

（1）列标志应位于数据清单的第一行，用以查找和组织数据、创建报告。

（2）同一列中各行数据项的类型和格式应当完全相同。

（3）避免在数据清单中间放置空白的行或列，但需将数据清单和其他数据隔开时，应在它们之间留出至少一个空白的行或列。

（4）尽量在一张工作表上建立一个数据清单。

二、记录单的使用

（一）记录单的概念

记录单又称数据记录单，是快速添加、查找、修改或删除数据清单中相关记录的对话框。

（二）通过记录单处理数据清单的记录

1. 通过记录单处理记录的优点

通过记录单处理记录的优点主要有：界面直观，操作简单，减少了数据处理时行列位置的来回切换，可避免输入错误，特别适用于大型数据清单中记录的核对、添加、查找、修改或删除。

2. “记录单”对话框的打开

打开“记录单”对话框的方法是：输入数据清单的列标志后，选中数据清单的任意一个单元格，单击“数据”菜单中的“记录单”命令。

Excel 2013 的数据功能区中尽管没有“记录单”命令，但可通过单击以自定义方式添入“快速访问工具栏”中的“记录单”按钮来打开。“记录单”对话框打开后，只能通过“记录单”对话框来输入、查找、核对、修改或者删除数据清单中的相关数据，但无法直接在工作表的数据清单中进行相应的操作。

3. 在“记录单”对话框中输入新记录

在数据录入过程中，如果发现某个文本框中的数据录入有误，可将光标移入该文本框，直接进行修改；如果发现多个文本框中的数据录入有误，不便逐一修改，可通过单击“还原”按钮放弃本次确认前的所有输入，光标将自动移入第一个空白文本框，等待数据录入。

4. 利用“记录单”对话框查找特定单元格

通过查找，符合条件的记录将分别出现在对话框相应列后的文本框中，“记录状态”显示区相应显示记录的次序数以及数据清单中记录的总条数。这种方法尤其适合于具有多个查找条件的查找，只要在对话框多个列后的文本框内输入相应的查找条件即可。

5. 利用“记录单”对话框核对或修改特定记录

查找到待核对或修改的记录后，在对话框相应列后的文本框中逐一核对或修改。在确认修改前，“还原”按钮处于激活状态，可通过单击“还原”按钮放弃本次确认前的所有修改。

6. 利用“记录单”对话框删除特定记录

记录删除后无法通过单击“还原”按钮来撤销。

操作指导

项目十 任务一 数据清单的构建及记录单的使用

（1）打开“固定资产核算”工作簿，单击标题栏中的“自定义快速访问工具栏”→“其他命令”，如图 10-1-1 所示，在“从下列位置选择命令”中选择“不在功能区中的命令”，找到“记录单”，单击“添加”→“确定”，如图 10-1-2 所示。

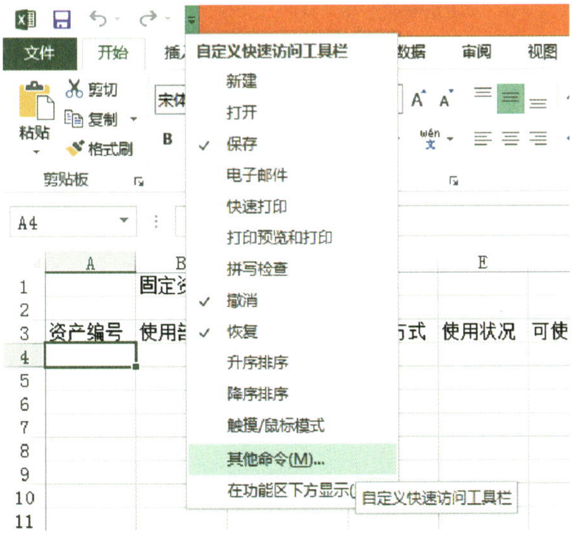

图 10-1-1

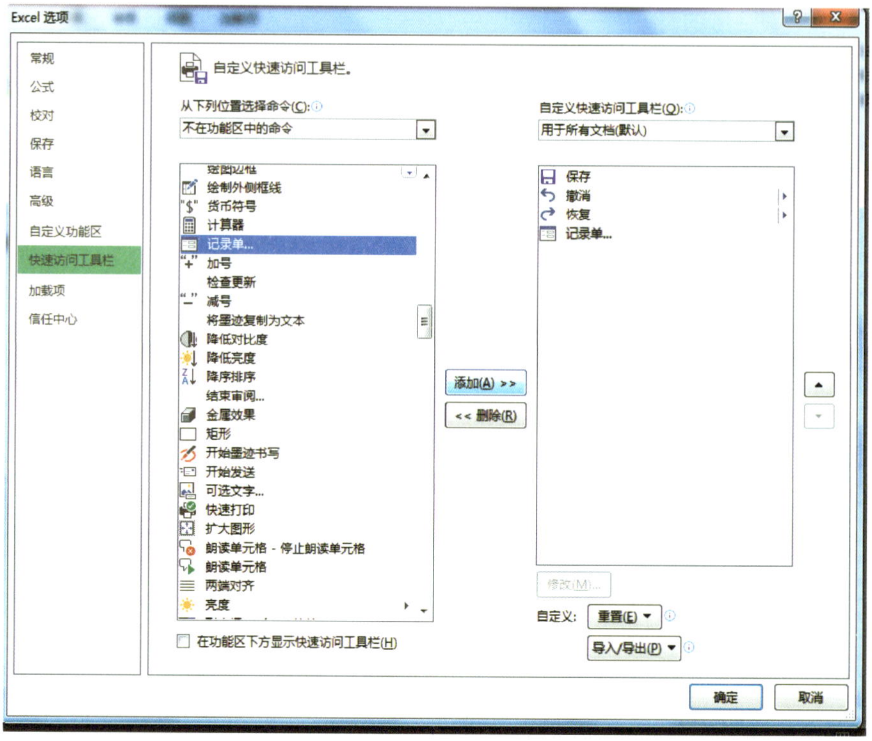

图 10-1-2

单击标题栏中的“记录单”，如果出现提示框直接点“确定”。在“资产编号”中录入“1001”，按键盘上的“Tab”键，转到“使用部门”，录入“总经理办公室”，依次完成第一条固定资产信息的录入，单击“新建”，继续录入第二条信息，直至全部录完，如图 10-1-3 所示。

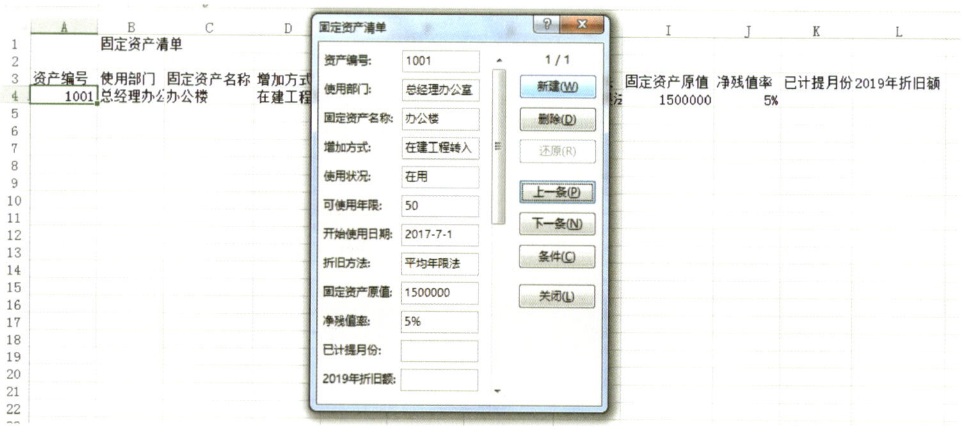

图 10-1-3

（2）如果需要对某条记录进行修改，单击“上一条”或“下一条”找到该记录，直接修改即可。或者通过“条件”，输入该条记录的某个条件后，单击“上一条”或“下一条”，即出现该条记录的详细信息。

（3）如果需要删除某条记录，单击记录单上的“删除”。

（4）已计提月份 =（YEAR（TODAY（））-YEAR（G4））*12+MONTH（TODAY（））-MONTH（G4）-1。（注：已计提月份为数值格式）

TODAY（）代表系统日期，如 2019 年 12 月 31 日，YEAR（TODAY（））代表系统日期中的年份，即 2019 年，YEAR（G4）代表 G4 单元格中日期的年份，即 2017 年，因此“YEAR（TODAY（））-YEAR（G4）” 表 示 2019-2017=2 年，“（YEAR（TODAY（））-YEAR（G4））*12”， 即 2*12=24 个月；MONTH（TODAY（））表示系统日期中的月份，即 12 月，MONTH（G4）表示 G4 单元格中日期的月份，即 7 月。“-1”是因为固定资产新增当月不计提折旧，故减去这个月。

（5）平均年限法的 2019 年折旧额为 L4=SLN（I4,I4*J4,F4），如图 10-1-4 所示。

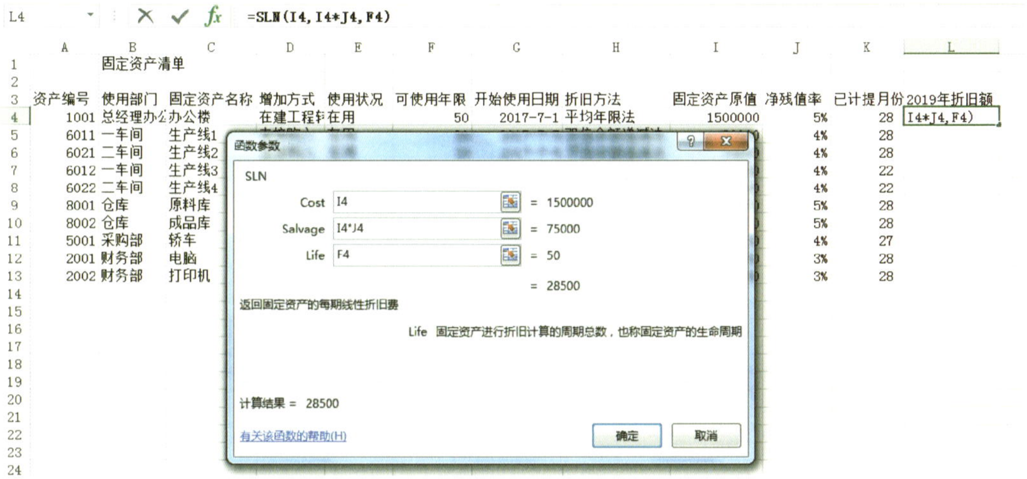

图 10-1-4

年数总和法的 2019 年折旧额为 L7=SYD（I7,I7*J7,F7,2），如图 10-1-5 所示。

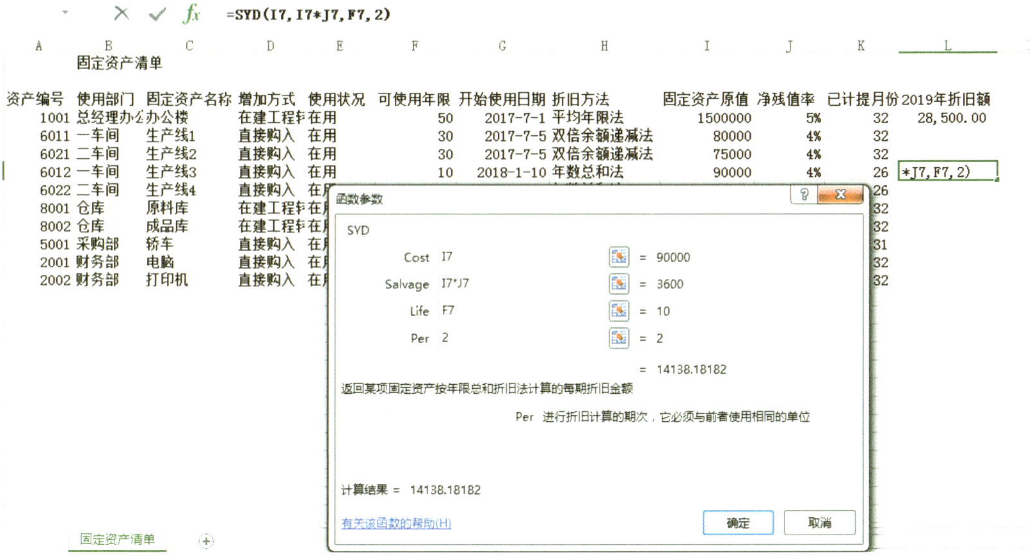

图 10-1-5

双倍余额递减法的 2019 年折旧额为 L5=DDB（I5,I5*J5,F5,3），如图 10-1-6 所示。

工作量法的 2019 年折旧额为 L11=（I11*（1-4%）/500000）*90000。

录入公式后形成固定资产清单数据列表，如图 10-1-7 所示（以系统日期为 2019 年 12 月 31 日为准计算）。

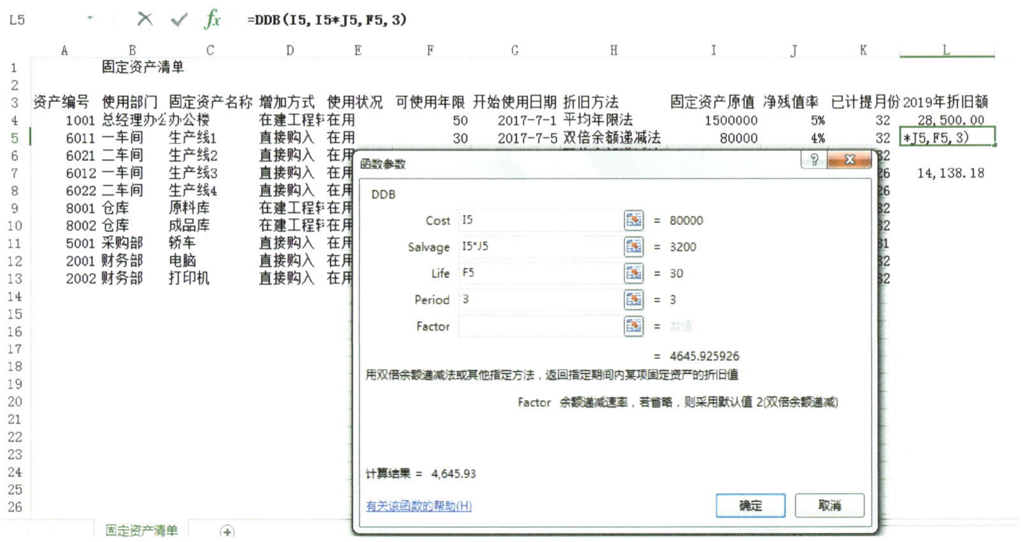

图 10-1-6

1		固定资产清单										
2												
3	资产编号	使用部门	固定资产名称	增加方式	使用状况	可使用年限	开始使用日期	折旧方法	固定资产原值	净残值率	已计提月份	2019年折旧额
4	1001	总经理办公	办公楼	在建工程转	在用	50	2017-7-1	平均年限法	1500000	5%	32	28,500.00
5	6011	一车间	生产线1	直接购入	在用	30	2017-7-5	双倍余额递减法	80000	4%	32	4,645.93
6	6021	二车间	生产线2	直接购入	在用	30	2017-7-5	双倍余额递减法	75000	4%	32	4,355.56
7	6012	一车间	生产线3	直接购入	在用	10	2018-1-10	年数总和法	90000	4%	26	14,138.18
8	6022	二车间	生产线4	直接购入	在用	10	2018-1-10	年数总和法	100000	4%	26	15,709.09
9	8001	仓库	原料库	在建工程转	在用	30	2017-7-1	平均年限法	500000	5%	32	15,833.33
10	8002	仓库	成品库	在建工程转	在用	30	2017-7-1	平均年限法	500000	5%	32	15,833.33
11	5001	采购部	轿车	直接购入	在用	5	2017-8-1	工作量法	90000	4%	31	15,552.00
12	2001	财务部	电脑	直接购入	在用	5	2017-7-30	平均年限法	6500	3%	32	1,261.00
13	2002	财务部	打印机	直接购入	在用	5	2017-7-30	平均年限法	7000	3%	32	1,358.00

图 10-1-7

注意：已计提月份的数值会因系统日期的不同而不同。

任务二　数据的排序

任务目标

【知识目标】掌握数据排序的概念。

【能力目标】学会数据的快速排序方法、自定义排序方法。

【素养目标】养成对数据进行准确、快速的排序的习惯。

任务描述

对“二季度员工工资表”工作簿中的“四月工资”工作表按实发工资进行升序排序，并分别标出有最高工资的和最低工资的员工姓名。

知识储备

数据的排序是指在数据清单中，针对某些列的数据，通过“数据”菜单或功能区中的排序命令来重新组织行的顺序。

一、快速排序

使用快速排序的操作步骤为：

（1）在数据清单中选定需要排序的各行记录；

（2）执行工具栏或功能区中的排序命令。

需要注意的是，如果数据清单由单列组成，即使不执行第一步，只要选定该数据清单的任意单元格，直接执行第二步，系统都会自动排序；如果数据清单由多列组成，应避免不执行第一步而直接执行第二步的操作，否则数据清单中光标所在列的各行数据被自动排序，但每一记录在其他各列的数据并未随之相应调整，记录将会出现错行的错误。

二、自定义排序

使用自定义排序的操作步骤为：

（1）在“数据”菜单或功能区中打开“排序”对话框；

（2）在“排序”对话框中选定排序的条件、依据和次序。

操作指导

项目十　任务二　数据的排序

（1）打开项目九创建的“二季度员工工资表”工作簿，选中“四月工资”工作表标签，按住“Ctrl”键，鼠标向右拖动，复制一张新的工作表，并命名为“排序”，如图 10-2-1 所示。

图 10-2-1

（2）在“排序”工作表数据列表中任选一个单元格，单击“数据”→“排序”。

（3）在“排序”对话框中选择主要关键字为“实发合计”，选“升序”，如图 10-2-2 所示。

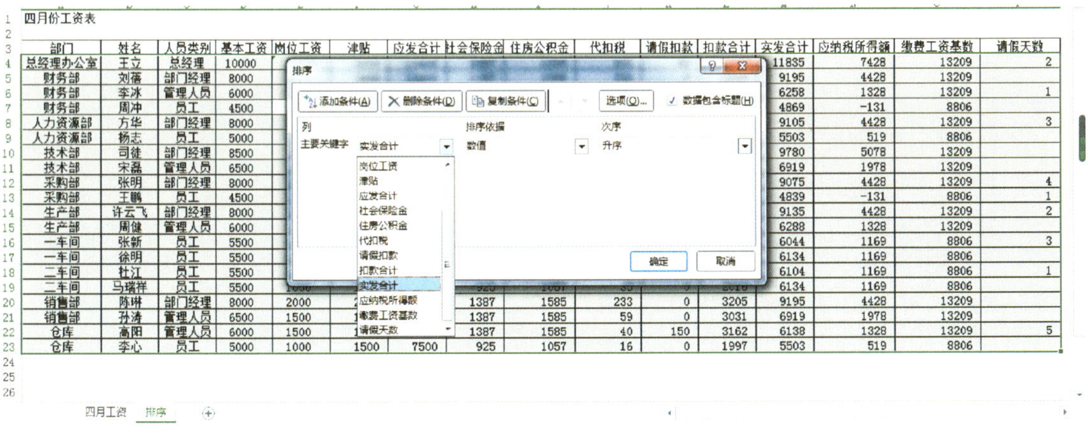

图 10-2-2

（4）单击“确定”按钮，四月工资将按照从低到高的顺序排列。

（5）用红字分别标出有最高工资的和最低工资的员工的姓名。

任务三　数据的筛选

任务目标

【知识目标】掌握数据筛选的概念。
【能力目标】学会快速筛选的方法、高级筛选的方法、清除筛选的方法。
【素养目标】养成利用筛选快速定位相关数据的习惯，树立数据分析意识。

任务描述

请按以下要求进行数据的筛选。

（1）在“四月工资”中查找出“司徒”的工资数据。

（2）在“四月工资”中筛选出基本工资大于或等于6 000元且小于8 000元的职工。

（3）在“四月工资”中筛选出基本工资不高于6 000元且无请假扣款的职工；在“固定资产清单”中筛选出通过直接购入方式增加的，折旧方法为平均年限法的固定资产。

知识储备

数据的筛选是指利用“数据”菜单中的“筛选”命令对数据清单中的指定数据进行查找和其他操作。

筛选后的数据清单仅显示那些包含了某一特定值或符合一组条件的行，暂时隐藏其他行。通过筛选工作表中的信息，用户可以快速查找数值。用户不但可以利用筛选功能控制需要显示的内容，而且还能够控制需要排除的内容。

一、快速筛选

使用快速筛选的操作步骤为：

（1）在数据清单中选定任意单元格或需要筛选的列；

（2）执行“数据”菜单或功能区中的“筛选”命令，第一行的列标志旁出现向下的三角图标（筛选箭头）；

（3）单击适当列的第一行，在弹出的下拉列表中取消勾选“全选”，勾选筛选条件，单击“确定”按钮，可筛选出满足条件的记录。

二、高级筛选

使用高级筛选的操作步骤为：

（1）执行“数据”功能区中的“筛选”命令，在“排序与筛选”中选择“高级”；

（2）打开“高级筛选”对话框；

（3）选定或输入“列表区域”和“条件区域”，单击“确定”按钮。

三、清除筛选

对经过筛选后的数据清单进行第二次筛选时，之前的筛选将被清除。

操作指导

项目十 任务三 数据的筛选

（1）打开“二季度员工工资”工作簿，将“四月工资”工作表复制 3 份，分别命名为“自动筛选 1”“自动筛选 2”和“高级筛选”。

（2）在“自动筛选 1”数据列表中任选一个单元格。单击菜单栏中的“数据”→“筛选”。这时可看到筛选箭头出现在列标志旁。

（3）单击“姓名”框中的筛选箭头，在下拉列表搜索框中输入“司徒”，如图 10-3-1 所示，单击“确定”。筛选结果如图 10-3-2 所示。

（4）在“自动筛选 2”数据列表中任选一个单元格。单击菜单栏中的“数据”→“筛选”。单击“基本工资”框中的筛选箭头，在下拉列表框中选择“数字筛选”→“自定义筛选”，如图 10-3-3 所示。

（5）在“自定义自动筛选方式”对话框中，在“基本工资”选项区域的第一行左列表框中选择“大于或等于”选项，在第一行右列表框中输入“6000”。在第二行左列表框中选择“小于”选项，在第二行右列表框中输入“8000”。因为要同时满足这两个条件，所以选择“与（A）”，如图 10-3-4 所示。

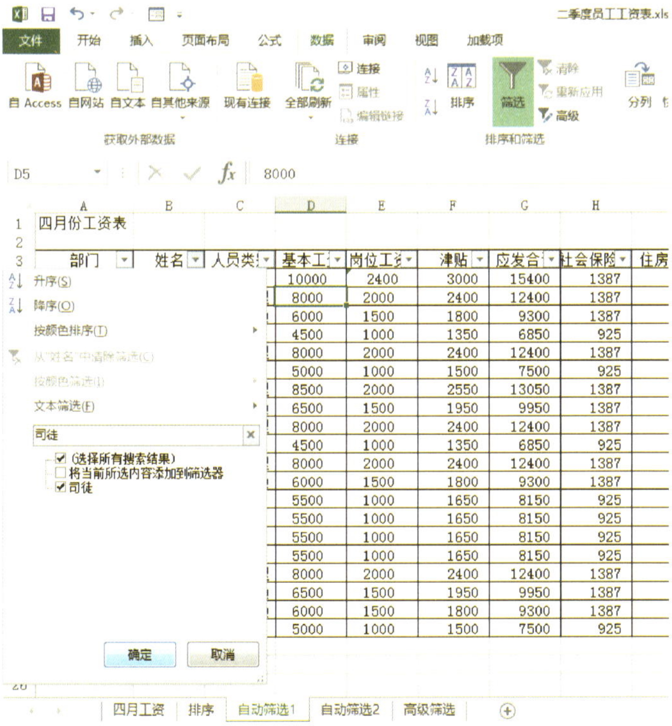

图 10-3-1

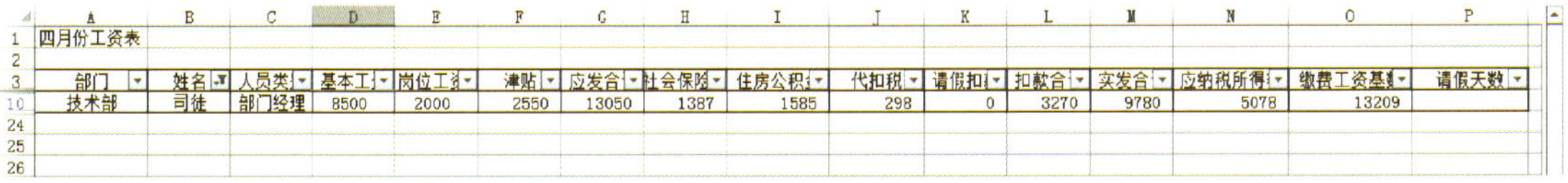

图 10-3-2

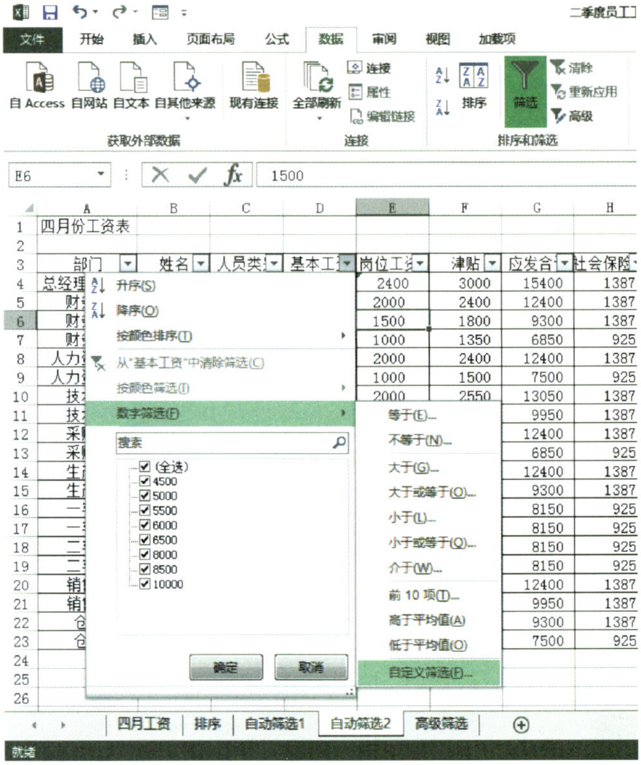

图 10-3-3

图 10-3-4

（6）单击“确定”按钮，结果如图 10-3-5 所示。

四月份工资表

部门	姓名	人员类	基本工	岗位工	津贴	应发合	社会保险	住房公积	代扣税	请假扣	扣款合	实发合	应纳税所得	缴费工资基数	请假天数
财务部	李冰	管理人员	6000	1500	1800	9300	1387	1585	40	30	3042	6258	1328	13209	1
技术部	宋磊	管理人员	6500	1500	1950	9950	1387	1585	59	0	3031	6919	1978	13209	
生产部	周健	管理人员	6000	1500	1800	9300	1387	1585	40	0	3012	6288	1328	13209	
销售部	孙涛	管理人员	6500	1500	1950	9950	1387	1585	59	0	3031	6919	1978	13209	
仓库	高阳	管理人员	6000	1500	1800	9300	1387	1585	40	150	3162	6138	1328	13209	5

图 10-3-5

（7）在“高级筛选”数据列表的“D25：E26”单元格区域构建“条件区域”，如图 10-3-6 所示。

基本工资	请假扣款
<=6 000	0

图 10-3-6

（8）在数据列表区域中任选一个单元格，执行“数据→筛选→高级”命令，打开“高级筛选”对话框。

（9）在“高级筛选”对话框的列表区域中选中“A3：P23”单元格区域，在条件区域中选中“D25：E26”单元格区域。

（10）选中“将筛选结果复制到其他位置”选项。在“复制到”框中，选择“A28”单元格，设置结果如图 10-3-7 所示。

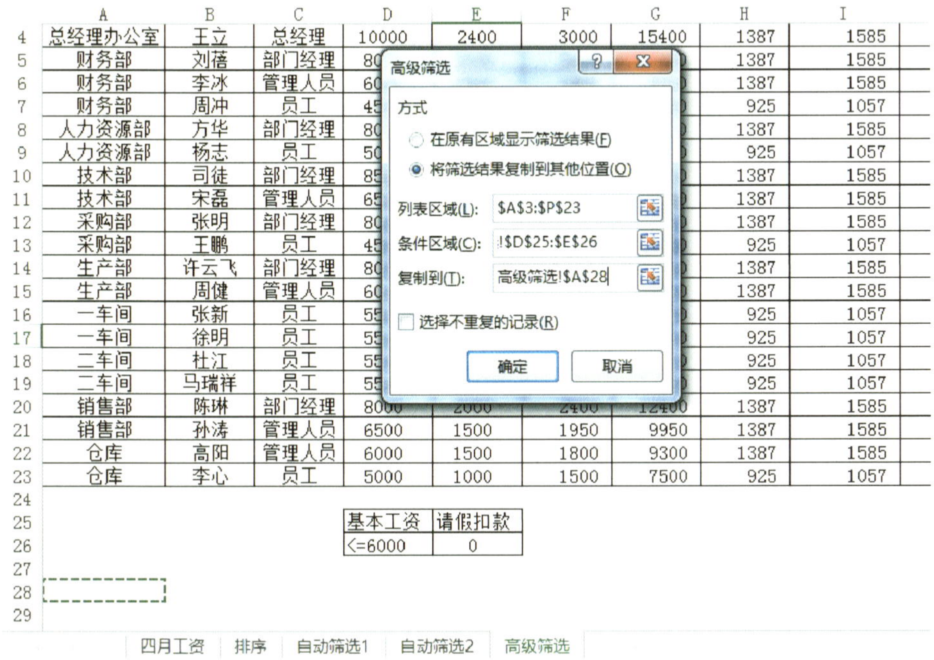

图 10-3-7

（11）单击“确定”按钮，在以 A28 单元格为开始的单元格区域显示的高级筛选结果如图 10-3-8 所示。

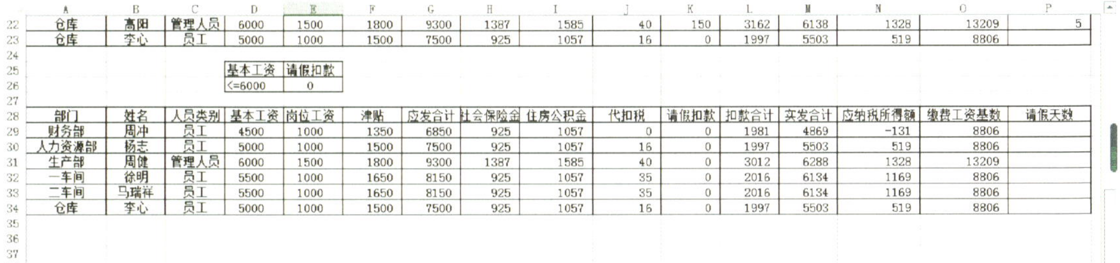

部门	姓名	人员类别	基本工资	岗位工资	津贴	应发合计	社会保险金	住房公积金	代扣税	请假扣款	扣款合计	实发合计	应纳税所得额	缴费工资基数	请假天数
财务部	周冲	员工	4500	1000	1350	6850	925	1057	0	0	1981	4869	-131	8806	
人力资源部	杨志	员工	5000	1000	1500	7500	925	1057	16	0	1997	5503	519	8806	
生产部	周健	管理人员	6000	1500	1800	9300	1387	1585	40	0	3012	6288	1328	13209	
一车间	徐明	员工	5500	1000	1650	8150	925	1057	35	0	2016	6134	1169	8806	
二车间	马瑞祥	员工	5500	1000	1650	8150	925	1057	35	0	2016	6134	1169	8806	
仓库	李心	员工	5000	1000	1500	7500	925	1057	16	0	1997	5503	519	8806	

图 10-3-8

（12）打开“固定资产核算”工作簿，将“固定资产清单”工作表复制 1 份，得到一张新的工作表，命名为“高级筛选”，在此数据列表的“C15：D16”单元格区域中构建“条件区域”，如图 10-3-9 所示。

增加方式	折旧方法
直接购入	平均年限法

图 10-3-9

（13）在数据列表区域中任选一个单元格，执行“数据”→“筛选”→“高级”命令，打开“高级筛选”对话框。

（14）在“高级筛选”对话框的列表区域中选中“A3：L13”单元格区域，在条件区域中选中“C15：D16”单元格区域。

（15）选中“将筛选结果复制到其他位置”选项。在“复制到”框中，选择“A18”单元格。

（16）单击“确定”按钮，在以 A18 单元格为开始的单元格区域显示的高级筛选结果如图 10-3-10 所示。

	A	B	C	D	E	F	G	H	I	J	K	L
10	8002	仓库	成品库	在建工程转入	在用	30	2017-7-1	平均年限法	500000	5%	32	15,833.33
11	5001	采购部	轿车	直接购入	在用	5	2017-8-1	工作量法	90000	4%	31	15,552.00
12	2001	财务部	电脑	直接购入	在用	5	2017-7-30	平均年限法	6500	3%	32	1,261.00
13	2002	财务部	打印机	直接购入	在用	5	2017-7-30	平均年限法	7000	3%	32	1,358.00
14												
15			增加方式	折旧方法								
16			直接购入	平均年限法								
17												
18	资产编号	使用部门	固定资产名称	增加方式	使用状况	可使用年限	开始使用日期	折旧方法	固定资产原值	净残值率	已计提月份	2019年折旧额
19	2001	财务部	电脑	直接购入	在用	5	2017-7-30	平均年限法	6500	3%	32	1,261.00
20	2002	财务部	打印机	直接购入	在用	5	2017-7-30	平均年限法	7000	3%	32	1,358.00
21												

图 10-3-10

任务四　数据的分类汇总

任务目标

【知识目标】掌握分类汇总的含义。

【能力目标】学会创建分类汇总的方法和清除分类汇总的方法。

【素养目标】养成利用分类汇总功能对相关数据进行归纳、汇总的习惯，树立数据分析意识。

任务描述

请按以下要求进行数据的分类汇总。

（1）在“四月工资”中按部门分类汇总出应发合计和实发合计。

（2）在“固定资产清单”中，对固定资产原值按其使用部门进行统计。

知识储备

数据的分类汇总是指在数据清单中按照不同类别对数据进行汇总、统计。分类汇总采用分级显示的方式显示数据，可以收缩或展开工作表的行数据或列数据，实现各种汇总统计。

一、创建分类汇总

需设置采用的“汇总方式”和“选定汇总项”的内容，数据清单将以选定的“汇总方式”按照“分类字段”分类统计，并将统计结果记录到选定的“选定汇总项”下，可以通过单击级别序号实现分级查看汇总结果。

二、清除分类汇总

打开“分类汇总”对话框后，单击“全部删除”按钮即可取消分类汇总。

操作指导

项目十　任务四　数据的分类汇总

（1）打开“二季度员工工资表，将“四月工资”工作表复制一份，得到 1 个新工作表，命名为“分类汇总”，在此数据列表中任选一个单元格。执行“数据→分类汇总”命令，打开“分类汇总”对话框，如图 10-4-1 所示。

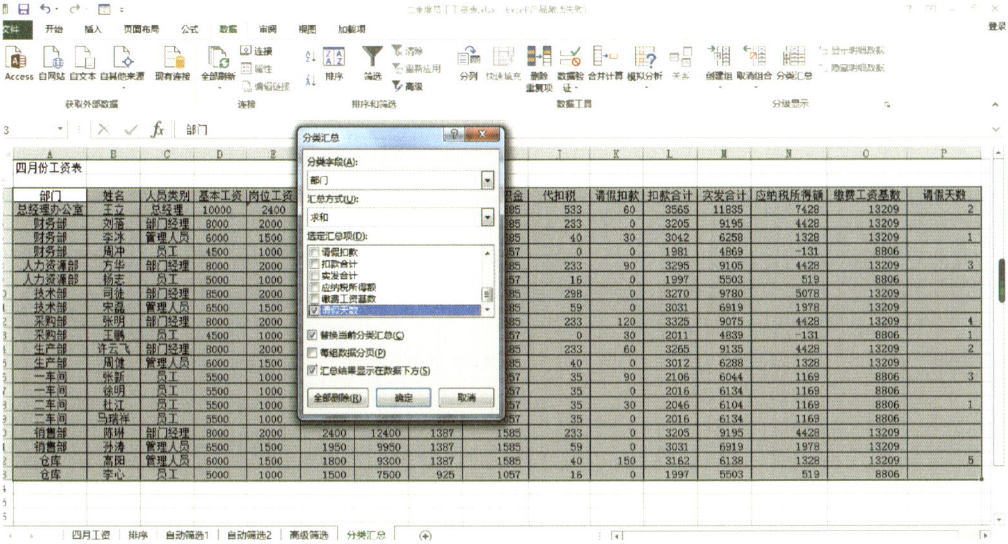

图 10-4-1

（2）在“分类字段”中选择“部门”选项。

（3）在“汇总方式”中选择“求和”选项。

（4）在“选定汇总项”中选中“应发合计”“实发合计”复选框。

（5）单击“确定”按钮，统计结果如图 10-4-2 所示。

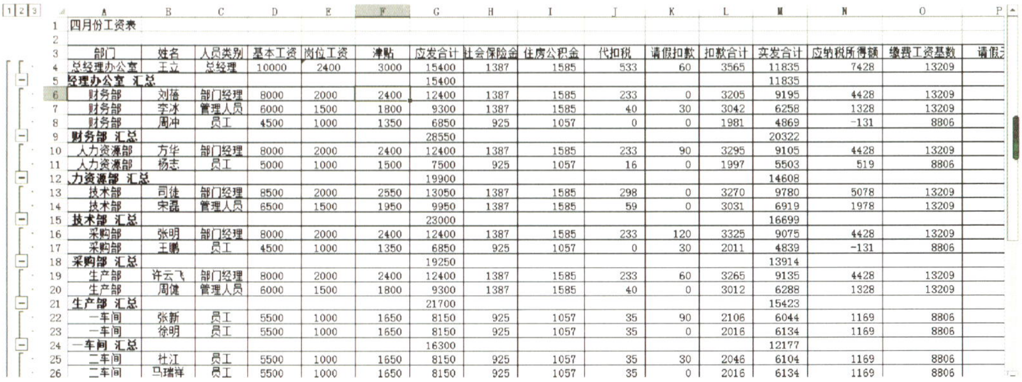

图 10-4-2

（6）在“固定资产清单”工作表中按以上类似方法进行操作。具体设置如图 10-4-3 所示。

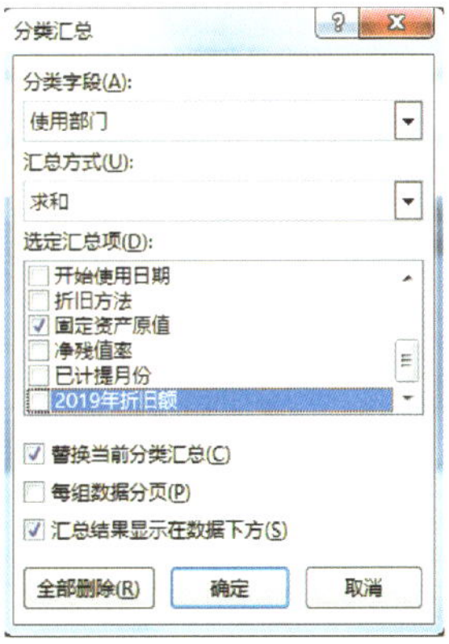

图 10-4-3

任务五　数据透视表的插入

任务目标

【知识目标】掌握数据透视表的含义。

【能力目标】学会创建数据透视表的方法和设置数据透视表的方法。

【素养目标】养成利用数据透视表分析相关数据的习惯，树立数据分析意识。

任务描述

请按以下要求插入数据透视表。

（1）在“四月工资”工作表中以“部门”为行，以“人员类别”为列编制数据透视表，求出“应发工资”合计，将工作表命名为“应发工资汇总表”。

（2）在“固定资产清单”中以“使用部门”为行，以“可使用年限”为列编制数据透视表，求出“固定资产原值”合计，在生成的数据透视表中查看可使用年限大于10年的固定资产原值情况，并将数据透视表命名为“固定资产原值汇总表”。

知识储备

数据透视表是根据特定数据源生成的，可以动态改变其版面布局的交互式汇总表格。数据透视表不仅能够按照改变后的版面布局自动重新计算数据，而且能够根据更改后的原始数据或数据源来刷新计算结果。

一、数据透视表的创建

单击“插入”选项卡中的“数据透视表”命令，接着按提示进行相关操作可创建数据透视表。

数据透视表的布局框架由页字段、行字段、列字段和数据项等要素构成，可以通过需要选择不同的页字段、行字段、列字段，设计出不同结构的数据透视表。

二、数据透视表的设置

（一）重新设计版面布局

在数据透视表布局框架中选定已拖入的字段、数据项，将其拖出，将“数据透视表字段列表”中的字段和数据项重新拖至数据透视表布局框架中的适当位置，报表的版面布局立即自动更新。

（二）设置值的汇总依据

值的汇总依据有求和、计数、平均值、最大值、最小值、乘积、数值计数、标准偏差、总体偏差、方差和总体方差。

（三）设置值的显示方式

值的显示方式有无计算、百分比、升序排列、降序排列等。

（四）进行数据的筛选

分别对报表的行和列进行数据的筛选，系统会根据条件自行筛选出符合条件的数据列表。

（五）设定报表样式

在数据透视表中，既可通过单击“套用报表格式”按钮选用系统自带的各种报表样式，也可通过设置单元格格式的方法自定义报表样式。

操作指导

项目十 任务五 数据透视表的插入

（1）在“四月工资”数据列表中任选一个单元格。单击“插入”→“数据透视图”，在下拉列表中选择“数据透视表和数据透视图”，打开“创建数据透视表”对话框，如图 10–5–1 所示。

（2）单击“确定”，会产生一个新工作表，如图 10–5–2 所示。

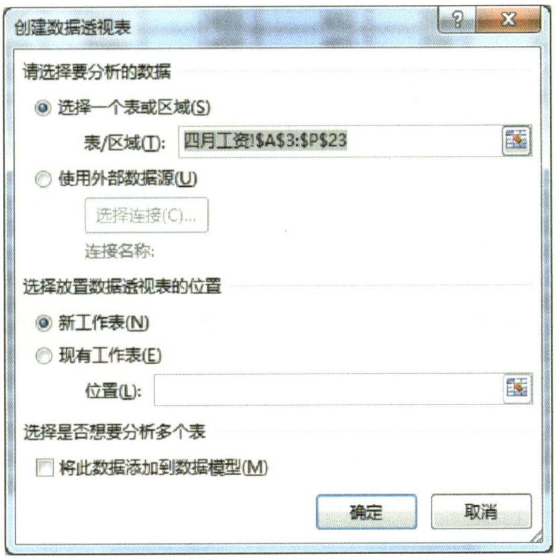

图 10–5–1

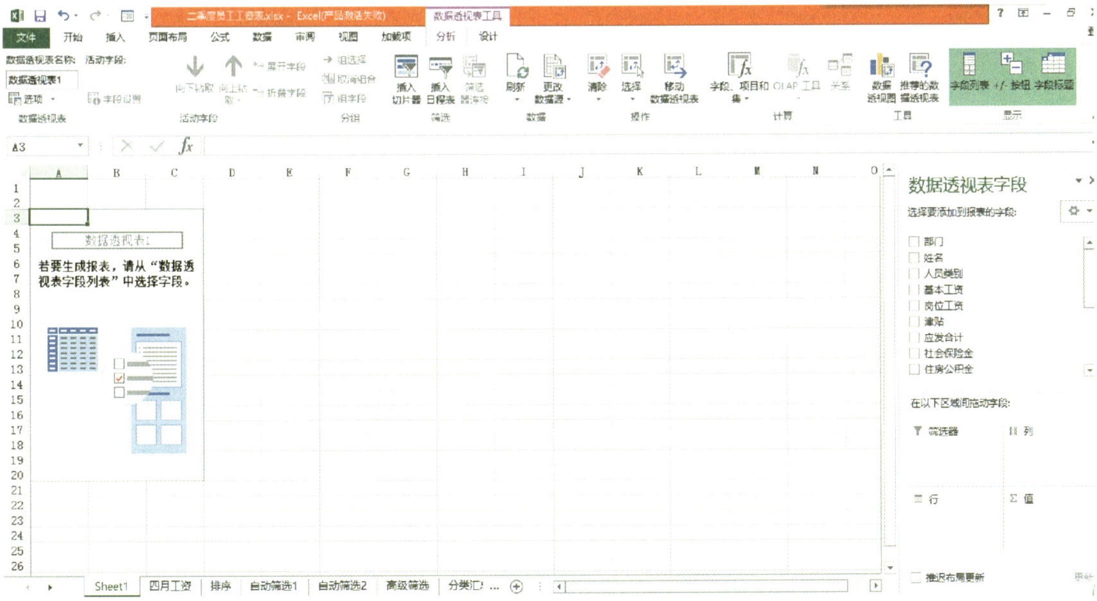

图 10–5–2

（3）在新工作表右端的“数据透视表字段”中，用鼠标选中“部门”字段并拖至“行”处，用同样的方法将“人员类别”字段拖至“列”处，将“应发合计”字段拖至“值”处，如图 10-5-3 所示。最终形成的数据透视表如图 10-5-4 所示。

（4）将新工作表命名为“应发工资汇总表”。

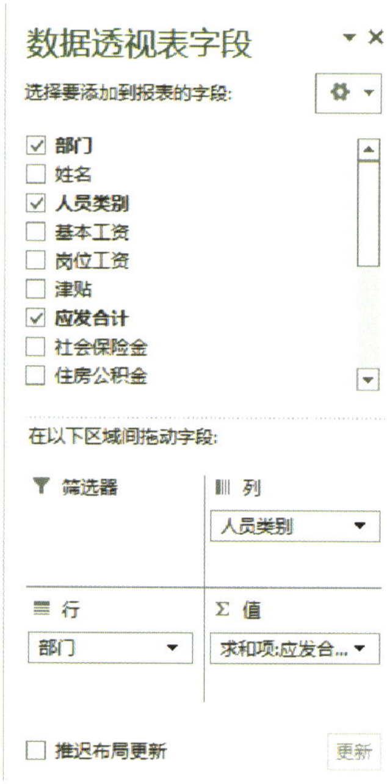

图 10-5-3

求和项:应发合计	列标签				
行标签	部门经理	管理人员	员工	总经理	总计
财务部	12400	9300	6850		28550
采购部	12400		6850		19250
仓库		9300	7500		16800
二车间			16300		16300
技术部	13050	9950			23000
人力资源部	12400		7500		19900
生产部	12400	9300			21700
销售部	12400	9950			22350
一车间			16300		16300
总经理办公室				15400	15400
总计	75050	47800	61300	15400	199550

图 10-5-4

（5）在“固定资产清单”中按同样的方法生成数据透视表，其中“使用部门”为“行”，“可使用年限”为“列”，“固定资产原值”为“值”，将工作表命名为“固定资产原值汇总表”。

（6）在“固定资产原值汇总表”中，单击“可使用年限”框中的下三角按钮，将小于或等于 10 的复选框取消，单击“确定”，如图 10-5-5 所示，结果如图 10-5-6 所示。

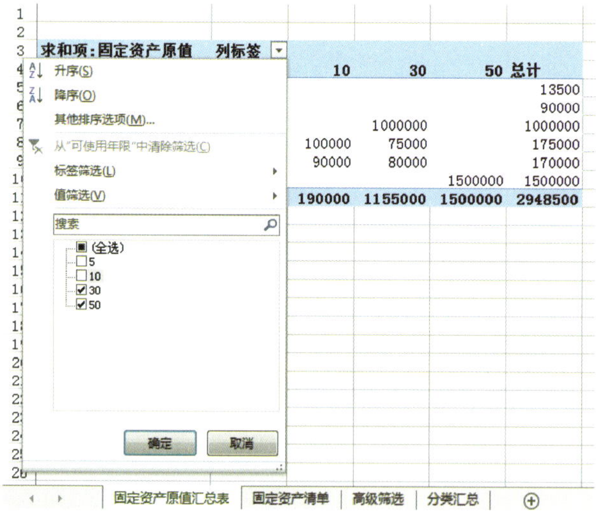

图 10-5-5

求和项:固定资产原值	列标签		
行标签	30	50	总计
仓库	1000000		1000000
二车间	75000		75000
一车间	80000		80000
总经理办公室		1500000	1500000
总计	1155000	1500000	2655000

图 10-5-6

任务六　图表的插入

任务目标

【知识目标】掌握图表的含义。

【能力目标】学会图表的插入方法。

【素养目标】养成利用不同图表分析数据的习惯，树立数据分析意识。

任务描述

公司 2020 年上半年销售情况见表 10–6–1，请以图表形式直观反映销售额的增减变化。

10–6–1　2020 年上半年销售情况表　　　单位：万元

类别	一月	二月	三月	四月	五月	六月
烟台地区销售额	51	60	82	93	75	66
青岛地区销售额	77	86	102	124	99	82
威海地区销售额	46	52	77	89	68	59

知识储备

插入图表的操作步骤为：

（1）打开 Excel 文件，框选需要生成图表的数据清单、列表或者数据透视表。

（2）选择“插入”菜单选项卡中的“图表”区，单击要创建的图表类型。

（3）在新建的图表区域输入图表标题和各轴所代表的含义。

（4）根据工作需要调整图表的大小，将图表拖动到 Excel 中合适的位置。

（5）保存 Excel 文件。

图表不仅可以根据需要分别输入标题和各轴所代表的含义，而且可以适当调整大小及其位置。

操作指导

项目十 任务六 图表的插入

（1）新建“销售额”工作簿，将“Sheet1”工作表命名为“2020 年上半年销售情况表”。

（2）在“2020 年上半年销售情况表”中录入表格数据，如图 10–6–1 所示。

（3）在数据列表中任选一个单元格，单击“插入”→“图表”，在“图表”中有很多可选择的样式，如图 10–6–2 所示。

（4）可以根据实际情况选择适合的图表类型进行插入，也可以选择“推荐的图表”，里面显示“推荐的图表”和“所有图表”，如图 10–6–3 所示。

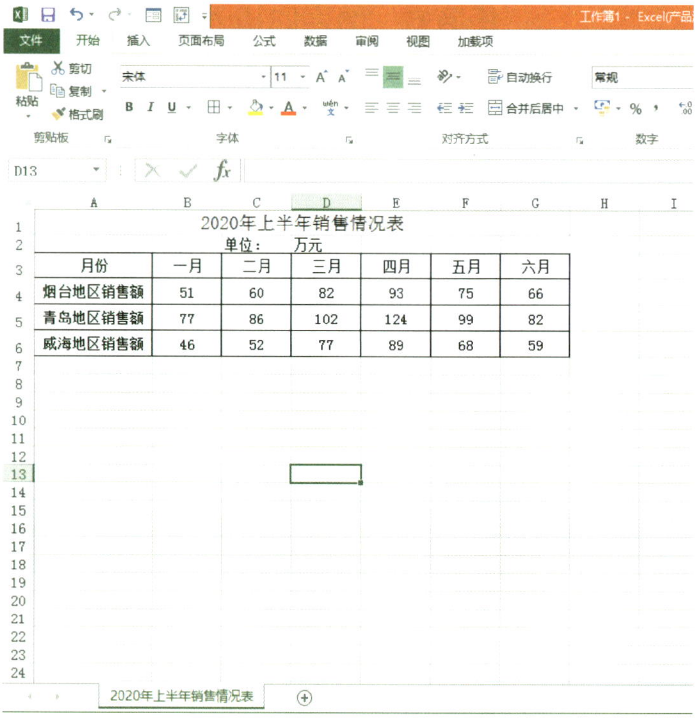

图 10-6-1

图 10-6-2

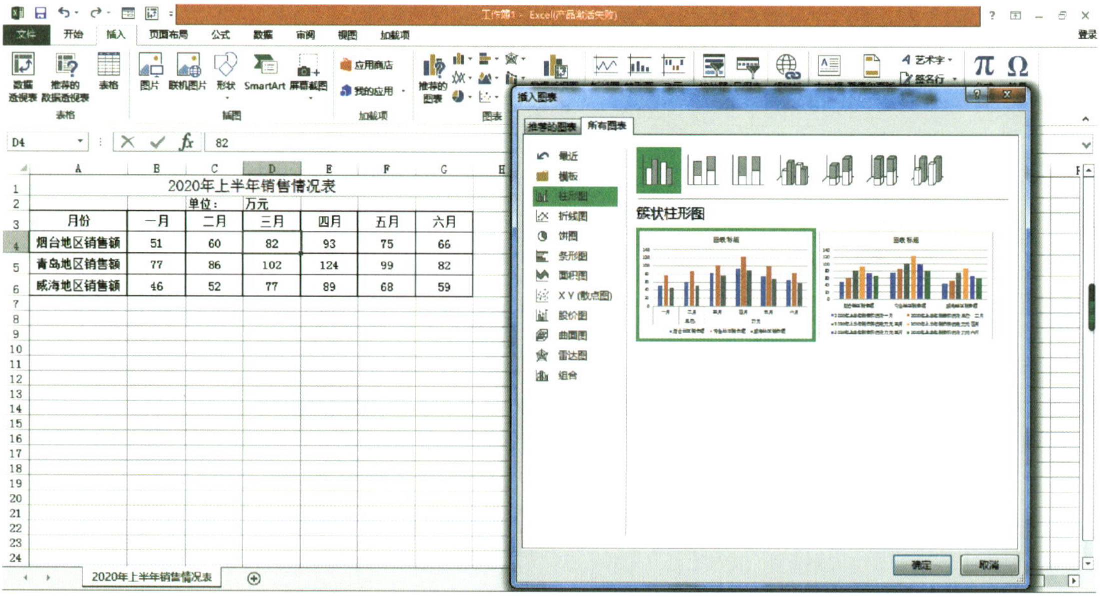

图 10-6-3

（5）选择“簇状柱形图”，即可插入图表，如图 10-6-4 所示。

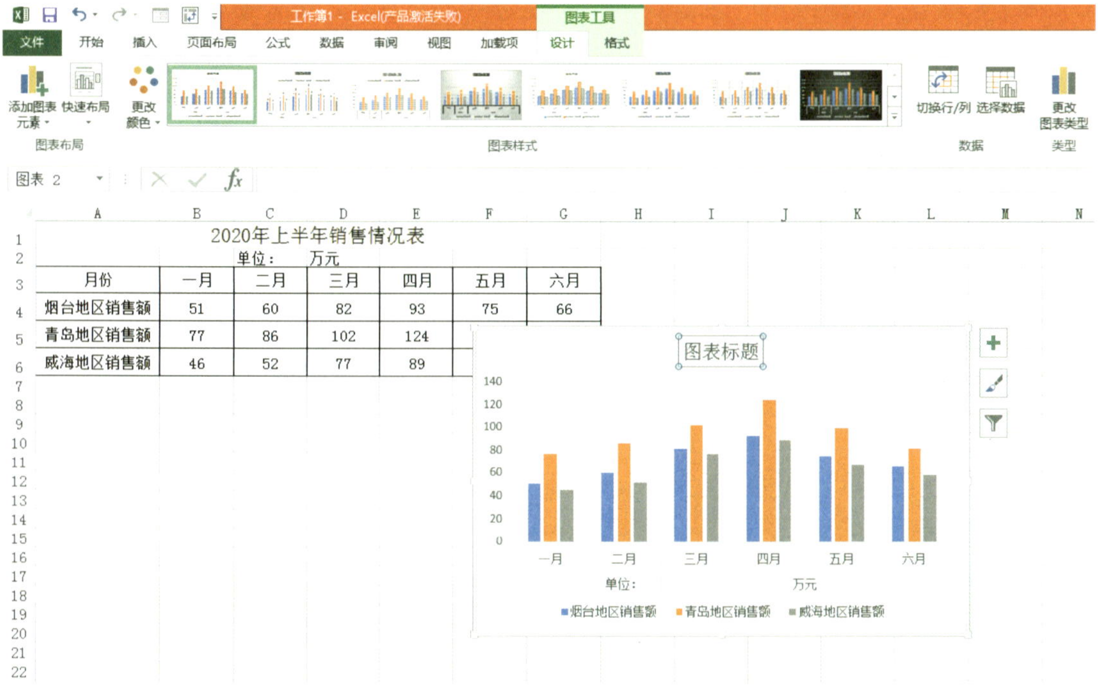

图 10-6-4

（6）选中图表中的“图表标题”，将其修改为“2020 年上半年销售情况表”。如需对图表进行调整，可选择任务栏中出现的“图表工具”中的相应命令来进行调整。

综合实训

一、根据所学，按要求创建“一月份人员工资信息表”，录入公式并生成数据

1. 工作表标题名称：一月份人员工资信息表

2. 工作表栏目名称：部门、姓名、性别、人员类别、身份证号、出生日期、银行卡号、基本工资、岗位工资、津贴、应发合计、社会保险金、住房公积金、代扣税、请假扣款、扣款合计、实发合计、应纳税所得额、缴费工资基数、请假天数。

3. 根据以下资料进行“一月份人员工资信息表”的格式设置

（1）表格标题行合并单元格，标题“一月份人员工资信息表”居中显示，宋体，20 号。

（2）表格栏目名称居中显示，宋体，12 号。

（3）身份证号为文本类型，居中。

（4）基本工资、岗位工资、津贴、应发合计、社会保险金、住房公积金、代扣税、请假扣款、扣款合计、实发合计、应纳税所得额、缴费工资基数、请假天数为数值型，小数位为 0，居中。

（5）画表格线。

4. 录入“一月份人员工资信息表”基本数据信息（表 1）

表 1　基本数据信息

部门	姓名	性别	人员类别	身份证号	银行卡号	基本工资 / 元	岗位工资 / 元	请假天数
总经理办公室	秦芳	女	总经理	370611197901202364	621785612341411411	10 000	2 400	2
总经理办公室	赵笛	男	经理助理	370602197502231058	621785612341411423	9 000	2 200	
财务部	刘璐	女	部门经理	370602198203163604	621785612341411435	8 500	2 000	
财务部	李冰	女	管理人员	370602197209129025	621785612341411447	6 500	1 500	1
财务部	郭琳	女	员工	370602198306022067	621785612341411459	5 200	1 000	
人力资源部	徐波	男	部门经理	370602198408124357	621785612341411461	8 100	2 000	3
人力资源部	曹颖	女	管理人员	370602198011229022	621785612341411473	6 000	1 000	
技术部	韩清	男	部门经理	370602198304172069	621785612341411485	8 500	2 000	
技术部	叶冰	女	管理人员	370611198109241908	621785612341411497	6 500	1 500	
采购部	刘明	男	部门经理	370602198107186405	621785612341411509	8 000	2 000	4
采购部	王鹏	男	管理人员	370602197505152918	621785612341411511	6 500	1 000	1
生产部	许云飞	男	部门经理	370602197704170213	621785612341411523	8 000	2 000	2
生产部	周健	男	管理人员	370612197806248130	621785612341411535	6 000	1 500	
一车间	李岩	男	员工	370611198610235498	621785612341411547	5 500	1 000	3
一车间	赵明	男	员工	370611198211112995	621785612341411559	5 600	1 000	
二车间	云天	男	员工	370613198308310950	621785612341411561	5 800	1 000	1
二车间	宋江河	男	员工	370602198410107050	621785612341411573	5 700	1 000	

续表

部门	姓名	性别	人员类别	身份证号	银行卡号	基本工资 / 元	岗位工资 / 元	请假天数
销售部	姜民	男	部门经理	370613197905193057	621785612341411585	8 000	2 000	
销售部	林子莹	女	管理人员	370602198306011102	621785612341411597	6 600	1 500	5
仓库	薛原	男	管理人员	370611198009288036	621785612341411609	6 300	1 500	
仓库	刘荣	男	员工	370683198108096751	621785612341411611	5 400	1 000	

5. 定义工资项目及计算公式（表 2）

表 2　工资项目及计算公式

工资项目	公式
应发合计	基本工资 + 岗位工资 + 津贴
津贴	基本工资 ×30%
社会保险金	缴费工资基数 ×10.5%
住房公积金	缴费工资基数 ×12%
请假扣款	请假天数 ×30
扣款合计	社会保险金 + 住房公积金 + 代扣税 + 请假扣款
实发合计	应发合计 − 扣款合计
应纳税所得额	应发合计 − 社会保险金 − 住房公积金 −5 000

6. 根据以下表述，定义代扣税及缴费工资基数的公式

（1）缴费工资基数的规定如下：假设 2019 年月平均工资为 4 930 元，基本工资在 6 500 元以上的（含 6 500 元）职工的缴费工资基数按月平均工资的 300% 计算，基本工资在 6 500 元以下的职工的缴费工资基数按月平均工资的 200% 计算。

（2）代扣税的规定见表 3。

表 3　代扣税信息

应纳税所得额区间范围 / 元	代扣税
0 ～ 3 000（含 3 000）	应纳税所得额 ×3%
3 000 ～ 12 000（含 12 000）	应纳税所得额 ×10%−210
12 000 ～ 25 000（含 25 000）	应纳税所得额 ×20%−1 410

7. 根据员工的身份证号，设置员工出生日期公式，并生成数据

二、根据以下资料，对生成的“一月份人员工资信息表”进行数据分析

1. 利用函数，得出以下数据信息

（1）一月份实发工资最高金额、最低金额、工资总额和平均工资。

（2）公司中女员工的一月份应发工资总额。

（3）公司中人员类别为部门经理的员工的一月份平均应发工资金额。

（4）单位男员工人数。

（5）查找员工叶冰的代扣税金额。

2. 根据以下资料，对数据进行管理分析

（1）对“一月份人员工资信息表”按应发合计从高到低排序。

（2）在“一月份人员工资信息表”中筛选出应纳税所得额大于或等于 3 000 且小于 4 500 的职工。

（3）在“一月份人员工资信息表”中筛选出基本工资不高于 6 000 元且请假扣款不为零的职工。

（4）在“一月份人员工资信息表”中按部门分类汇总出应发合计、实发合计和扣款合计。

（5）在“一月份人员工资信息表”中插入数据透视表，以“人员类别”为行，求出“应发工资”合计，将新工作表命名为“应发工资汇总表”。

（6）根据“应发工资汇总表”生成饼状图，直观反映单位人员的工资构成。

三、对“一月份人员工资信息表”的工资数据部分设置工作表保护，并设置工作表打开权限密码，密码为“13579”

四、针对实训情况完成下表

表 4　会计电算化训练情况

时间		地点		训练用时	
训练内容					
重点内容					
训练情况					
学生姓名	用时	练习具体情况		成绩	

表 5　活动评价表

班级：　　　　组别：　　　　姓名：

项目	评价内容	评价等级（学生自评）		
		A	B	C
关键能力考核项目	遵守纪律、遵守学习场所管理规定，服从安排			
	有安全意识、责任意识			
	学习态度积极主动，能参加实习安排的活动			
	有团队合作意识，注重沟通，能自主学习并相互协作			
专业能力考核项目	按时、按要求独立完成工作页			
	操作规范，符合要求			
	学习准备充分、齐全			
	注重工作效率与工作质量			
小组评语及建议		组长签名： 年　月　日		
教师评语及建议		教师签名： 年　月　日		